本書の特長

◆ コピーして、すぐに使える！

出張や病欠など、担任の先生がご不在の際にお使いいただける自習用プリント集です。

本書をコピーするだけで、いつもと少しちがった自習用教材ができあがります。

通常の教材の紙よりも厚めの紙を使用しています。紙が反らず、コピーもきれいにとれます。

◆ 使えるプリントが58枚！

国語・算数に対応したプリントを、合計58枚収録。

出張時はもちろん、それ以外にも、授業の教材や宿題用プリント、すきま時間にもお使いいただけます。

◆ マルつけが簡単！

計算や漢字のプリントでは、答え合わせやマルつけがたいへん。

本書の解答は、プリントをそのまま縮小した形で掲載していますので、拡大コピーして配布すれば、子ども自身で答え合わせができます。

本書の構成と使い方

5年～
40分

学年と解答時間の目安を表示しています。表示の学年以上なら、何年生でも楽しんで取り組めます。

さんすう・
けいさん

「国語」「算数」などの
教科名と、その単元を示しています。

子どもたちに向けて、メッセージを記入する欄を設けています。問題のヒントなどを記入することもできます。

正方形を分ける ① | 算数・図形 | 5年～ 40分 | 名前

❀ ・と・を直線で結んで正方形を分けましょう。分けてできる形は、三角形か四角形にします。

① 3つに分けましょう。3つのうち2つは、同じ形にします。

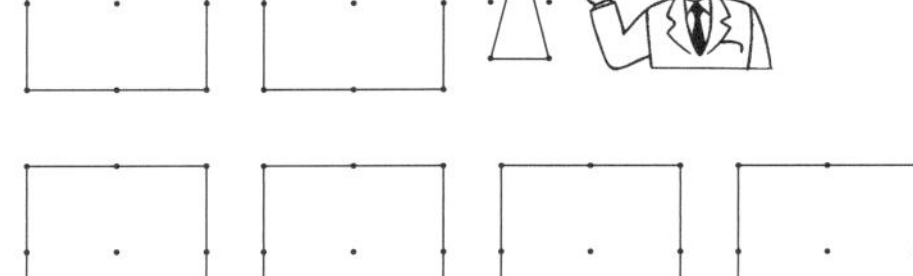

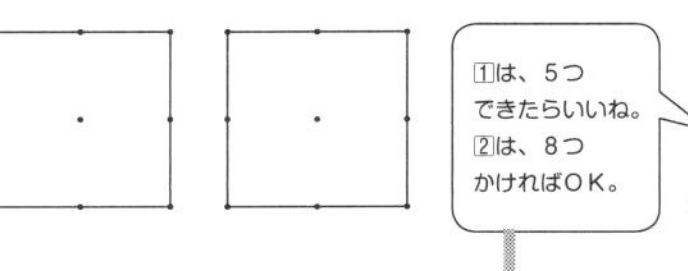

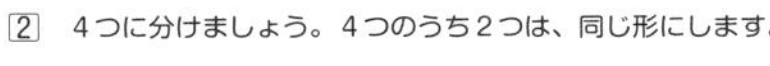

② 4つに分けましょう。4つのうち2つは、同じ形にします。

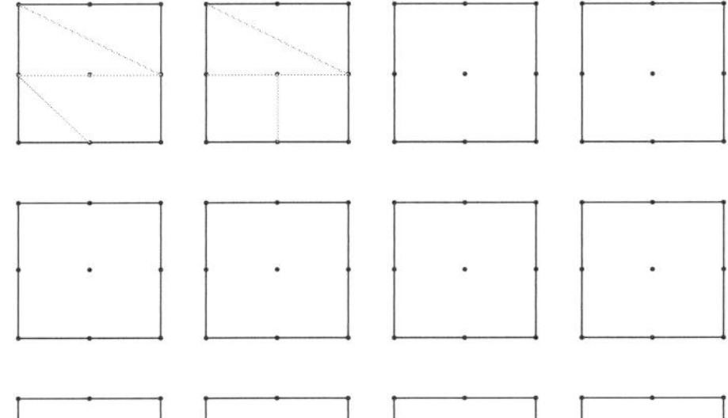

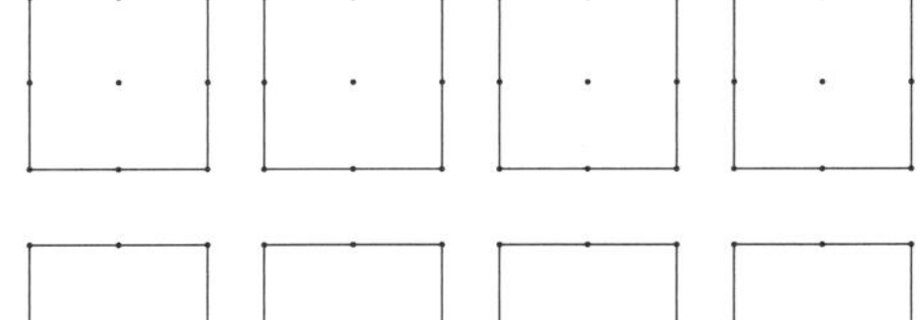

4　　　　算数　5年～　5

解説やヒントを入れて、子ども自身で問題に取り組めるようにしています。

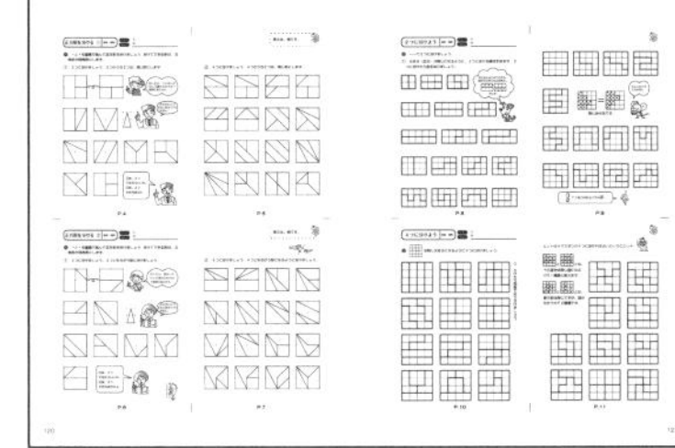

解答を問題ページの解答欄の位置に表示し、4分の1に縮小して掲載。答え合わせも簡単です。

辞書・電卓など、用意するものがある場合は、マークで示しています。

目次

算数

国語

正方形を分ける ①　算数・図形

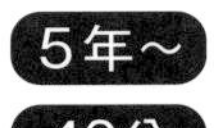

5年～　40分　名前

✿　・と・を直線で結んで正方形を分けましょう。分けてできる形は、三角形か四角形にします。

1　3つに分けましょう。3つのうち2つは、同じ形にします。

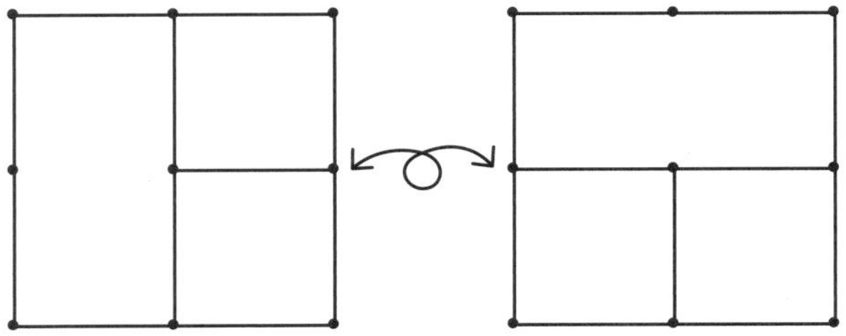

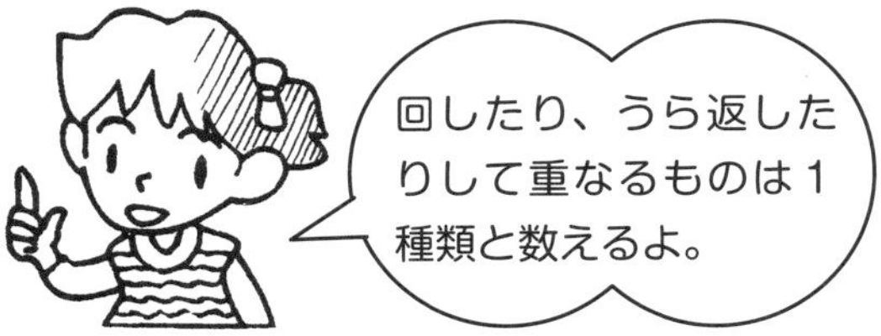
回したり、うら返したりして重なるものは1種類と数えるよ。

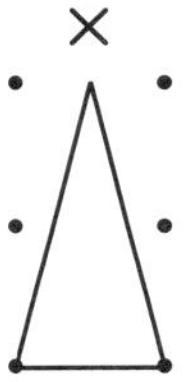

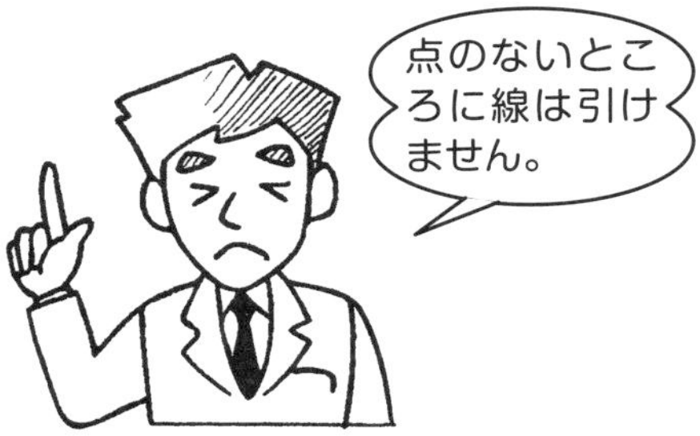
×
点のないところに線は引けません。

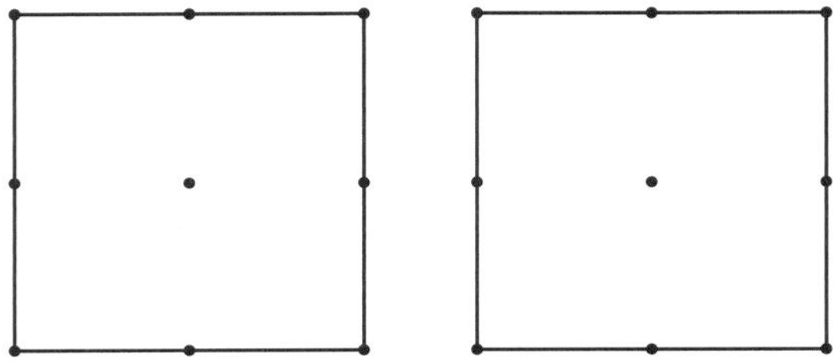

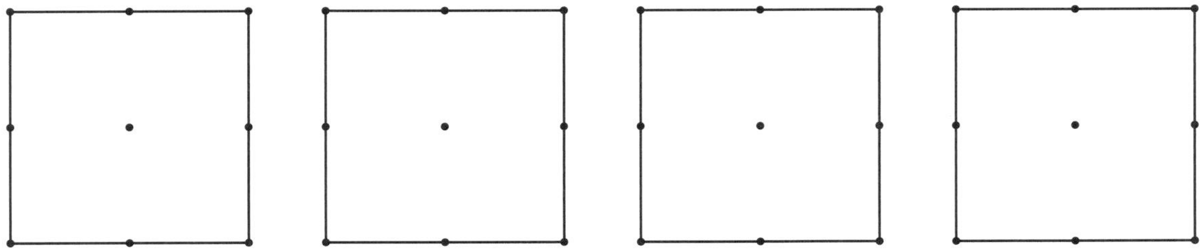

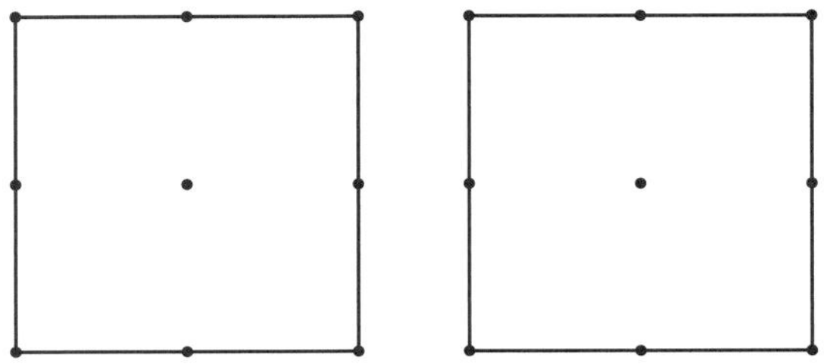

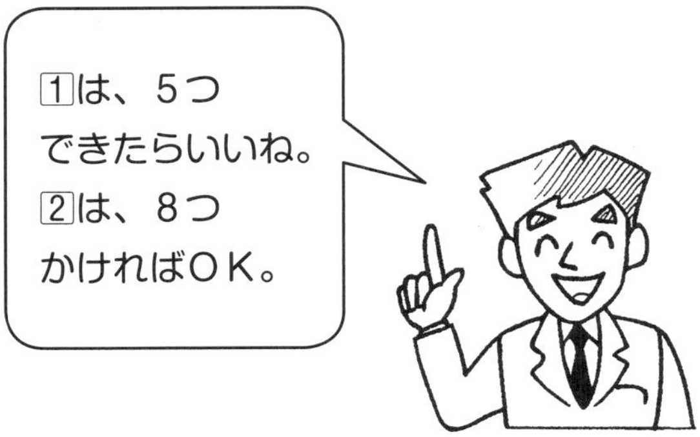
1は、5つできたらいいね。
2は、8つかければOK。

2　４つに分けましょう。４つのうち２つは、同じ形にします。

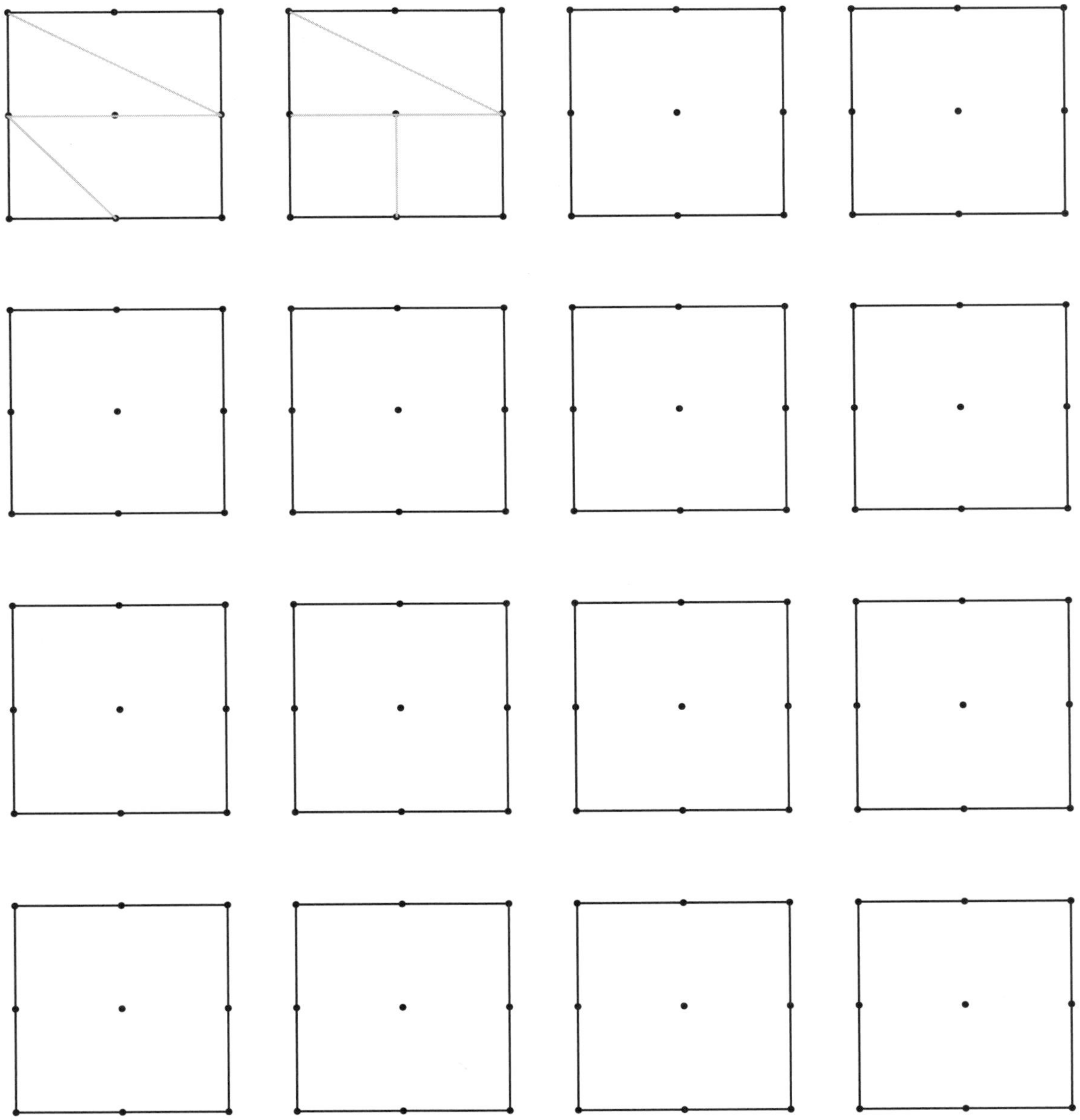

正方形を分ける ② 算数・図形

5年～
40分

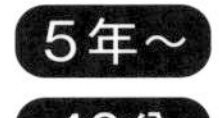

名前

✿ ・と・を直線で結んで正方形を分けましょう。分けてできる形は、三角形か四角形にします。

1 3つに分けましょう。3つともちがう形に分けましょう。

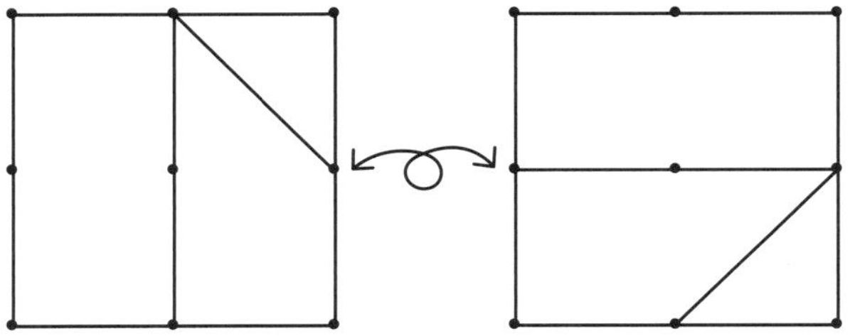

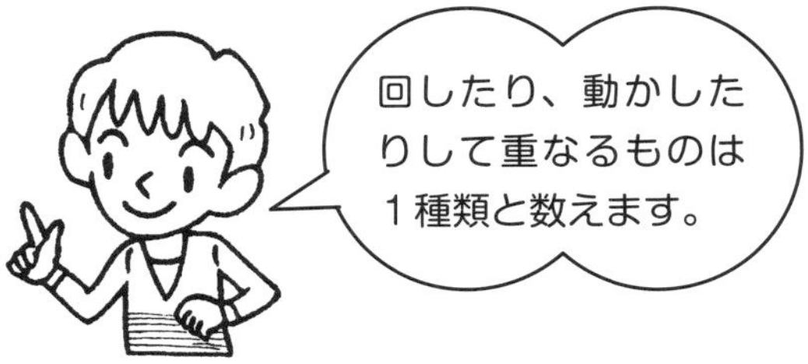

回したり、動かしたりして重なるものは1種類と数えます。

×

点のないところに線は引けません。

1は、5つできたらいいわ。
2は、8つかければOKよ。

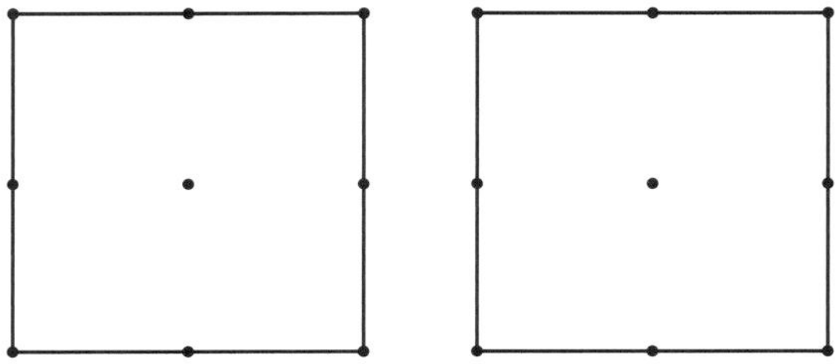

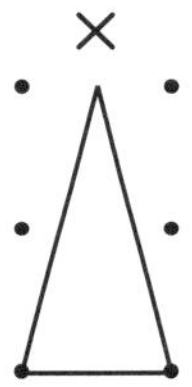

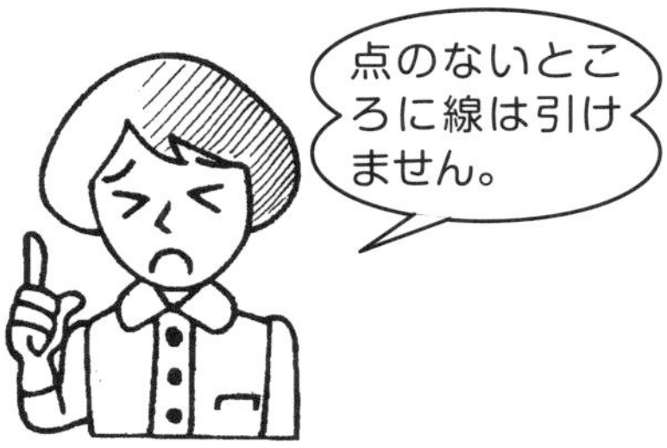

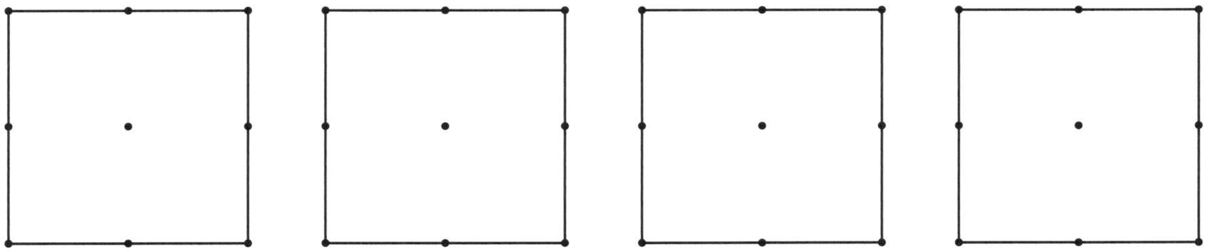

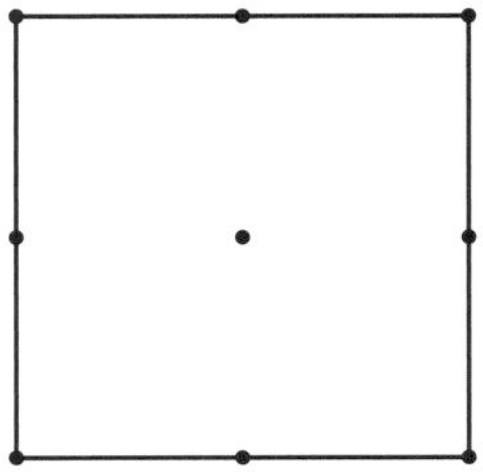

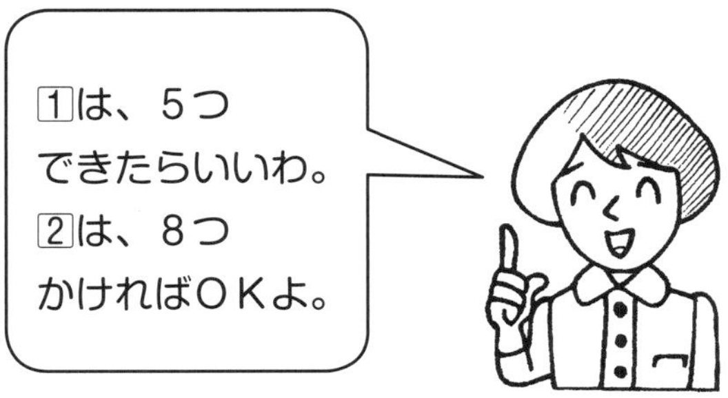

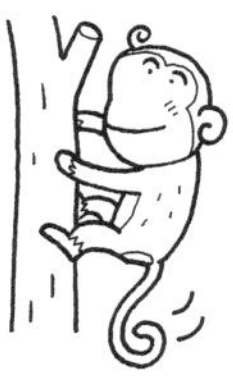

2　４つに分けましょう。４つともちがう形になるように分けましょう。

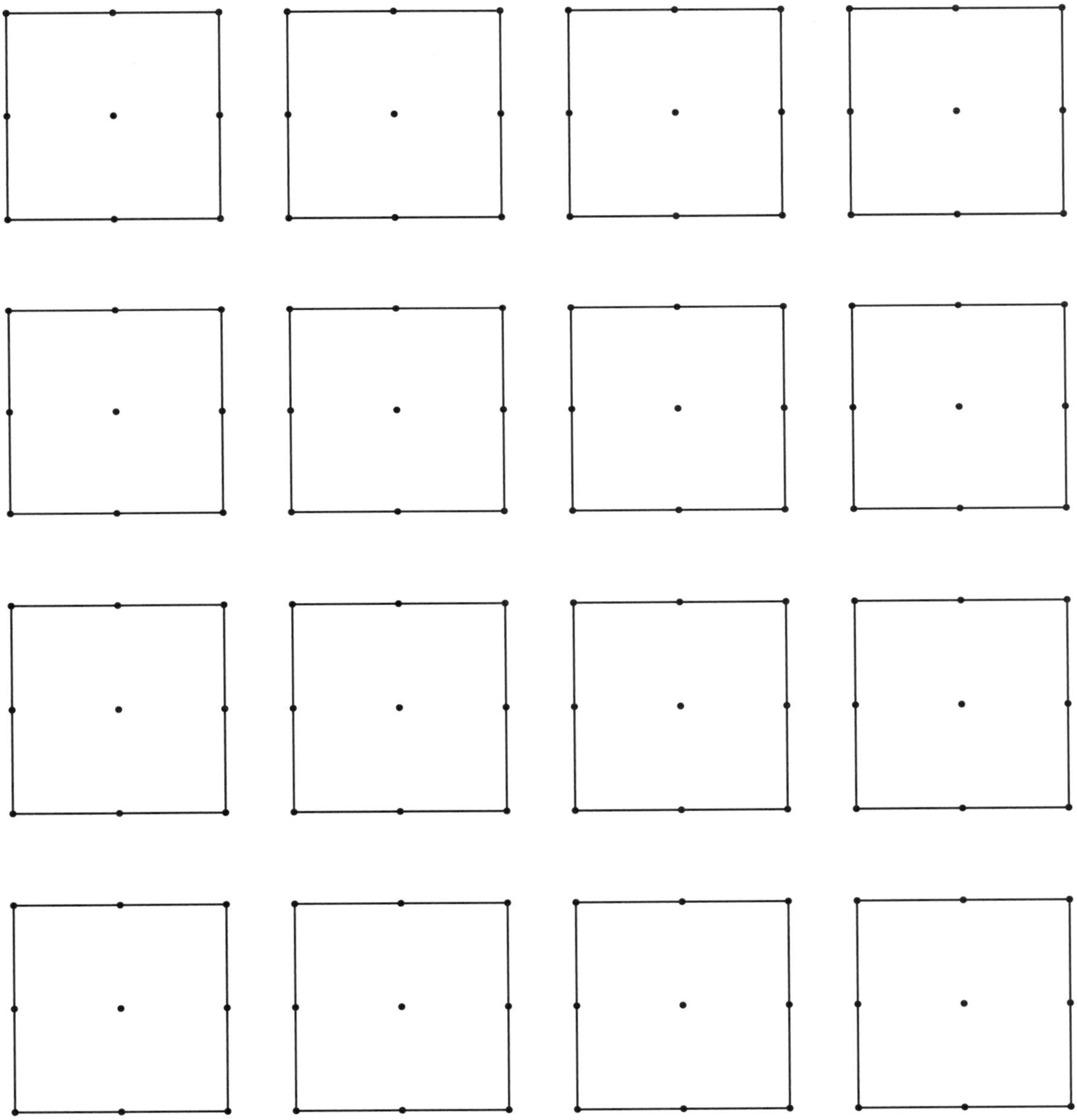

2つに分けよう　算数・図形

5年～
40分

名前

✿ ………で２つに分けましょう。

1　大きさ（広さ）が同じになるように、２つに分ける線を引きます。２つに分けたら色をぬりましょう。

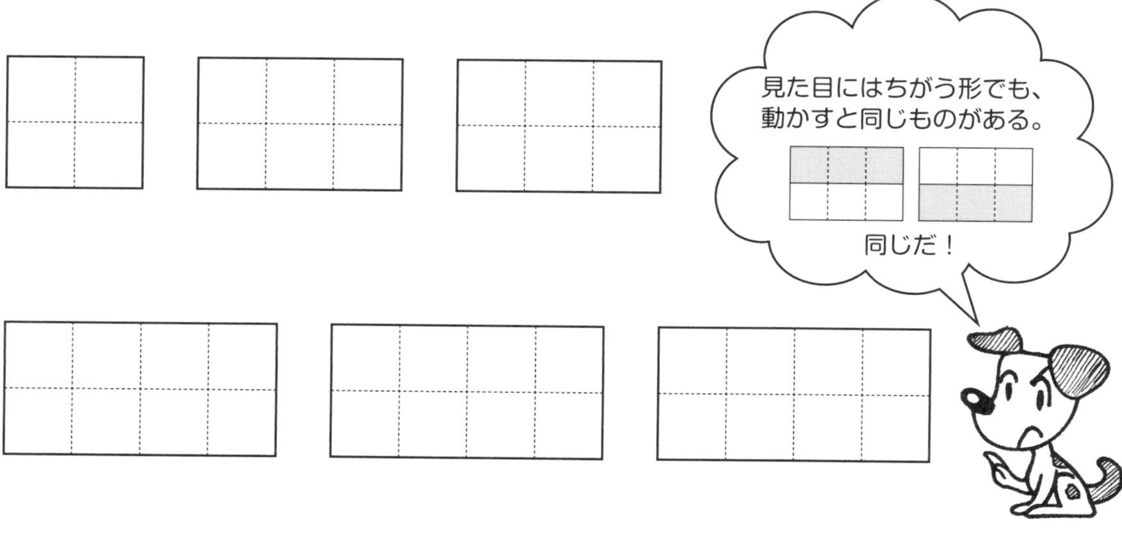

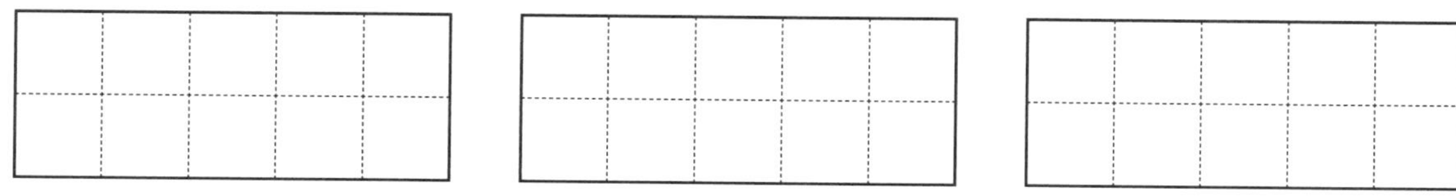

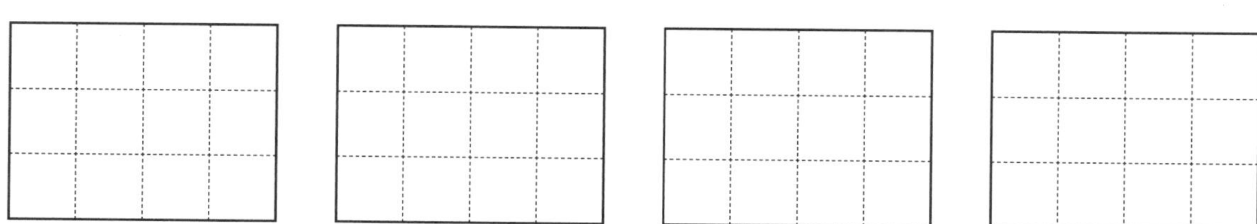

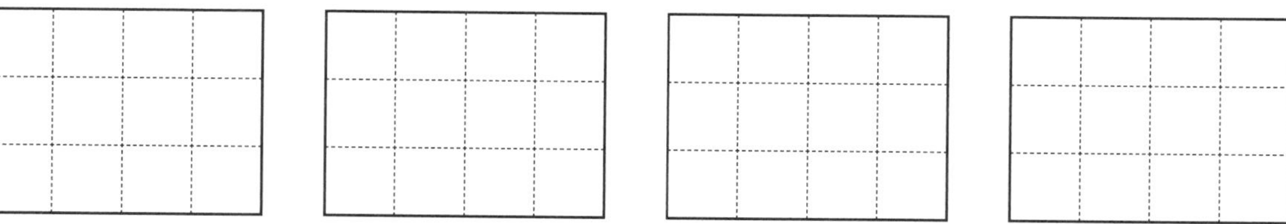

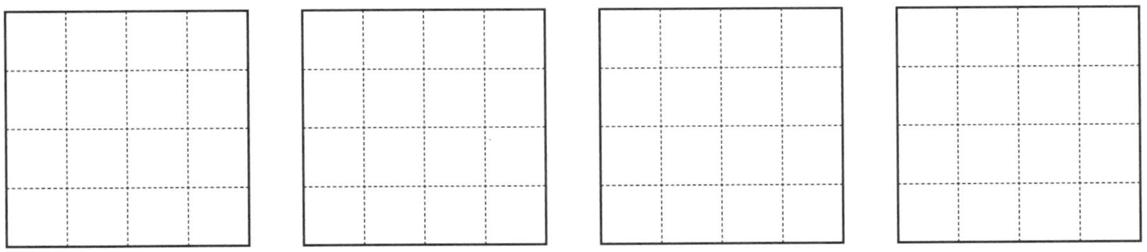

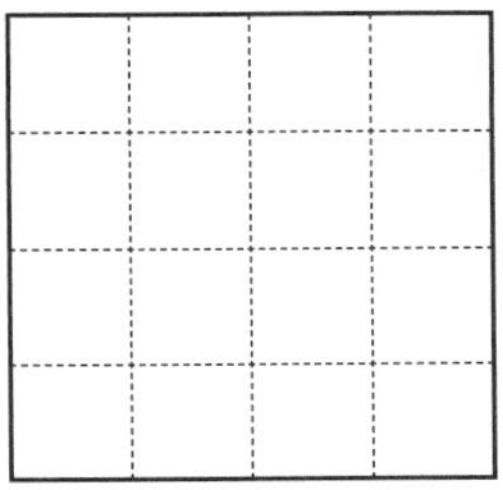

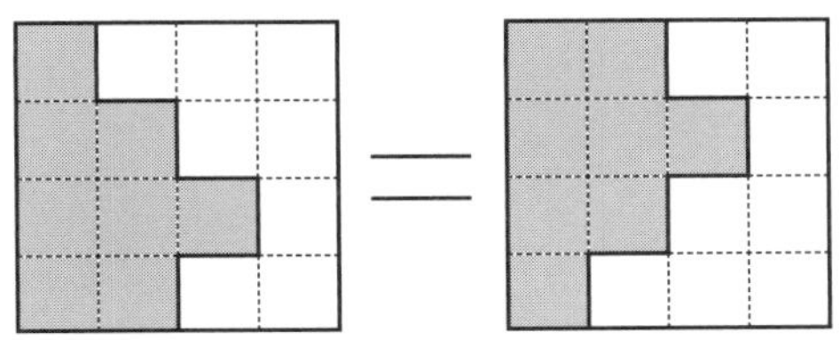

同じ分け方です。

7つ見つけたらパズル賞(しょう)！

4つに分けよう　算数・図形

5年～　40分

名前

  を同じ大きさになるように４つに分けましょう。

◎かけたら四色でぬり分けましょう。

ヒントは４マスずつの４つに分ければよいということじゃ。

と　　とは、
うら返せば同じ図になるので１種類と数えます。

と　　とは、
使う形は同じですが、図がちがうので２種類です。

全部で20種類以上できるよ。
８種類できたら銅メダル!
15種類で銀メダル!!
20種類で金メダルだ!!!

いろいろな数え方で ①　算数・計算

5年～　40分

名前

❀ 25の•（点）を、うまく分けて数えましょう。
それを式に表しましょう。式は、「かけ算」、または「かけ算とたし算（ひき算）」になります。

（例）

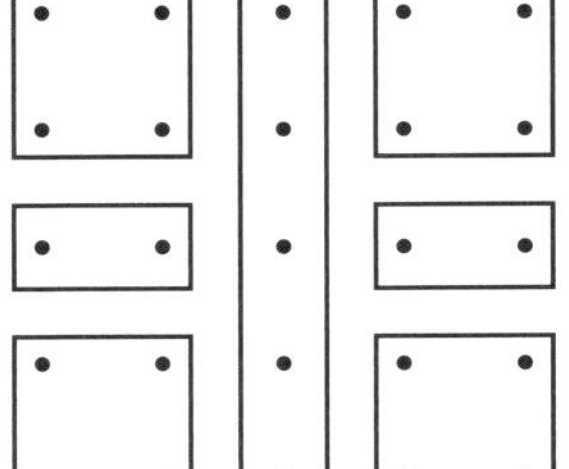

$4 \times 4 + 2 \times 2 + 5$

いろいろな数え方で ② | 算数・計算

5年～ 40分

名前

✿ 25の・（点）を、うまく分けて数えましょう。
それを式に表しましょう。式は、「かけ算」、または「かけ算とたし算（ひき算）」になります。

（例）

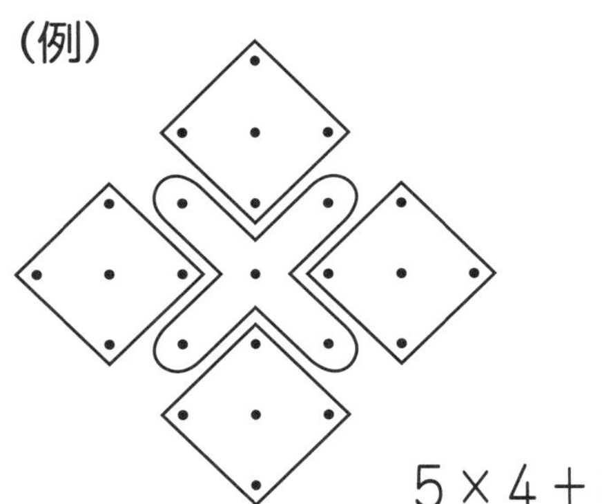

5×4＋5

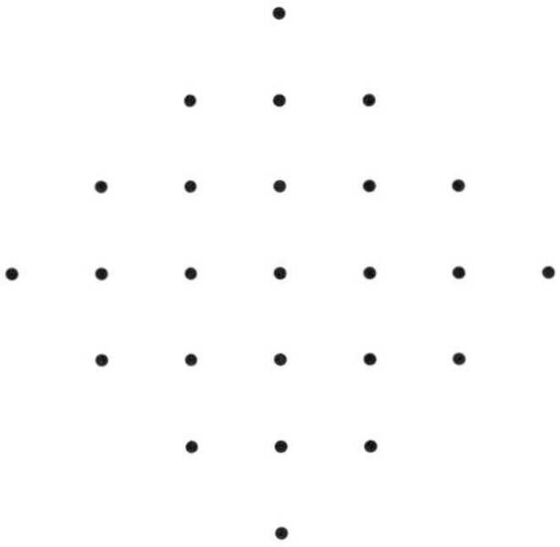

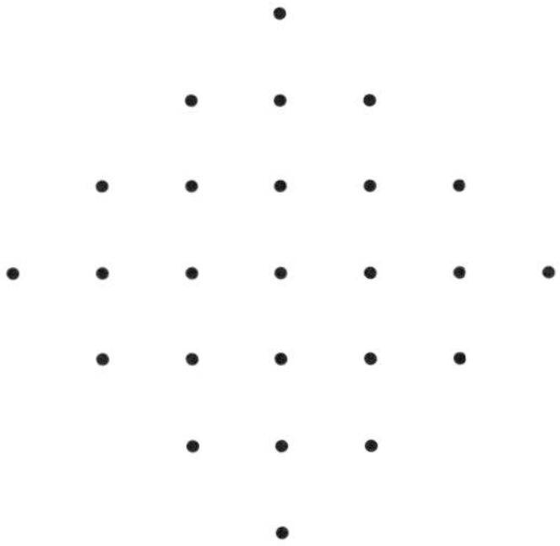

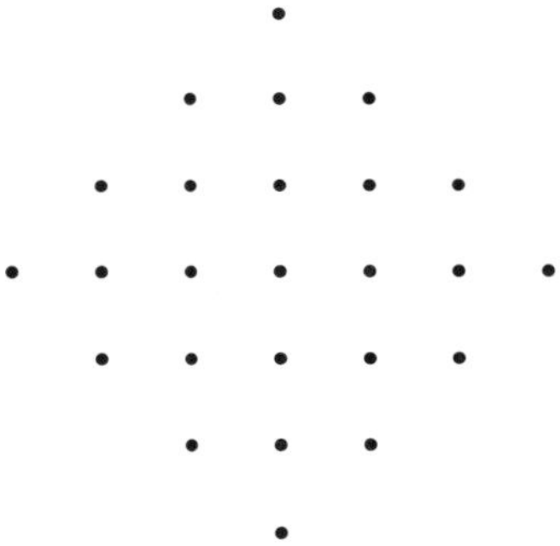

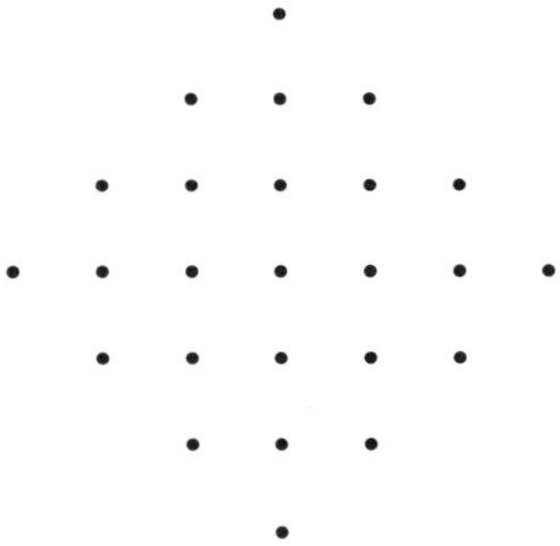

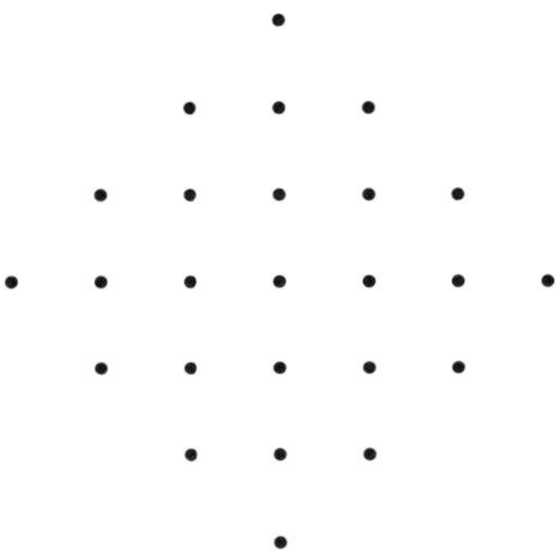

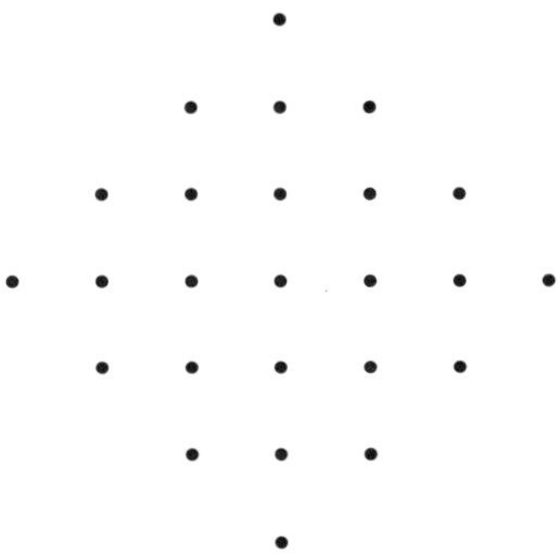

ふしぎなかけ算 ① 算数・計算

5年～ 20分

名前

❀ 下の計算方法で、かけ算をしましょう。

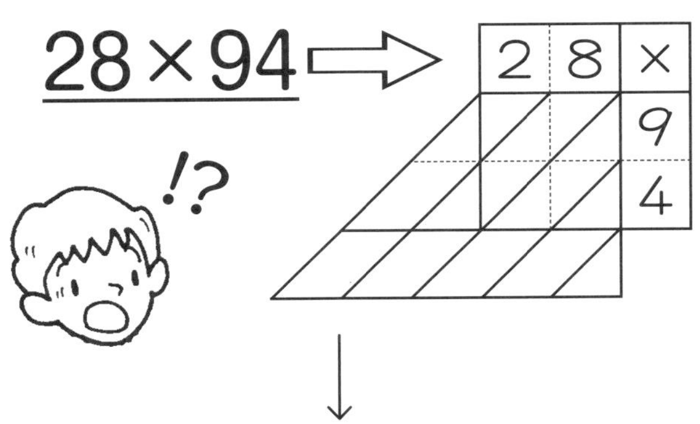

❶

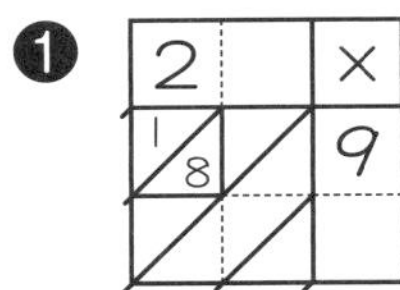

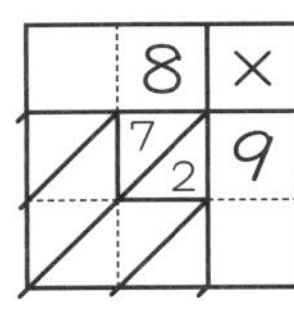

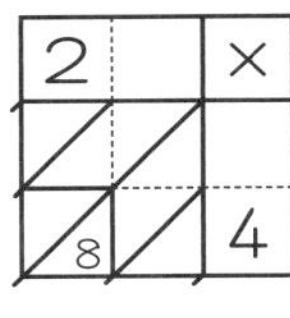

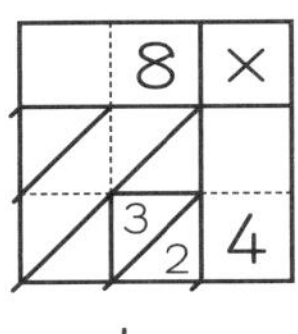

かけ算九九の答えを⍁に書いていく。

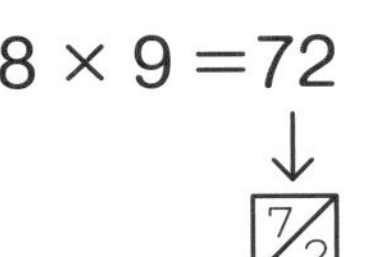

❷ 左ななめ下へ、ア、イ、ウ、エの順にたす。

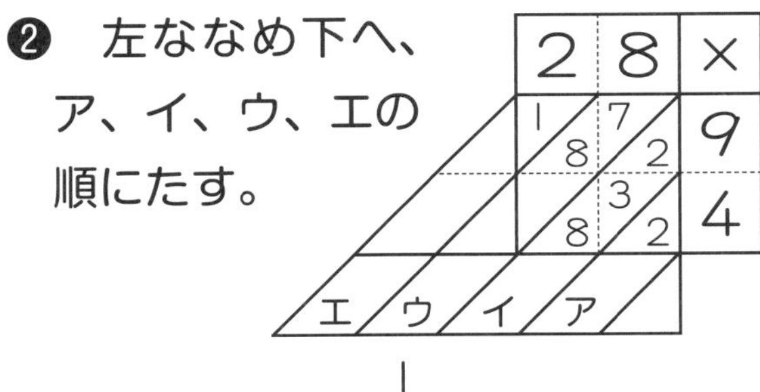

❸

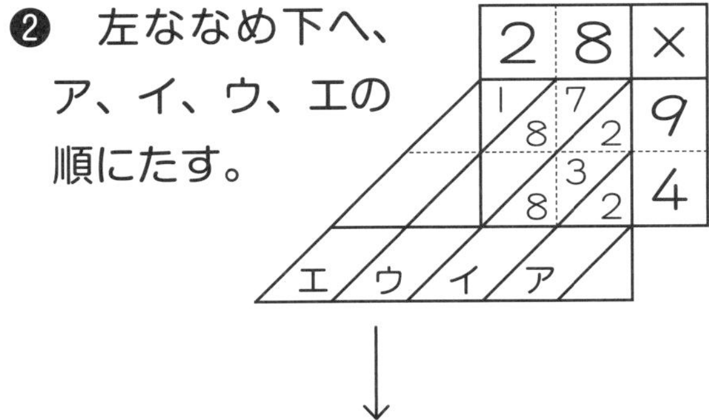

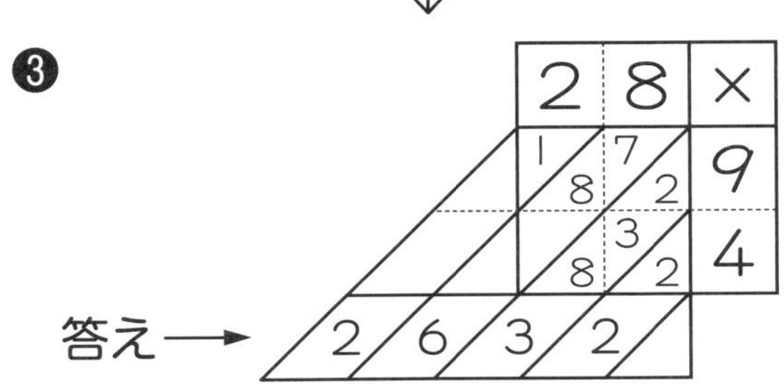

① 39×96

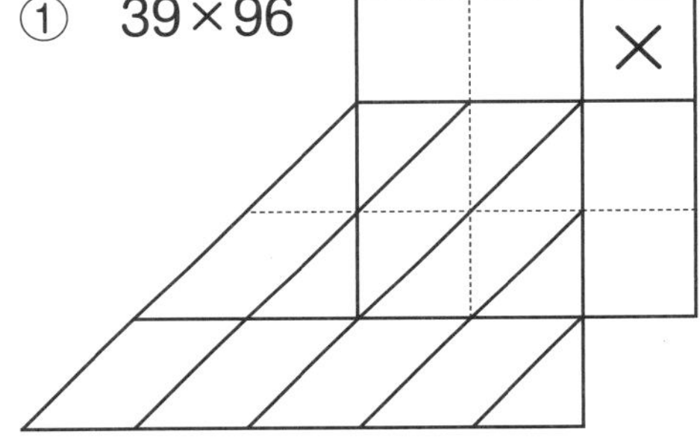

② 68×86

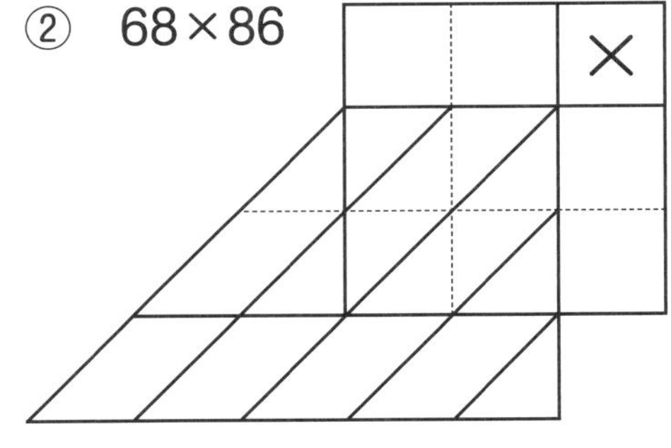

③ 29×94

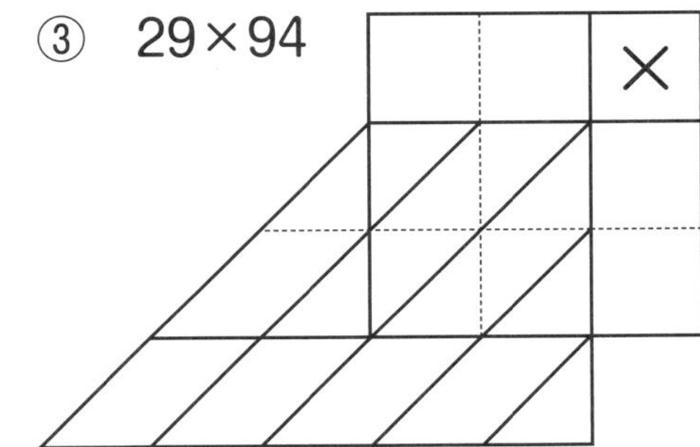

④　37×39

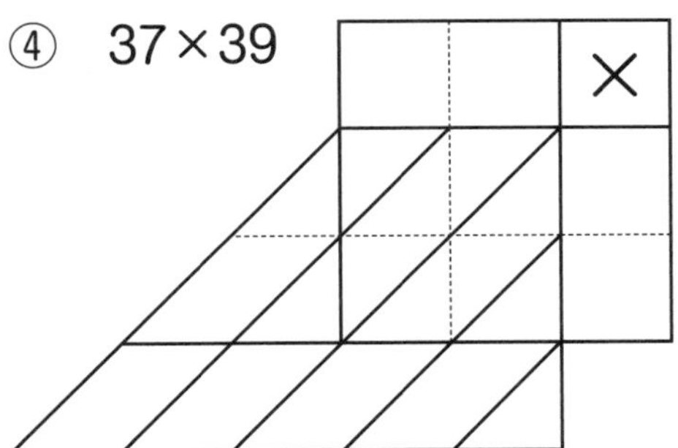

⑧　45×97

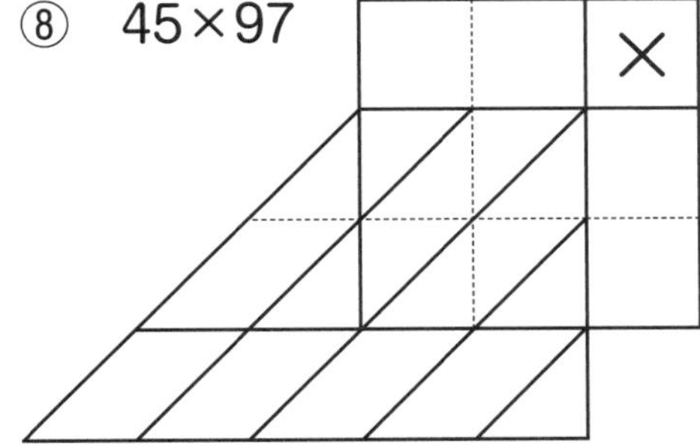

⑤　29×48

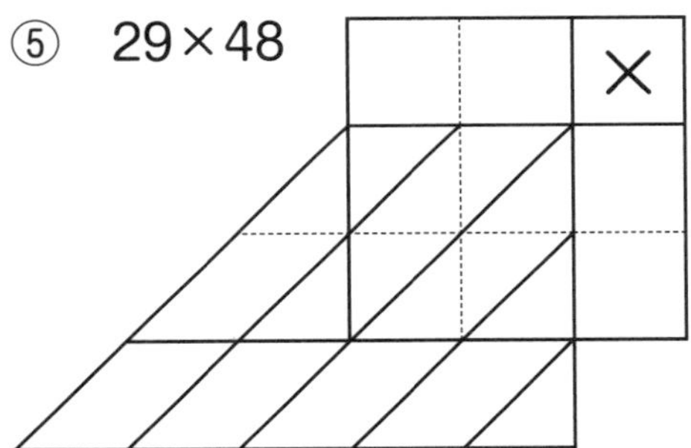

⑨　35×39

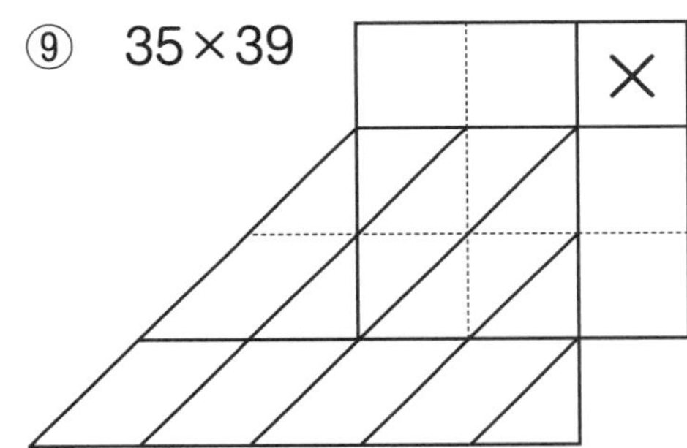

⑥　46×79

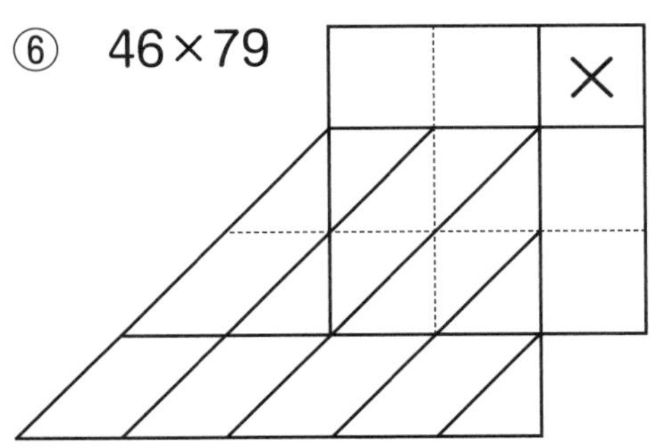

⑩　49×97

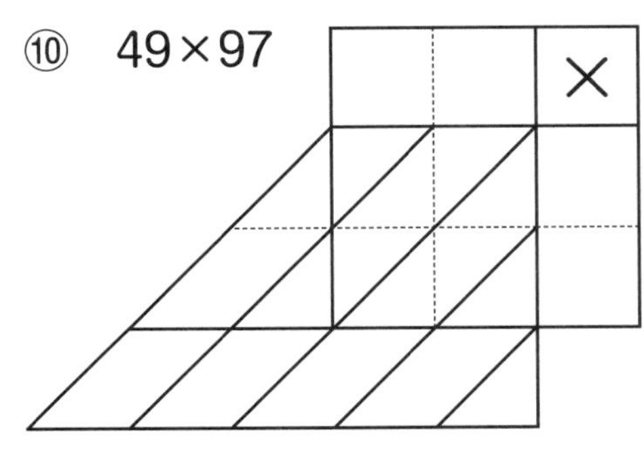

⑦　19×79

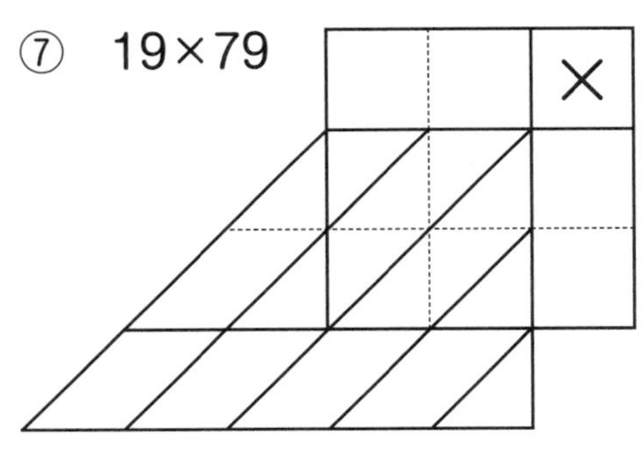

ふしぎなかけ算 ②　算数・計算

5年～　20分

名前

✿ 下の計算方法で、かけ算をしましょう。

28×94

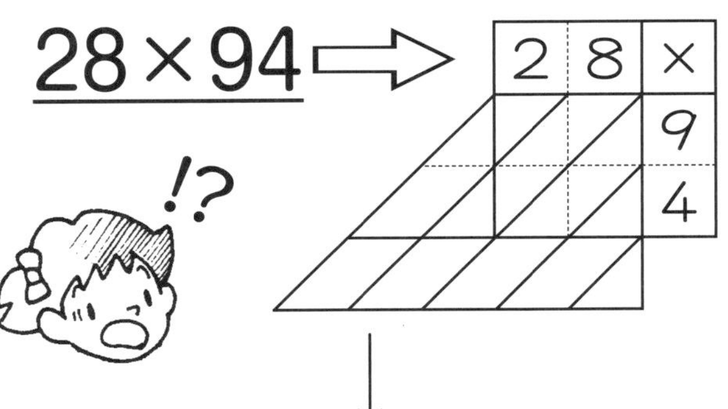

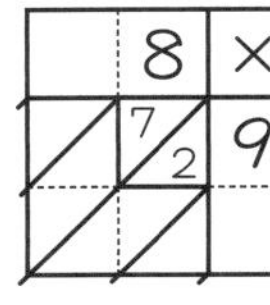

だいじょうぶ！
あわてずにやれば
カンタンだワン！

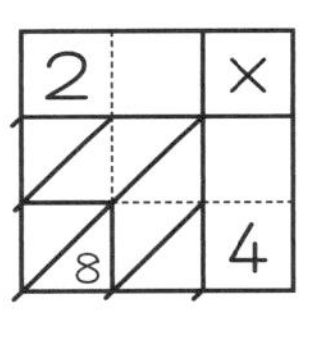

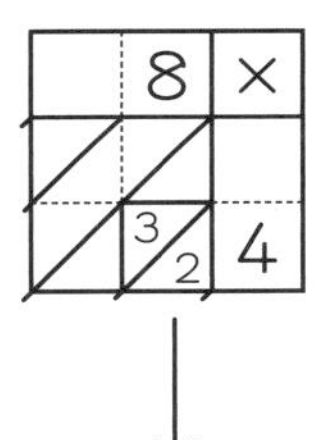

❶ 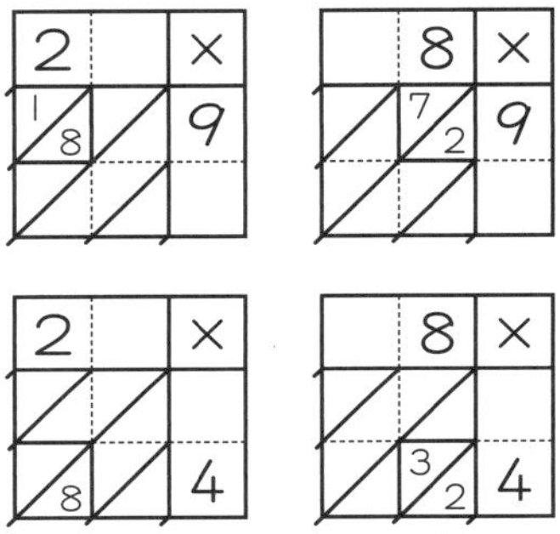 かけ算九九の答えを書いていく。

❷ 左ななめ下へ、ア、イ、ウ、エの順にたす。

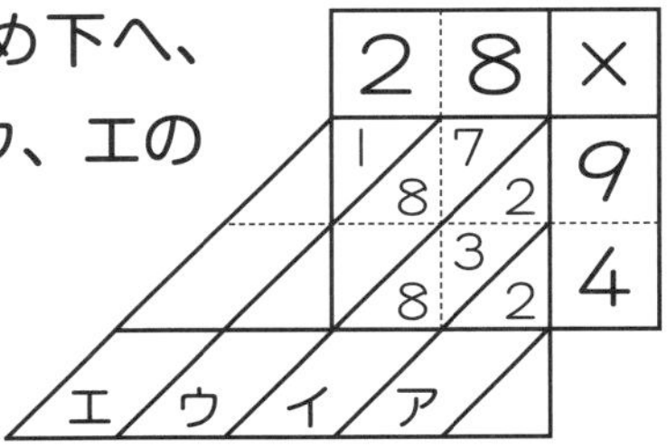

❸

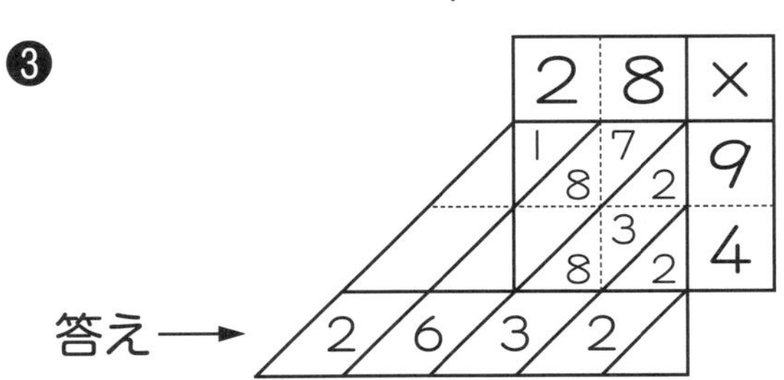

① 82×76

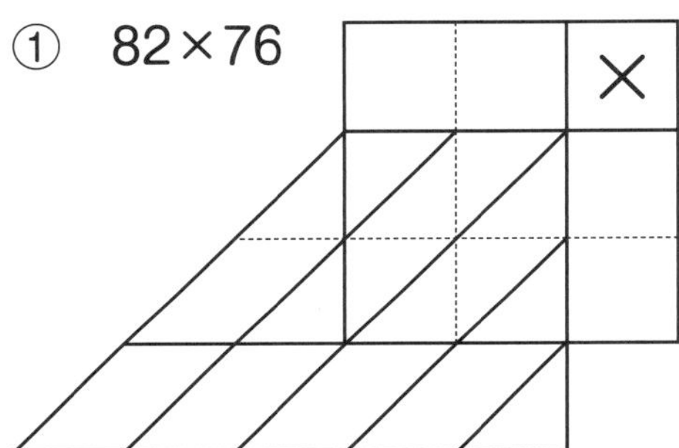

② 59×53

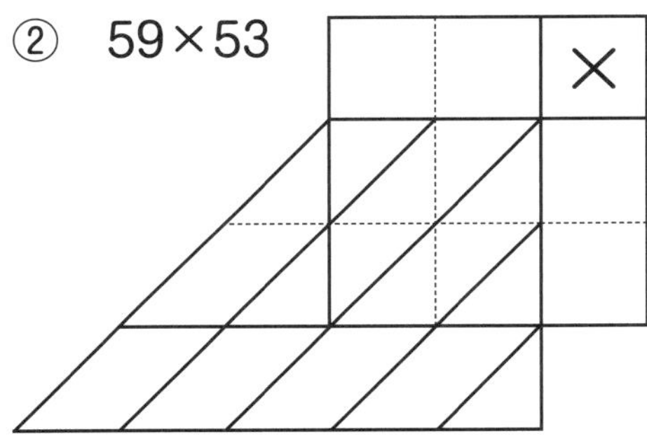

③ 38×79

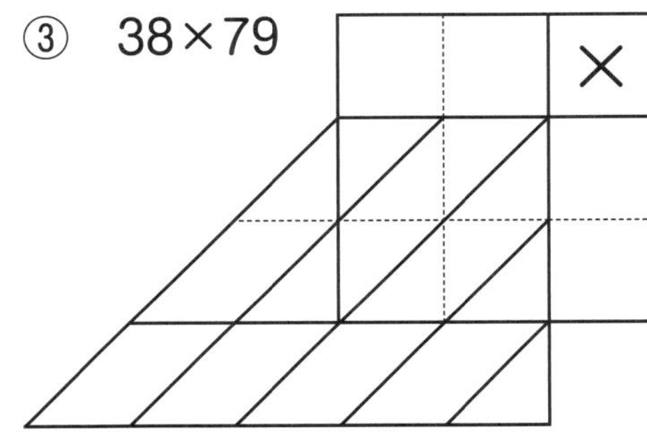

④　97×27

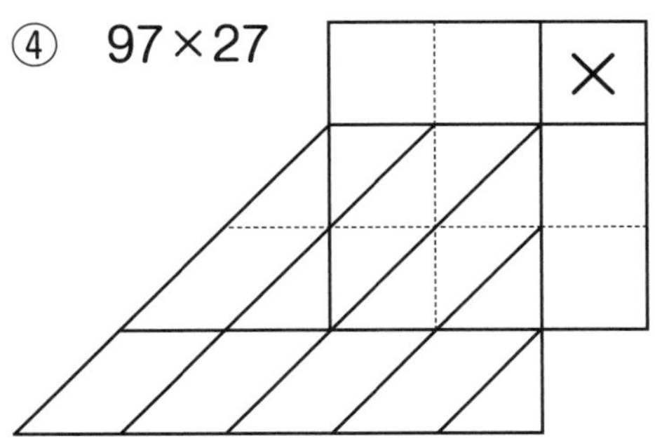

⑤　85×72

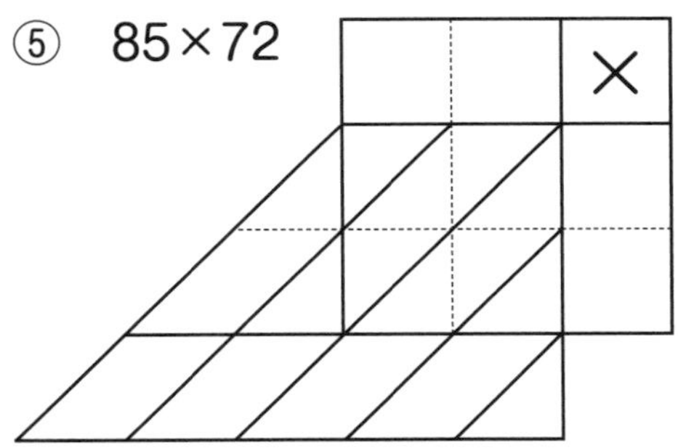

⑥　73×58

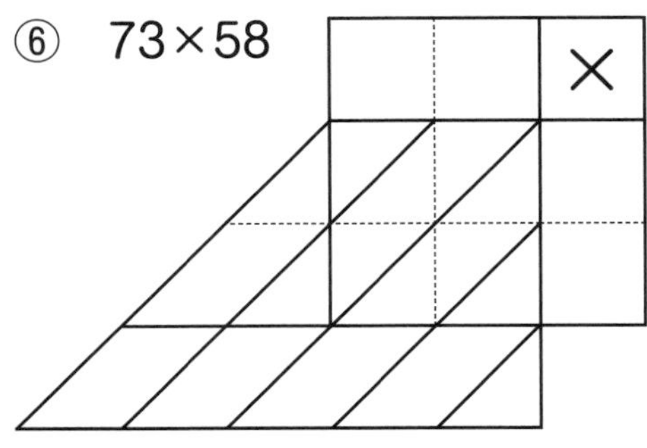

⑦　36×89

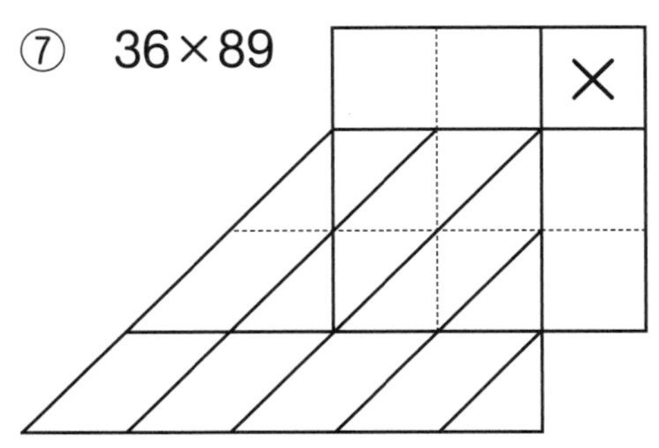

⑧　57×74

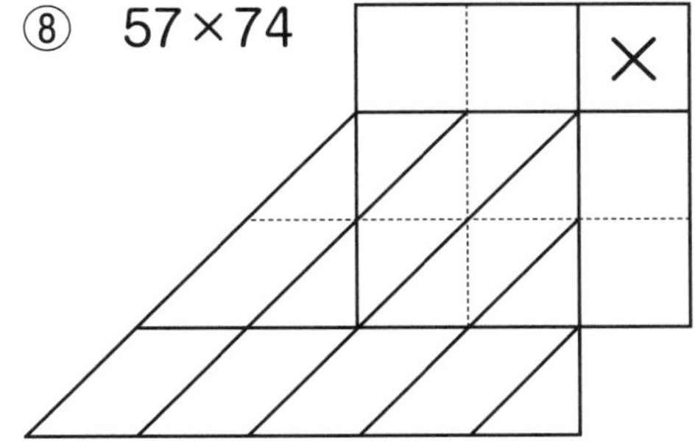

⑨　37×84

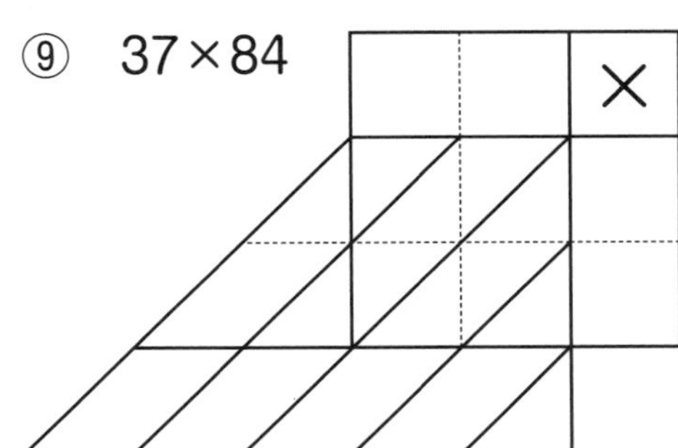

⑩　83×97

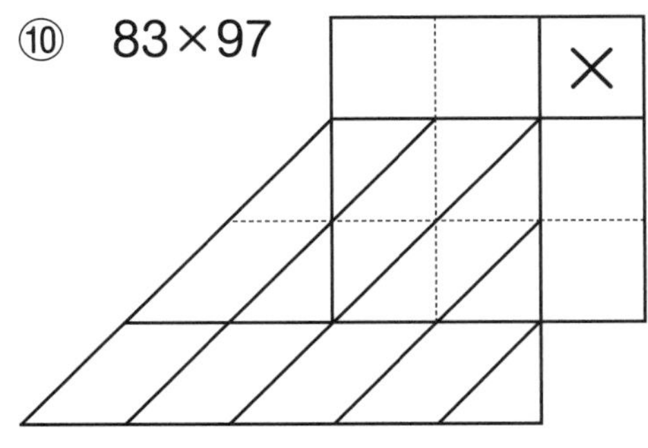

虫くいわり算 ① 算数・計算

5年〜 40分

名前

❀ それぞれの□にあてはまる数を書きましょう。

《虫くいわり算の解き方》

❶ 9−㋐が6なので、㋐は3とわかります。

❷ 7×㋑の答えの一の位が3になるのは、㋑が9のときだけです。

❸ つぎに、㋒に入る数を考えます。㋓列を見ると、ほ助数字の6とたして10になる数は4です。㋑の9×㋒の一の位が4になるのは、6のときだけです。

❹ 今度は、㋔に入る数を考えます。7×㋔の答えの一の位が8になる数は4です。

❺ あとは、わかるところから数字をあてはめながら、順に計算しましょう。

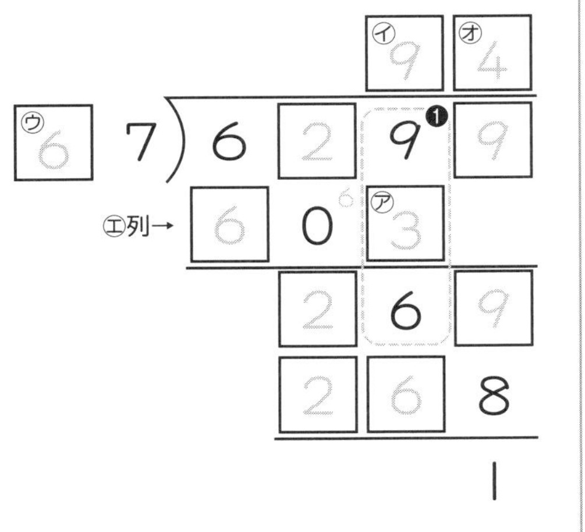

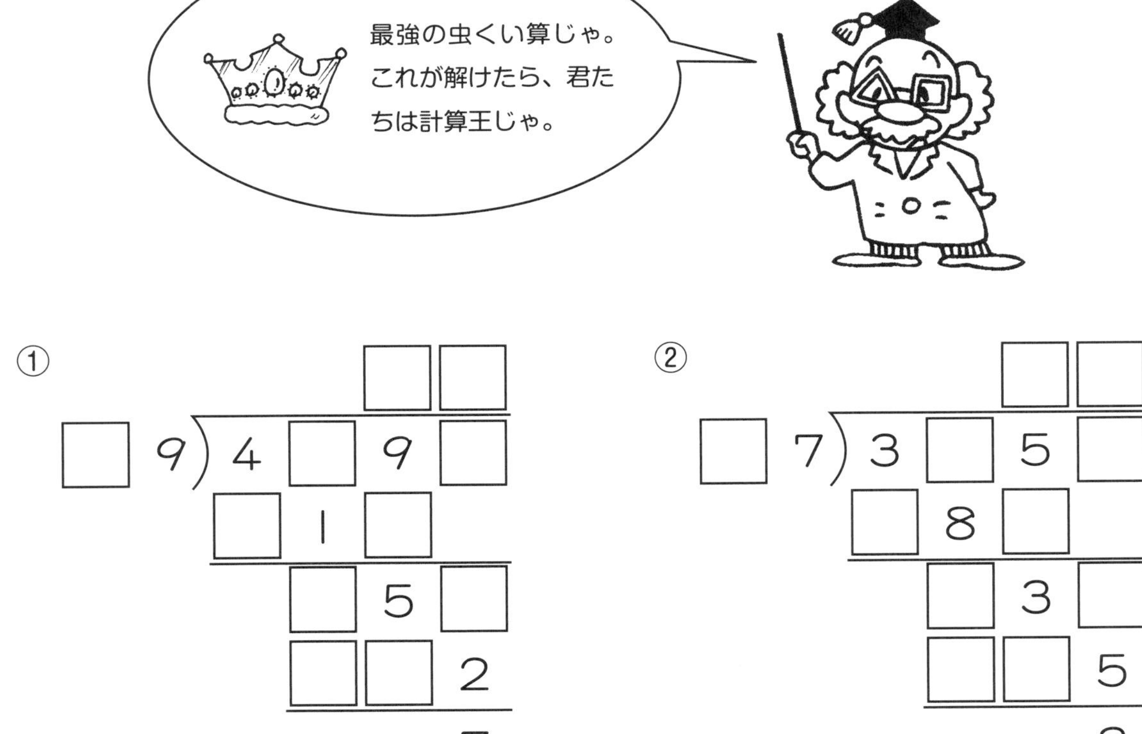

③

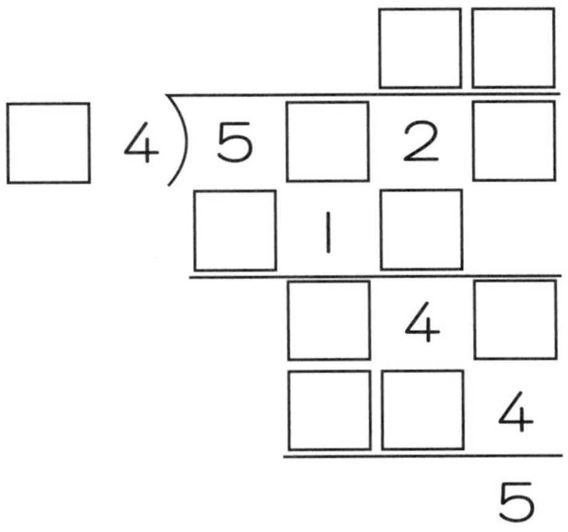

□□

□4) 5□2□

□1□

□4□

□□4

5

④

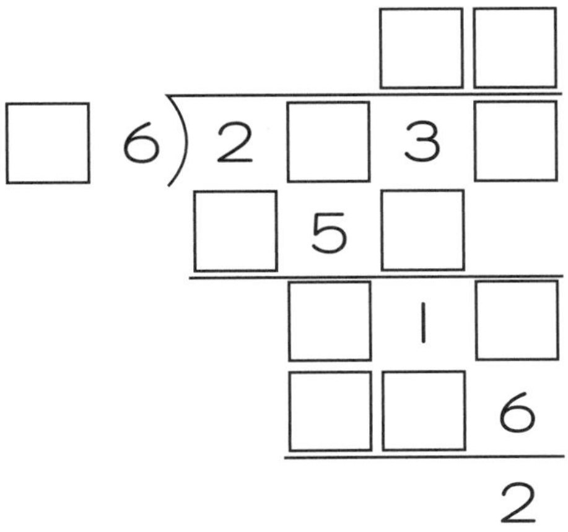

□□

□6) 2□3□

□5□

□1□

□□6

2

⑤

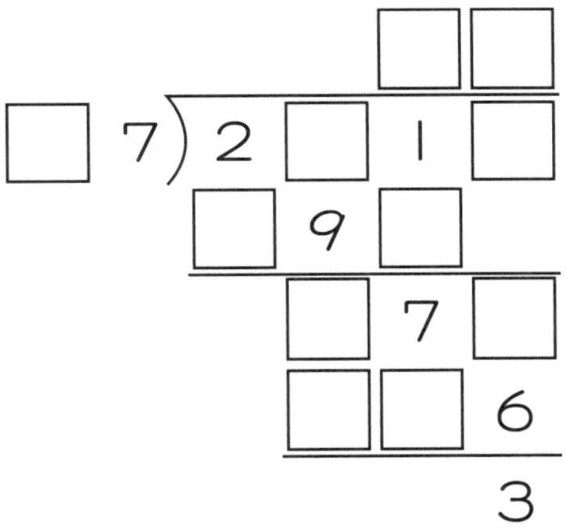

□□

□7) 2□1□

□9□

□7□

□□6

3

⑥

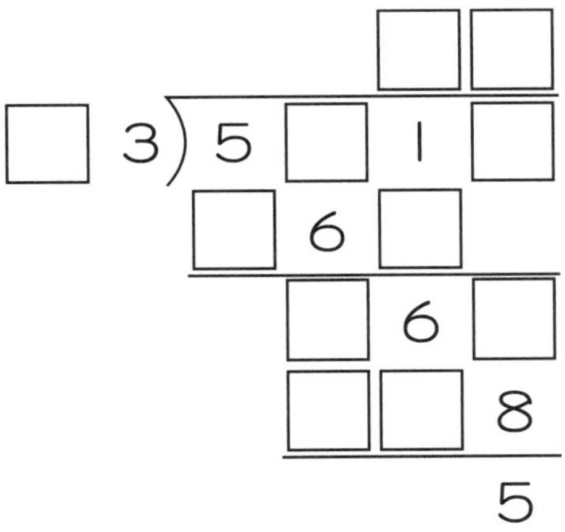

□□

□3) 5□1□

□6□

□6□

□□8

5

⑦

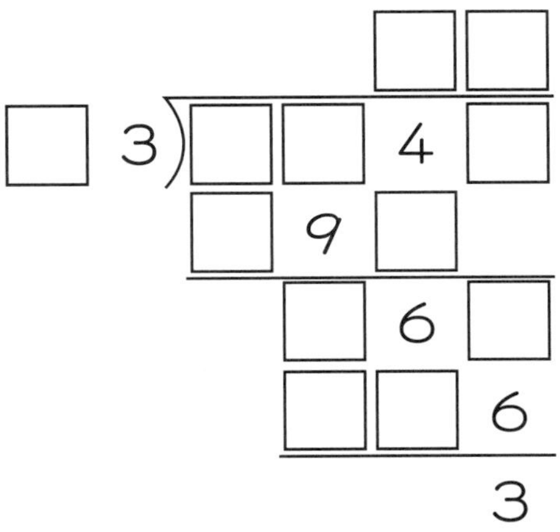

□□

□3) □□4□

□9□

□6□

□□6

3

⑧

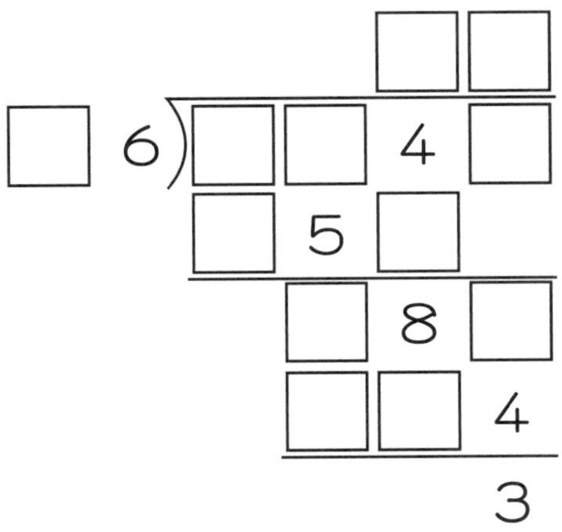

□□

□6) □□4□

□5□

□8□

□□4

3

虫くいわり算 ② 算数・計算

5年～ 40分

名前

✿ それぞれの□にあてはまる数を書きましょう。

《虫くいわり算の解き方》

❶ 9－㋐が6なので、㋐は3とわかります。

❷ 7×㋑の答えの一の位が3になるのは、㋑が9のときだけです。

❸ つぎに、㋒に入る数を考えます。㋓列を見ると、ほ助数字の6とたして10になる数は4です。㋑の9×㋒の一の位が4になるのは、6のときだけです。

❹ 今度は、㋔に入る数を考えます。7×㋔の答えの一の位が8になる数は4です。

❺ あとは、わかるところから数字をあてはめながら、順に計算しましょう。

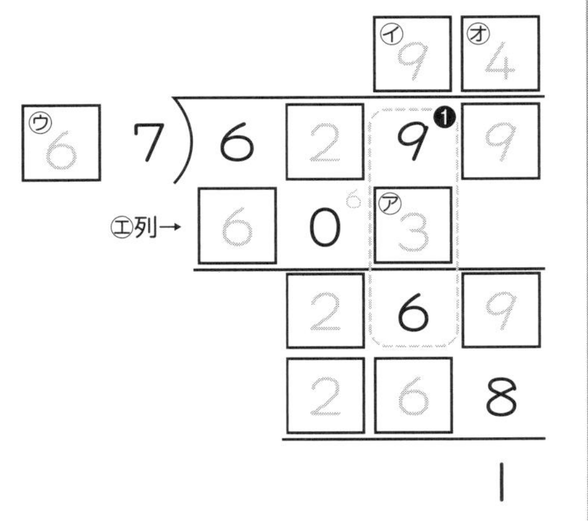

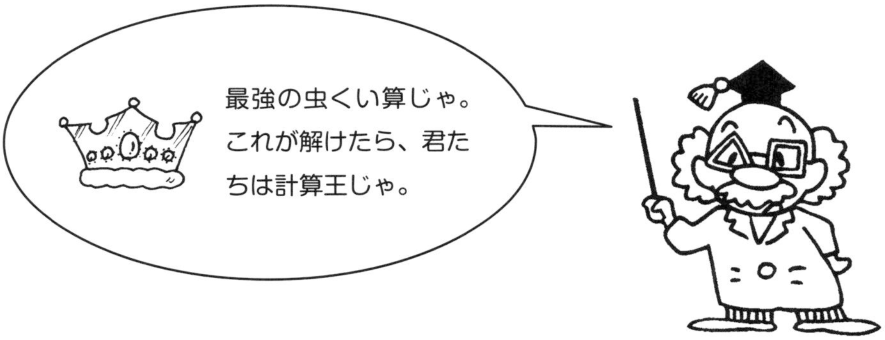

最強の虫くい算じゃ。これが解けたら、君たちは計算王じゃ。

①

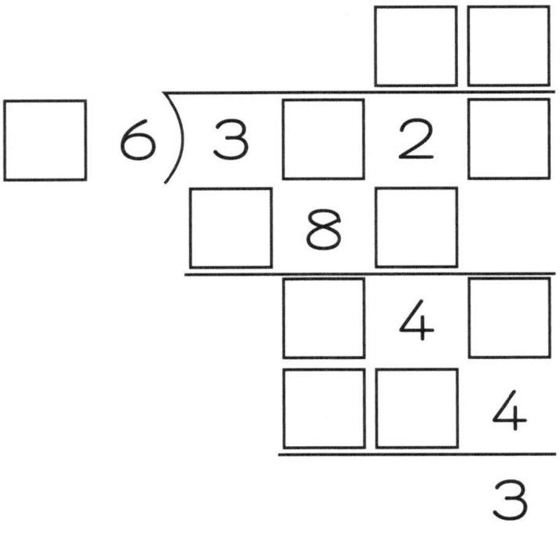

□□
□ 6)3 □ 2 □
□ 8 □
□ 4 □
□ □ 4
3

②

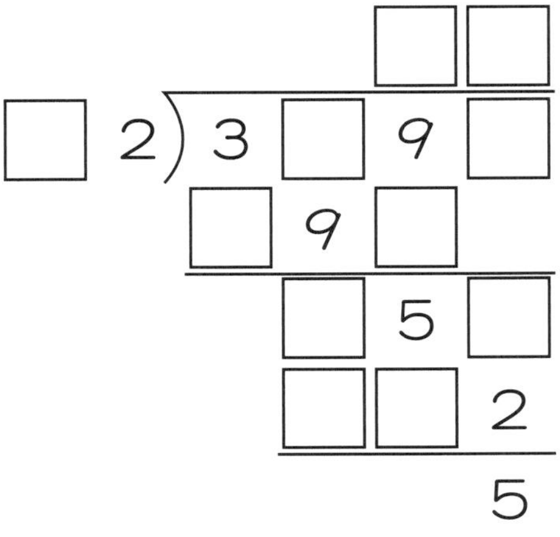

□□
□ 2)3 □ 9 □
□ 9 □
□ 5 □
□ □ 2
5

③

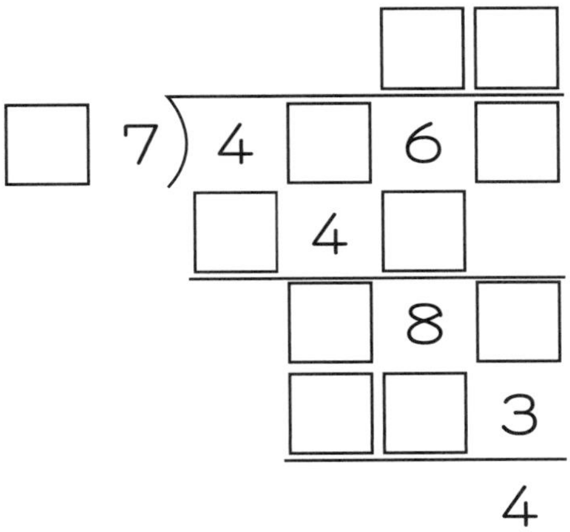

```
        □□
 □7)4□6□
    □4□
     □8□
     □□3
       4
```

④

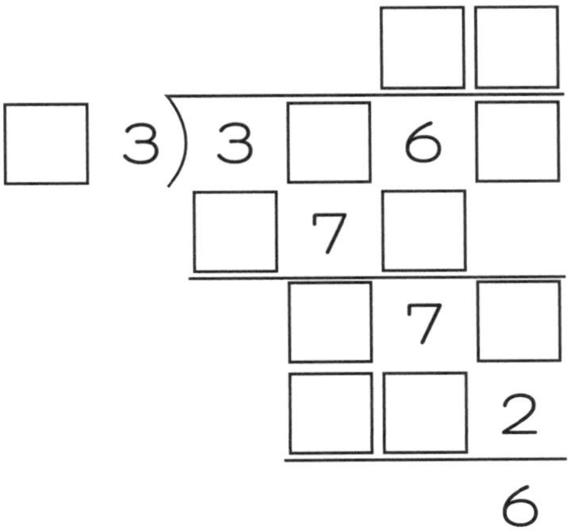

```
        □□
 □3)3□6□
    □7□
     □7□
     □□2
       6
```

⑤

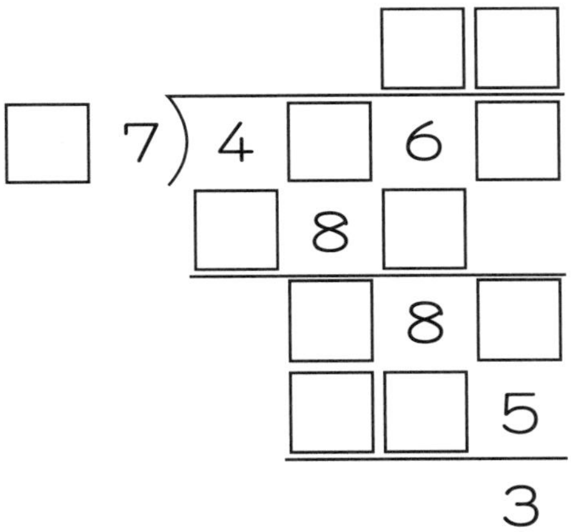

```
        □□
 □7)4□6□
    □8□
     □8□
     □□5
       3
```

⑥

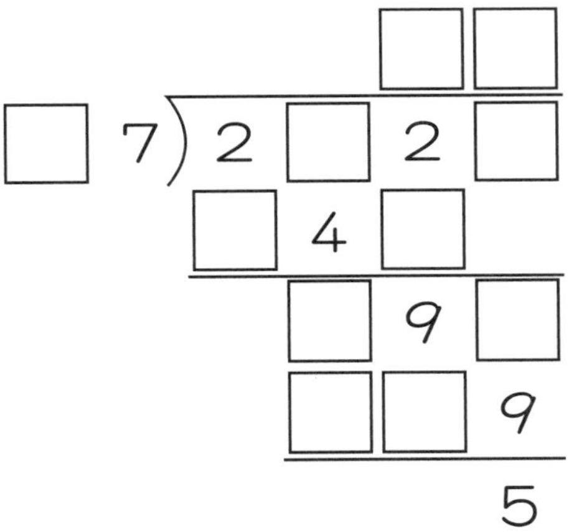

```
        □□
 □7)2□2□
    □4□
     □9□
     □□9
       5
```

⑦

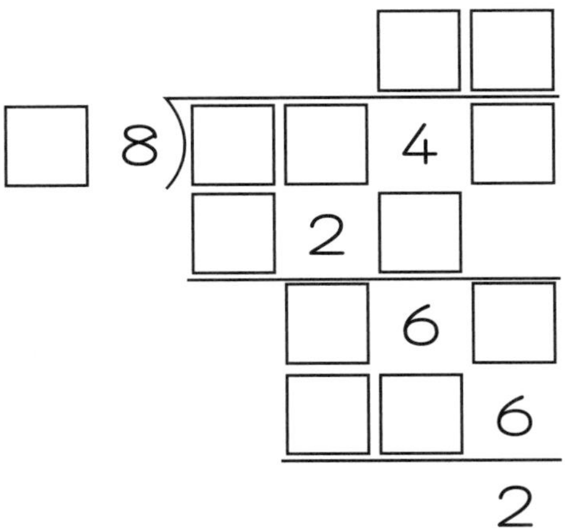

```
        □□
 □8)□□4□
    □2□
     □6□
     □□6
       2
```

⑧

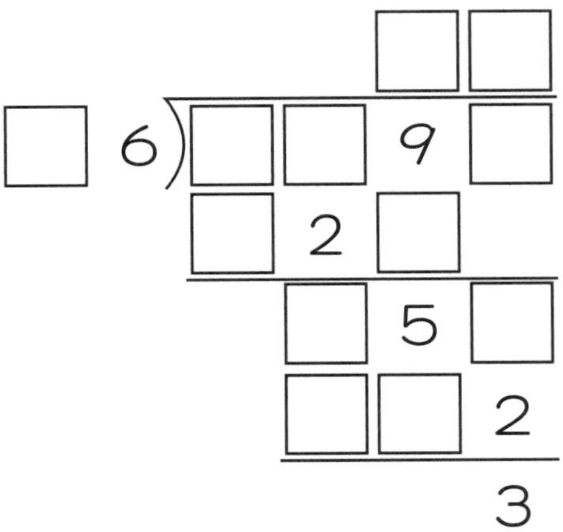

```
        □□
 □6)□□9□
    □2□
     □5□
     □□2
       3
```

1本の折れ線でかく　算数・作図

5年～　40分

名前

✿ 25個の点を1本の折れ線でつなぎましょう。

（例）

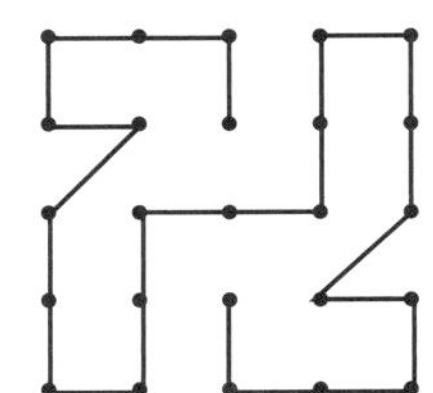

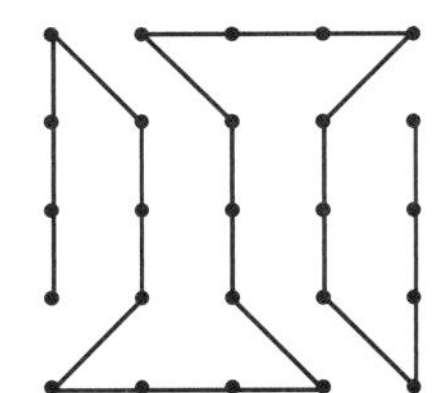

線は交わってはいけません。

まだまだかけるワン

円周にならぶ角　算数・作図

5年〜　40分

名前 ____________________

✿ アイの直線の上の半円に、点を10個（こ）うちましょう。
アイを底辺として、それぞれの点と結んで三角形をかきましょう。

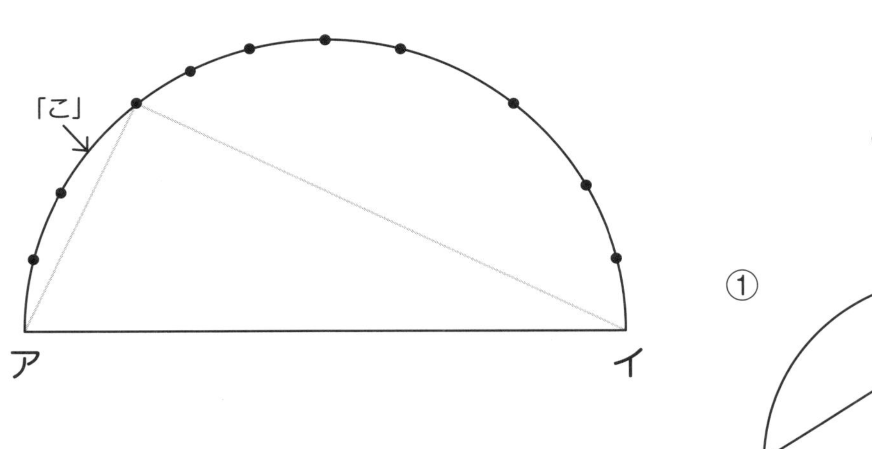

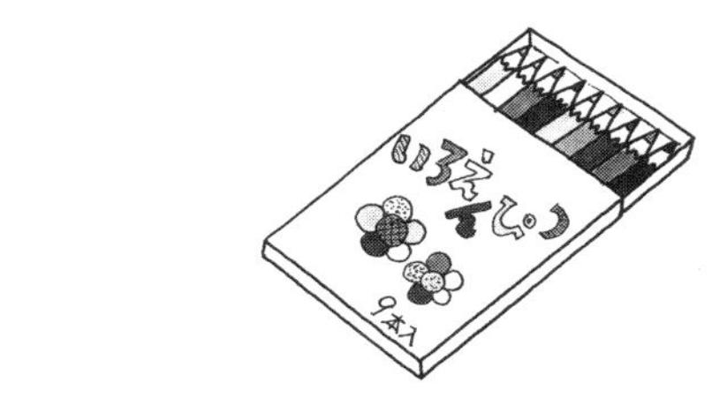

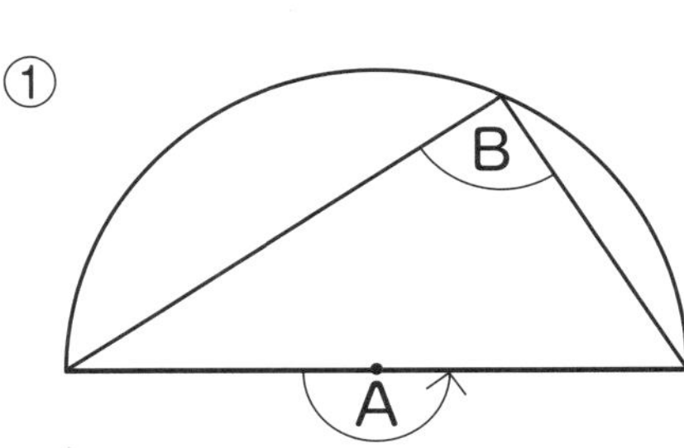

● A、Bの角は何度ですか。分度器を使って測（はか）りましょう。

B ________

____

B ________

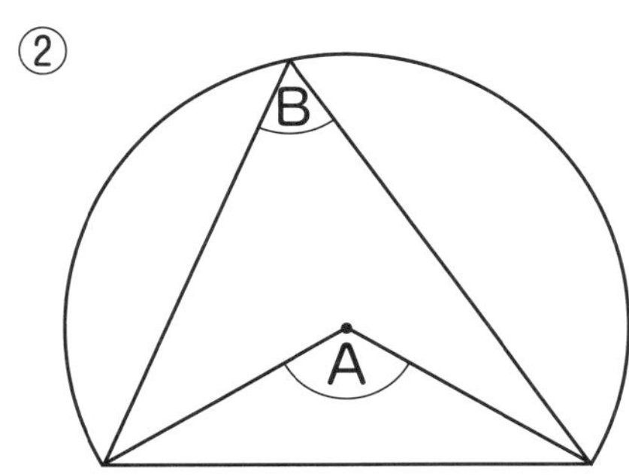

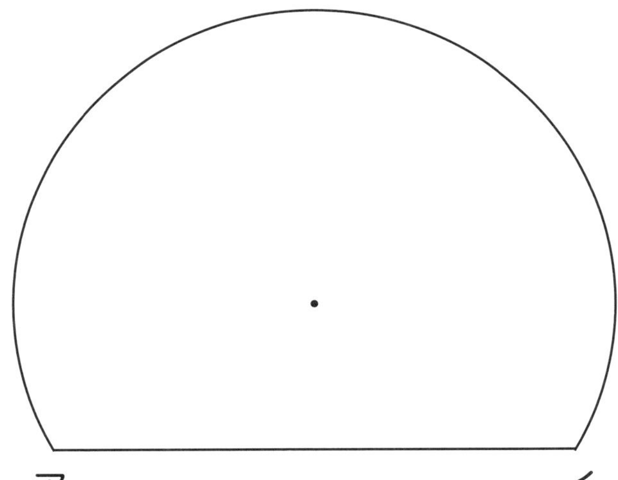

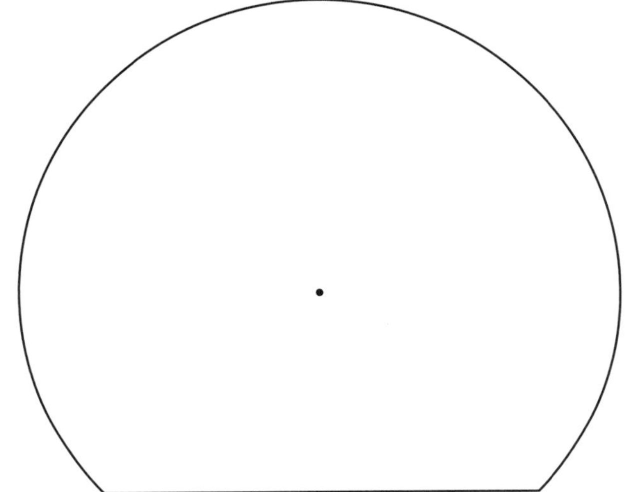

③　A ＿＿＿＿＿＿

B ＿＿＿＿＿＿

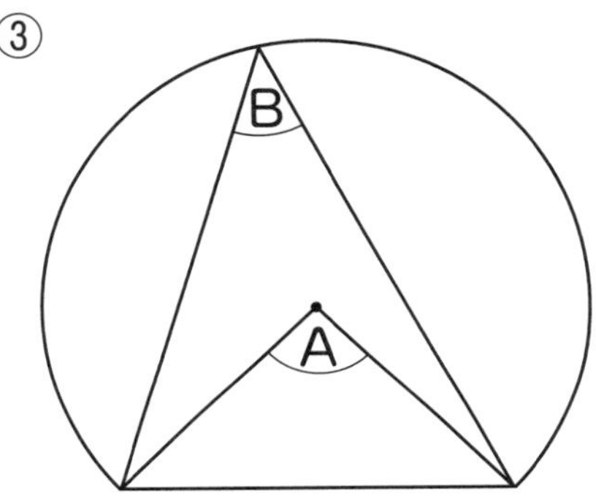

● A、Bの角は何度ですか。分度器を使って測(はか)りましょう。

④　A ＿＿＿＿＿＿

B ＿＿＿＿＿＿

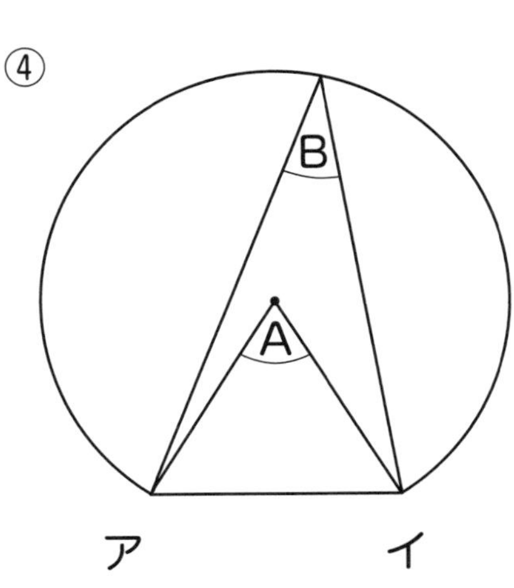

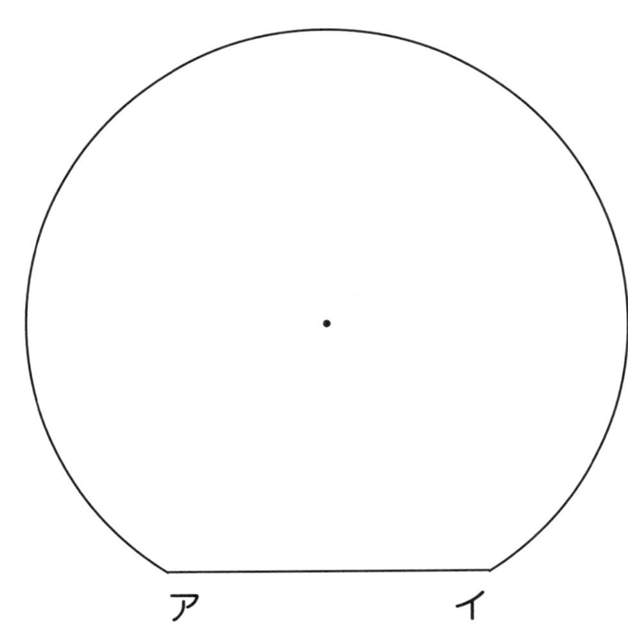

倍数のもよう

算数・その他

名前

 倍数に色をぬりましょう。

2の倍数

1	2	3	4	5	6	7	8	9	10
11	12	13	14	15	16	17	18	19	20
21	22	23	24	25	26	27	28	29	30
31	32	33	34	35	36	37	38	39	40
41	42	43	44	45	46	47	48	49	50
51	52	53	54	55	56	57	58	59	60
61	62	63	64	65	66	67	68	69	70
71	72	73	74	75	76	77	78	79	80
81	82	83	84	85	86	87	88	89	90
91	92	93	94	95	96	97	98	99	100

3の倍数

1	2	3	4	5	6	7	8	9	10
11	12	13	14	15	16	17	18	19	20
21	22	23	24	25	26	27	28	29	30
31	32	33	34	35	36	37	38	39	40
41	42	43	44	45	46	47	48	49	50
51	52	53	54	55	56	57	58	59	60
61	62	63	64	65	66	67	68	69	70
71	72	73	74	75	76	77	78	79	80
81	82	83	84	85	86	87	88	89	90
91	92	93	94	95	96	97	98	99	100

6の倍数

1	2	3	4	5	6	7	8	9	10
11	12	13	14	15	16	17	18	19	20
21	22	23	24	25	26	27	28	29	30
31	32	33	34	35	36	37	38	39	40
41	42	43	44	45	46	47	48	49	50
51	52	53	54	55	56	57	58	59	60
61	62	63	64	65	66	67	68	69	70
71	72	73	74	75	76	77	78	79	80
81	82	83	84	85	86	87	88	89	90
91	92	93	94	95	96	97	98	99	100

7の倍数

1	2	3	4	5	6	7	8	9	10
11	12	13	14	15	16	17	18	19	20
21	22	23	24	25	26	27	28	29	30
31	32	33	34	35	36	37	38	39	40
41	42	43	44	45	46	47	48	49	50
51	52	53	54	55	56	57	58	59	60
61	62	63	64	65	66	67	68	69	70
71	72	73	74	75	76	77	78	79	80
81	82	83	84	85	86	87	88	89	90
91	92	93	94	95	96	97	98	99	100

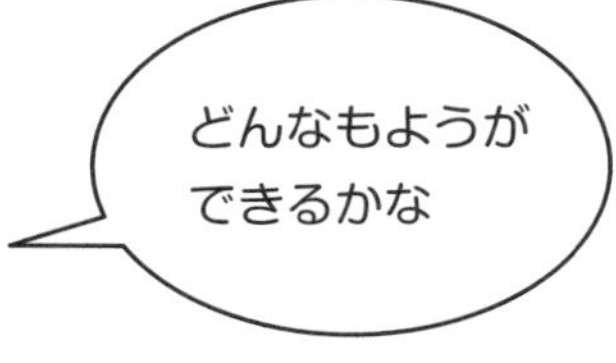

4の倍数

1	2	3	4	5	6	7	8	9	10
11	12	13	14	15	16	17	18	19	20
21	22	23	24	25	26	27	28	29	30
31	32	33	34	35	36	37	38	39	40
41	42	43	44	45	46	47	48	49	50
51	52	53	54	55	56	57	58	59	60
61	62	63	64	65	66	67	68	69	70
71	72	73	74	75	76	77	78	79	80
81	82	83	84	85	86	87	88	89	90
91	92	93	94	95	96	97	98	99	100

5の倍数

1	2	3	4	5	6	7	8	9	10
11	12	13	14	15	16	17	18	19	20
21	22	23	24	25	26	27	28	29	30
31	32	33	34	35	36	37	38	39	40
41	42	43	44	45	46	47	48	49	50
51	52	53	54	55	56	57	58	59	60
61	62	63	64	65	66	67	68	69	70
71	72	73	74	75	76	77	78	79	80
81	82	83	84	85	86	87	88	89	90
91	92	93	94	95	96	97	98	99	100

8の倍数

1	2	3	4	5	6	7	8	9	10
11	12	13	14	15	16	17	18	19	20
21	22	23	24	25	26	27	28	29	30
31	32	33	34	35	36	37	38	39	40
41	42	43	44	45	46	47	48	49	50
51	52	53	54	55	56	57	58	59	60
61	62	63	64	65	66	67	68	69	70
71	72	73	74	75	76	77	78	79	80
81	82	83	84	85	86	87	88	89	90
91	92	93	94	95	96	97	98	99	100

9の倍数

1	2	3	4	5	6	7	8	9	10
11	12	13	14	15	16	17	18	19	20
21	22	23	24	25	26	27	28	29	30
31	32	33	34	35	36	37	38	39	40
41	42	43	44	45	46	47	48	49	50
51	52	53	54	55	56	57	58	59	60
61	62	63	64	65	66	67	68	69	70
71	72	73	74	75	76	77	78	79	80
81	82	83	84	85	86	87	88	89	90
91	92	93	94	95	96	97	98	99	100

倍数を見つけよう　算数・その他

名前

❀ 倍数に色をぬりましょう。

1は、2の倍数に色をぬります。　2は、3の倍数に色をぬります。

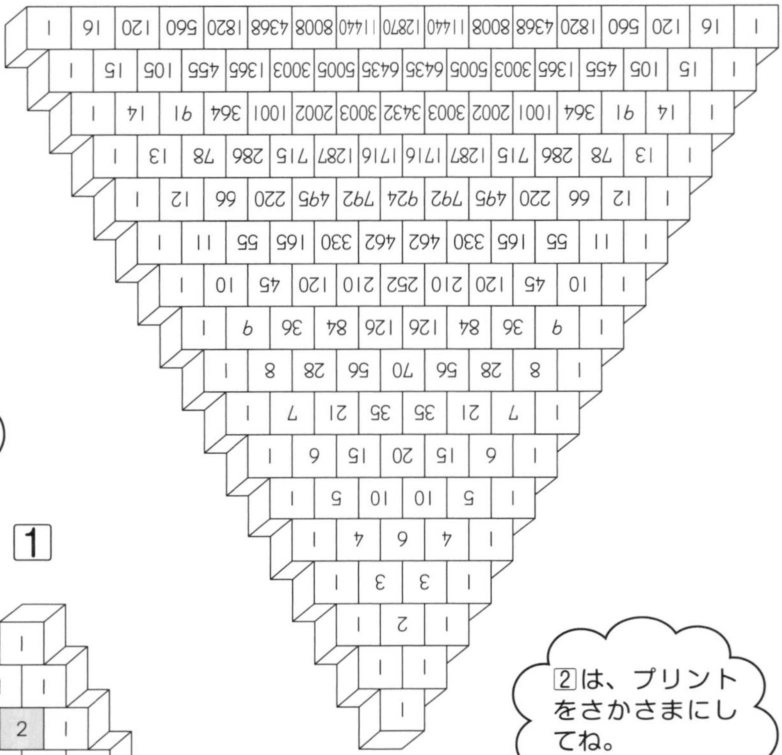

1

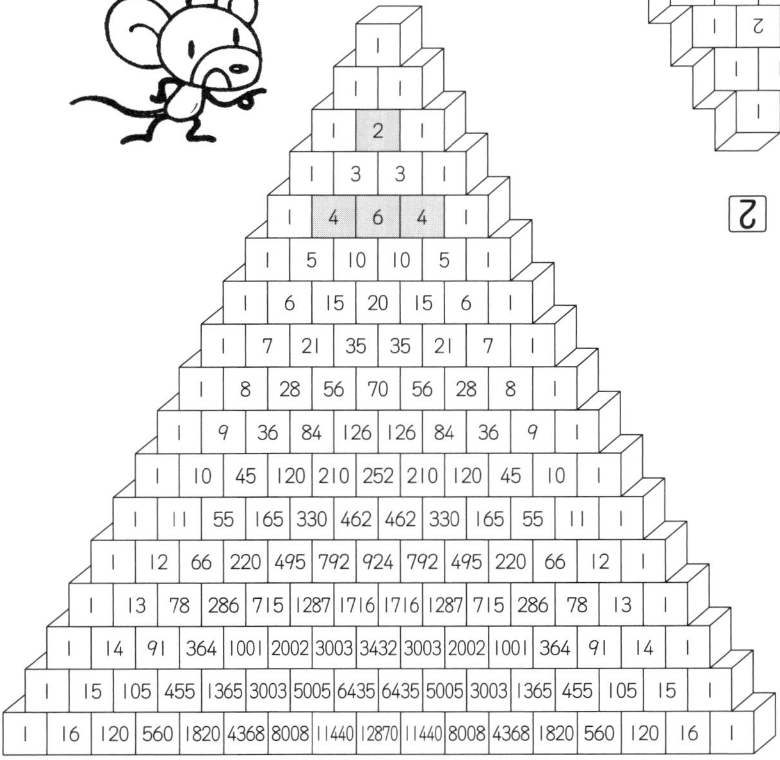

1
1 1
1 2 1
1 3 3 1
1 4 6 4 1
1 5 10 10 5 1
1 6 15 20 15 6 1
1 7 21 35 35 21 7 1
1 8 28 56 70 56 28 8 1
1 9 36 84 126 126 84 36 9 1
1 10 45 120 210 252 210 120 45 10 1
1 11 55 165 330 462 462 330 165 55 11 1
1 12 66 220 495 792 924 792 495 220 66 12 1
1 13 78 286 715 1287 1716 1716 1287 715 286 78 13 1
1 14 91 364 1001 2002 3003 3432 3003 2002 1001 364 91 14 1
1 15 105 455 1365 3003 5005 6435 6435 5005 3003 1365 455 105 15 1
1 16 120 560 1820 4368 8008 11440 12870 11440 8008 4368 1820 560 120 16 1

2

1
1 1
1 2 1
1 3 3 1
1 4 6 4 1
1 5 10 10 5 1
1 6 15 20 15 6 1
1 7 21 35 35 21 7 1
1 8 28 56 70 56 28 8 1
1 9 36 84 126 126 84 36 9 1
1 10 45 120 210 252 210 120 45 10 1
1 11 55 165 330 462 462 330 165 55 11 1
1 12 66 220 495 792 924 792 495 220 66 12 1
1 13 78 286 715 1287 1716 1716 1287 715 286 78 13 1
1 14 91 364 1001 2002 3003 3432 3003 2002 1001 364 91 14 1
1 15 105 455 1365 3003 5005 6435 6435 5005 3003 1365 455 105 15 1
1 16 120 560 1820 4368 8008 11440 12870 11440 8008 4368 1820 560 120 16 1

③は、４の倍数に色をぬります。　④は、５の倍数に色をぬります。

◉パスカルの三角形は下のようにつくります。

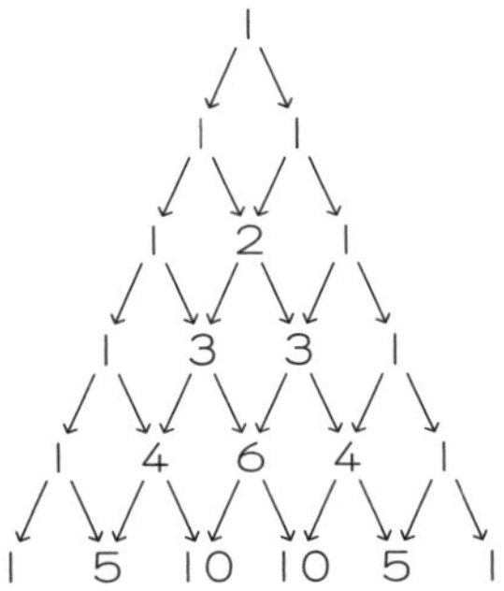

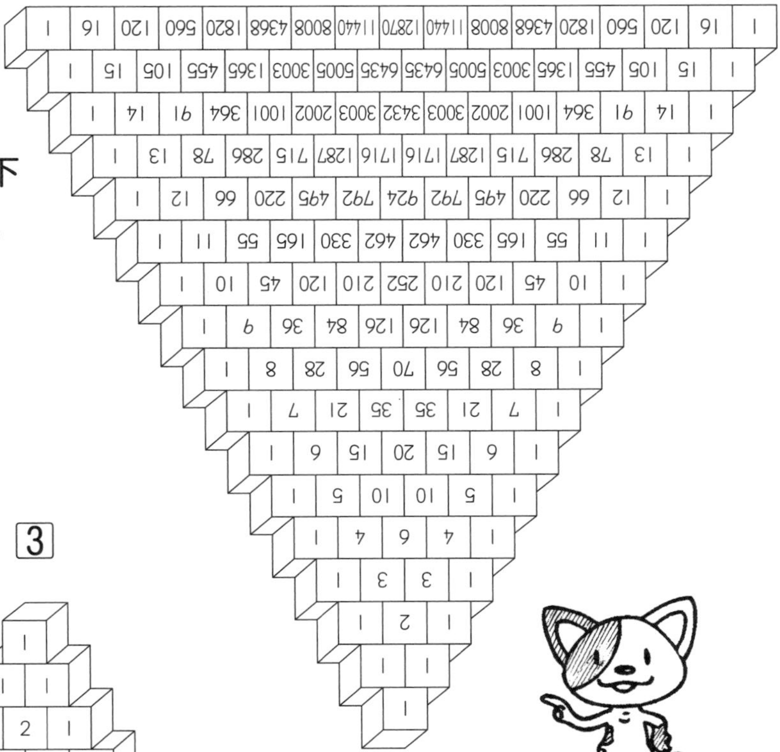

1
1 1
1 2 1
1 3 3 1
1 4 6 4 1
1 5 10 10 5 1

④

1 16 120 560 1820 4368 8008 11440 12870 11440 8008 4368 1820 560 120 16 1
1 15 105 455 1365 3003 5005 6435 6435 5005 3003 1365 455 105 15 1
1 14 91 364 1001 2002 3003 3432 3003 2002 1001 364 91 14 1
1 13 78 286 715 1287 1716 1716 1287 715 286 78 13 1
1 12 66 220 495 792 924 792 495 220 66 12 1
1 11 55 165 330 462 462 330 165 55 11 1
1 10 45 120 210 252 210 120 45 10 1
1 9 36 84 126 126 84 36 9 1
1 8 28 56 70 56 28 8 1
1 7 21 35 35 21 7 1
1 6 15 20 15 6 1
1 5 10 10 5 1
1 4 6 4 1
1 3 3 1
1 2 1
1 1
1

③

1
1 1
1 2 1
1 3 3 1
1 4 6 4 1
1 5 10 10 5 1
1 6 15 20 15 6 1
1 7 21 35 35 21 7 1
1 8 28 56 70 56 28 8 1
1 9 36 84 126 126 84 36 9 1
1 10 45 120 210 252 210 120 45 10 1
1 11 55 165 330 462 462 330 165 55 11 1
1 12 66 220 495 792 924 792 495 220 66 12 1
1 13 78 286 715 1287 1716 1716 1287 715 286 78 13 1
1 14 91 364 1001 2002 3003 3432 3003 2002 1001 364 91 14 1
1 15 105 455 1365 3003 5005 6435 6435 5005 3003 1365 455 105 15 1
1 16 120 560 1820 4368 8008 11440 12870 11440 8008 4368 1820 560 120 16 1

④も、さかさまニャ。

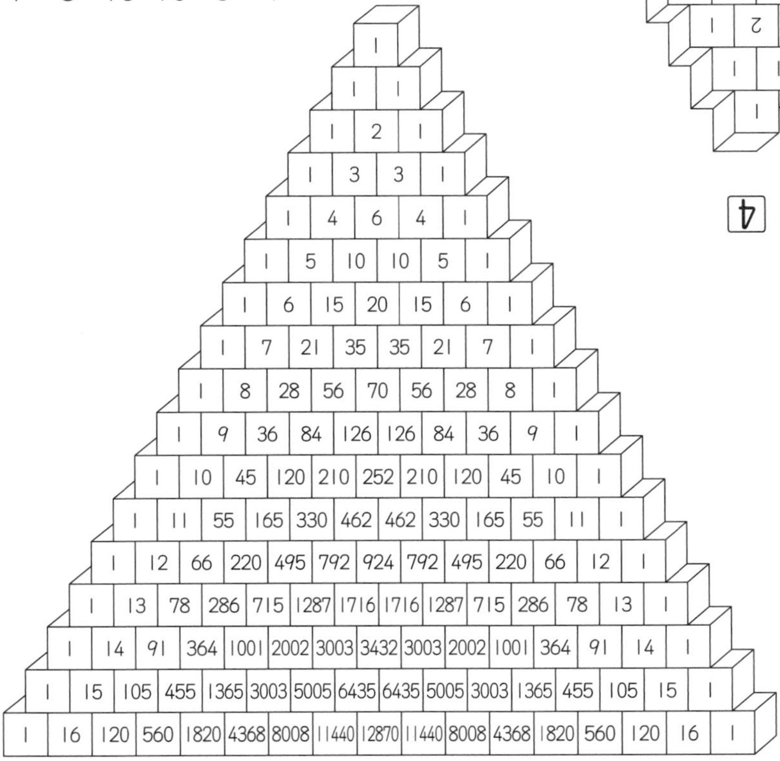

辺の上の数の和 ① 算数・計算

5年～
40分

名前

❀ 9個の○には、1、2、3、4、5、6、7、8、9の数が1個ずつ入ります。
各辺の上にある4個の数の和は、20です。
空いている○に数を書き入れます。

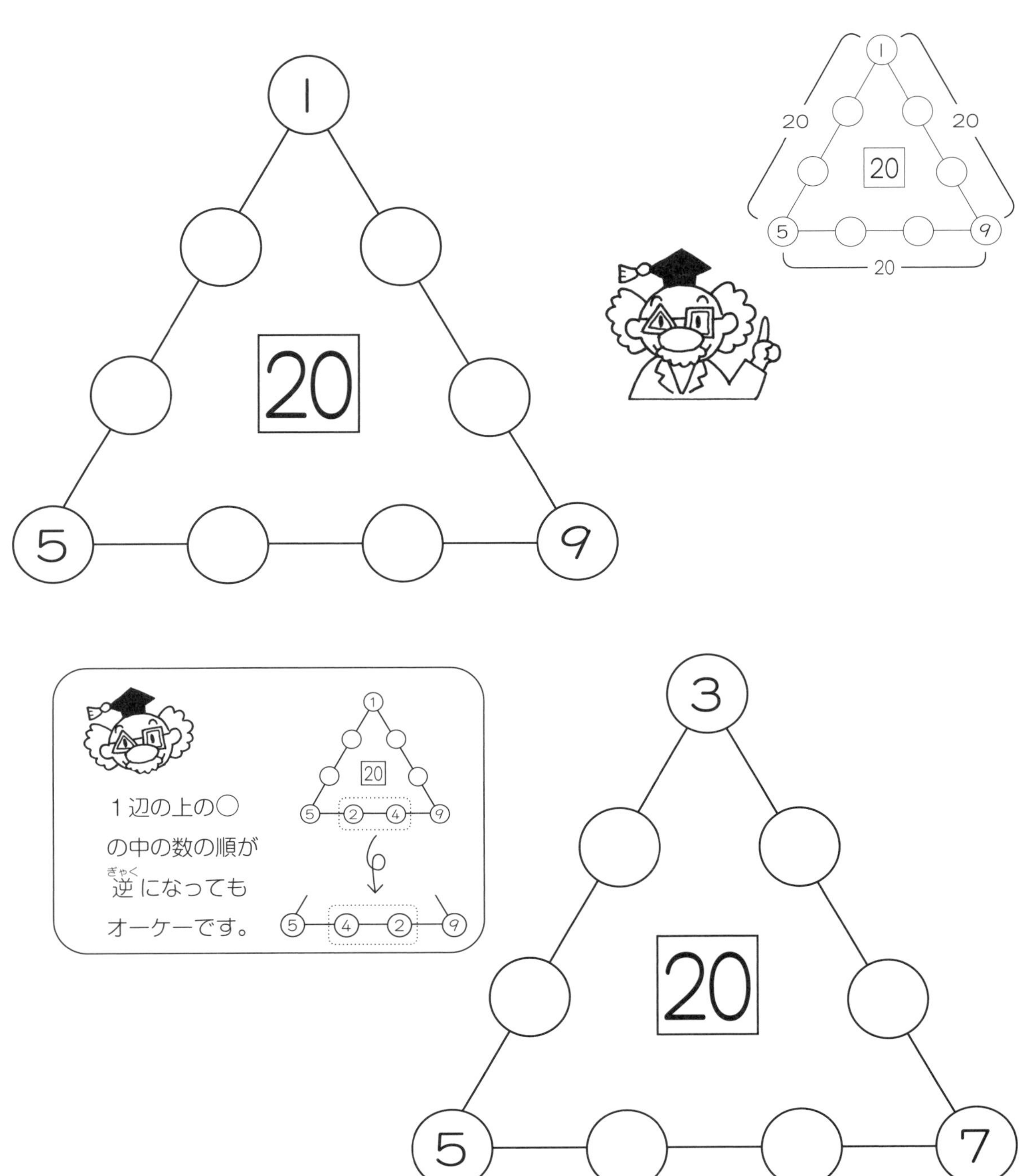

✿　９個の○には、１、２、３、４、５、６、７、８、９の数が1個ずつ入ります。
各辺の上の４個の数の和は、□の中の数になります。
空いている○に数を書き入れます。

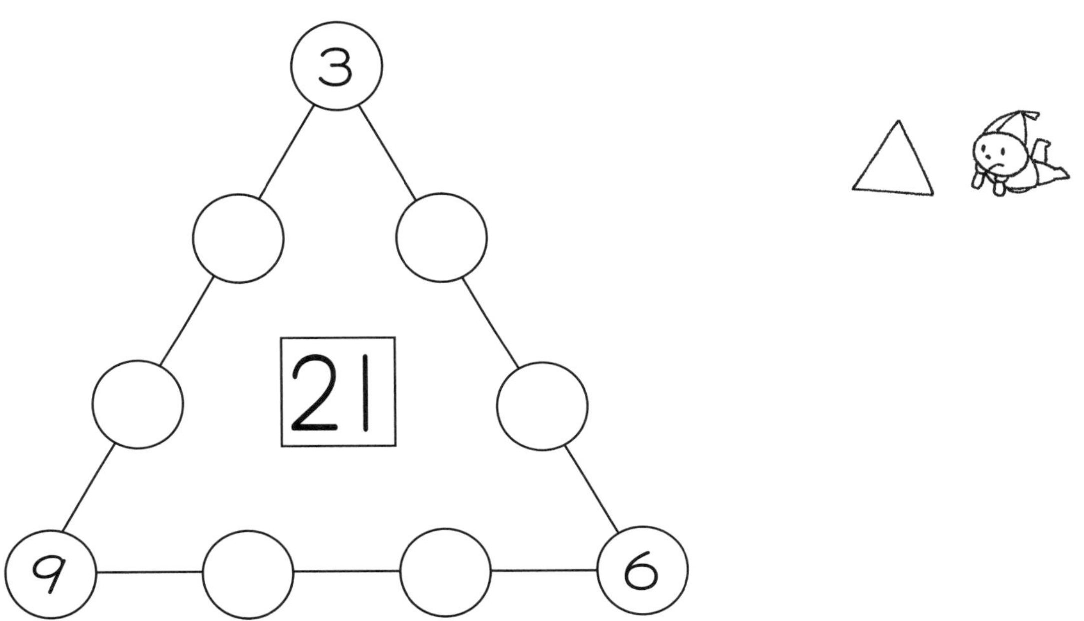

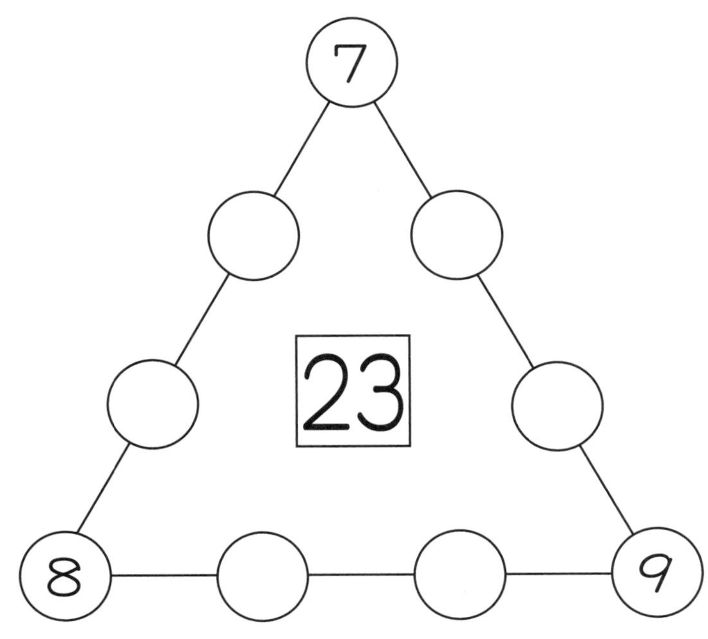

さいころ　算数・図形

名前

✿ さいころは、平行な面の目の数の和が７です。
和が７になるように、空いている□に数を書きます。

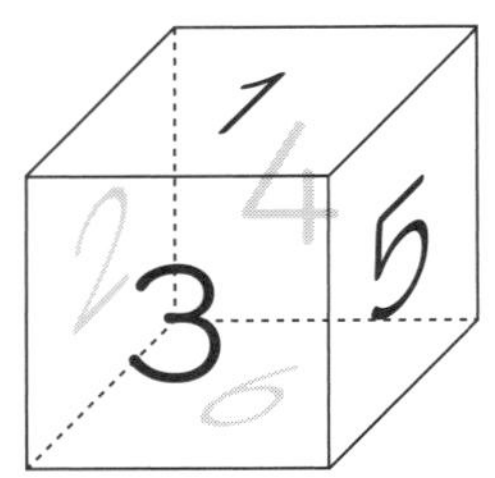

このさいころを
よく見てね。
それがヒントだよ。

①

②

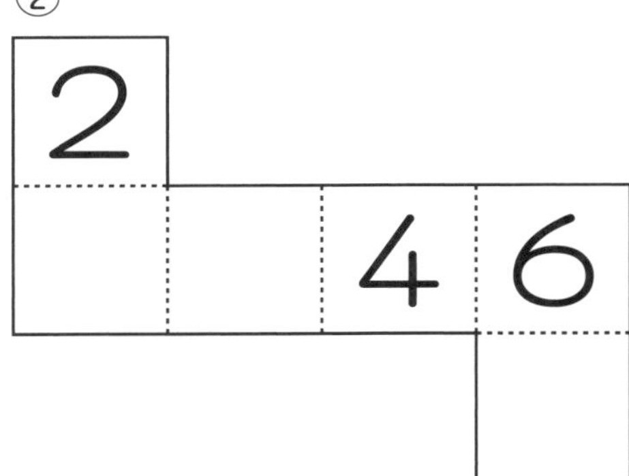

③

1
3　　　2

④

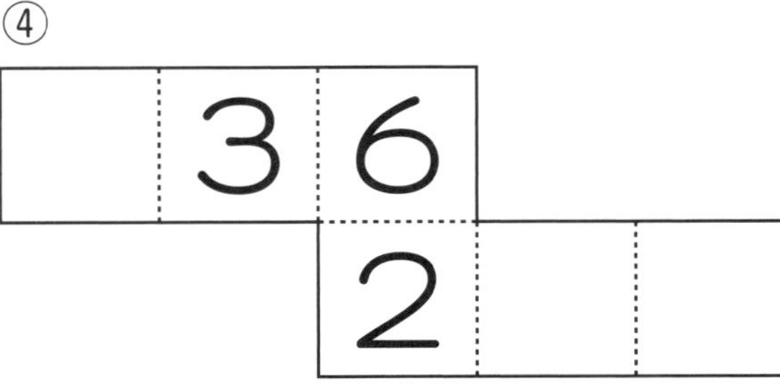

⑤

1
3　5

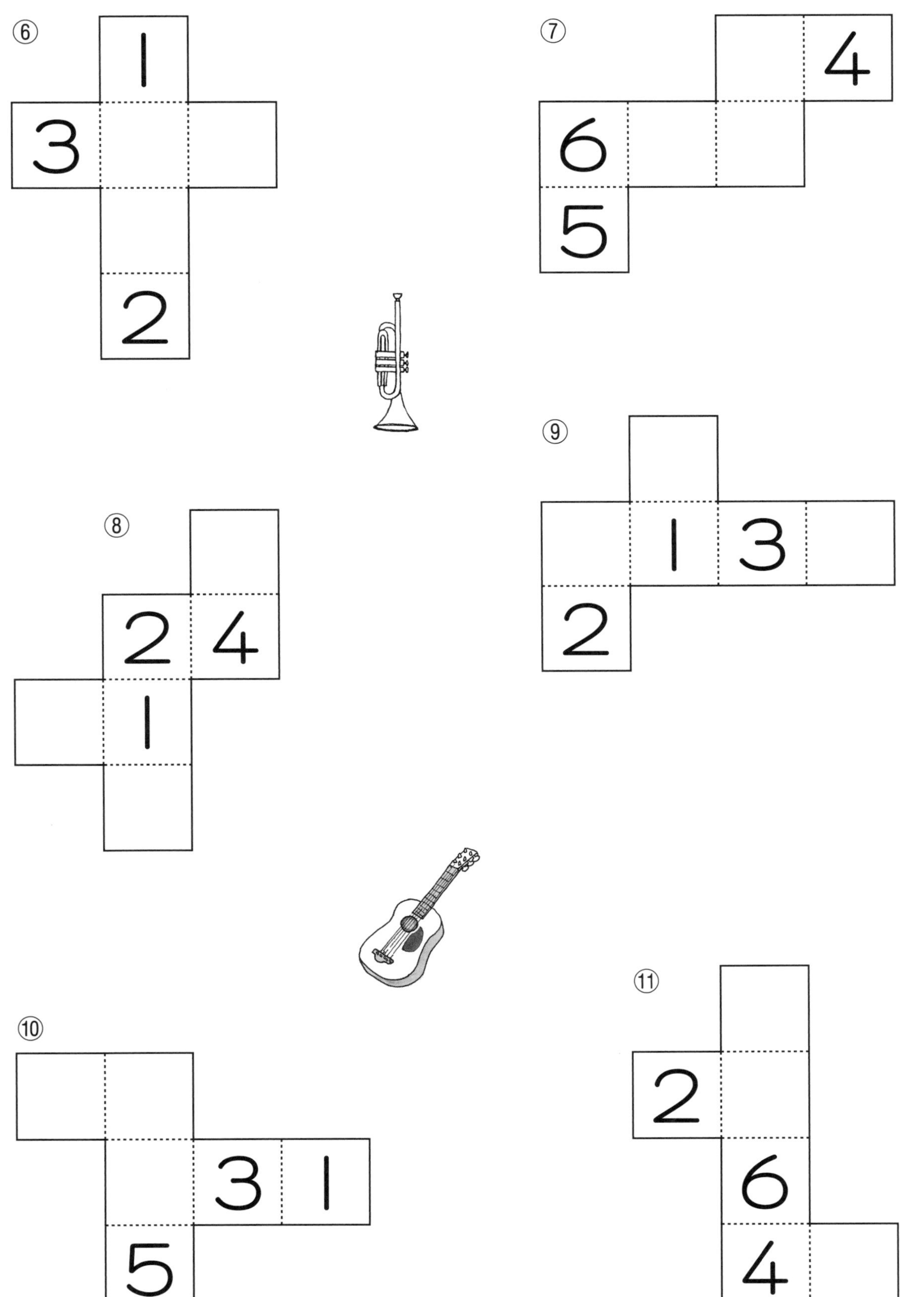
⑥
1
3
2
⑦
4
6
5
⑧
2
4
1
⑨
1
3
2
⑩
3
1
5
⑪
2
6
4

同じ広さに分けよう　算数・図形

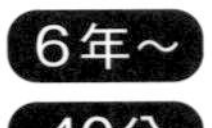

名前

① ・と・をつないで、正方形をいくつかに分けます。
② 分けた部分が、どれも同じ広さ（面積）になるように分けます。

1　4つに分けましょう。7個できたらパズル賞！

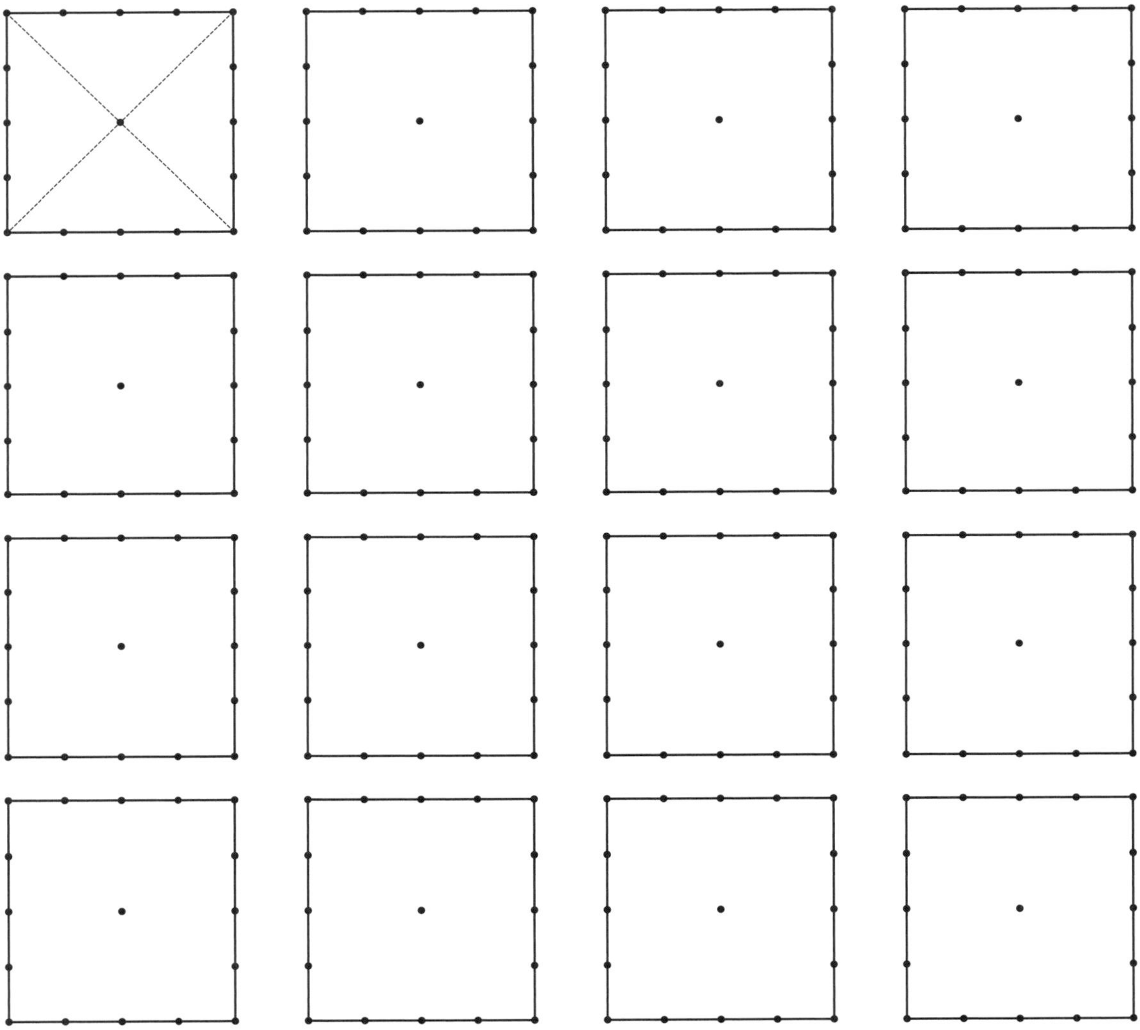

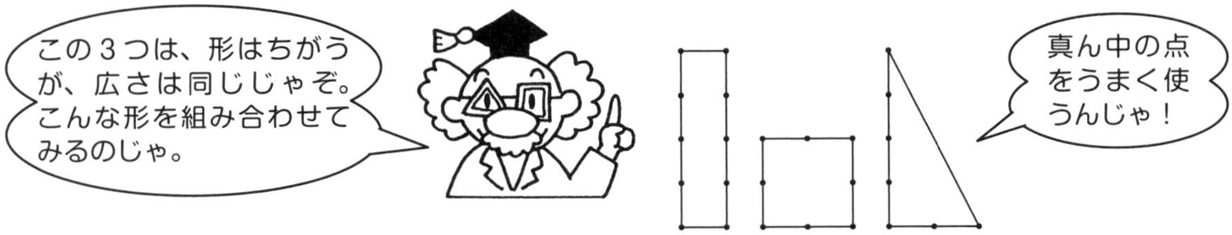

この3つは、形はちがうが、広さは同じじゃぞ。こんな形を組み合わせてみるのじゃ。

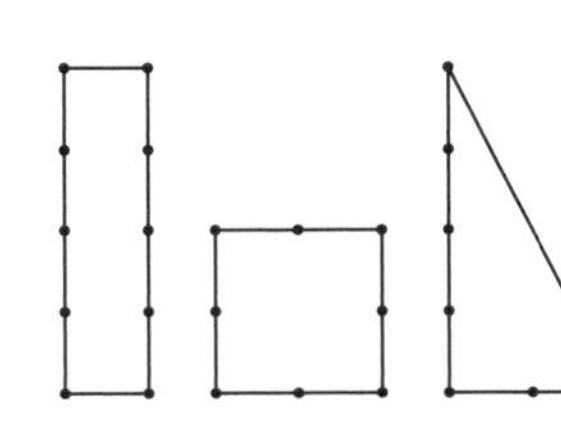

真ん中の点をうまく使うんじゃ！

2　3つに分けましょう。10個できたらパズル賞！

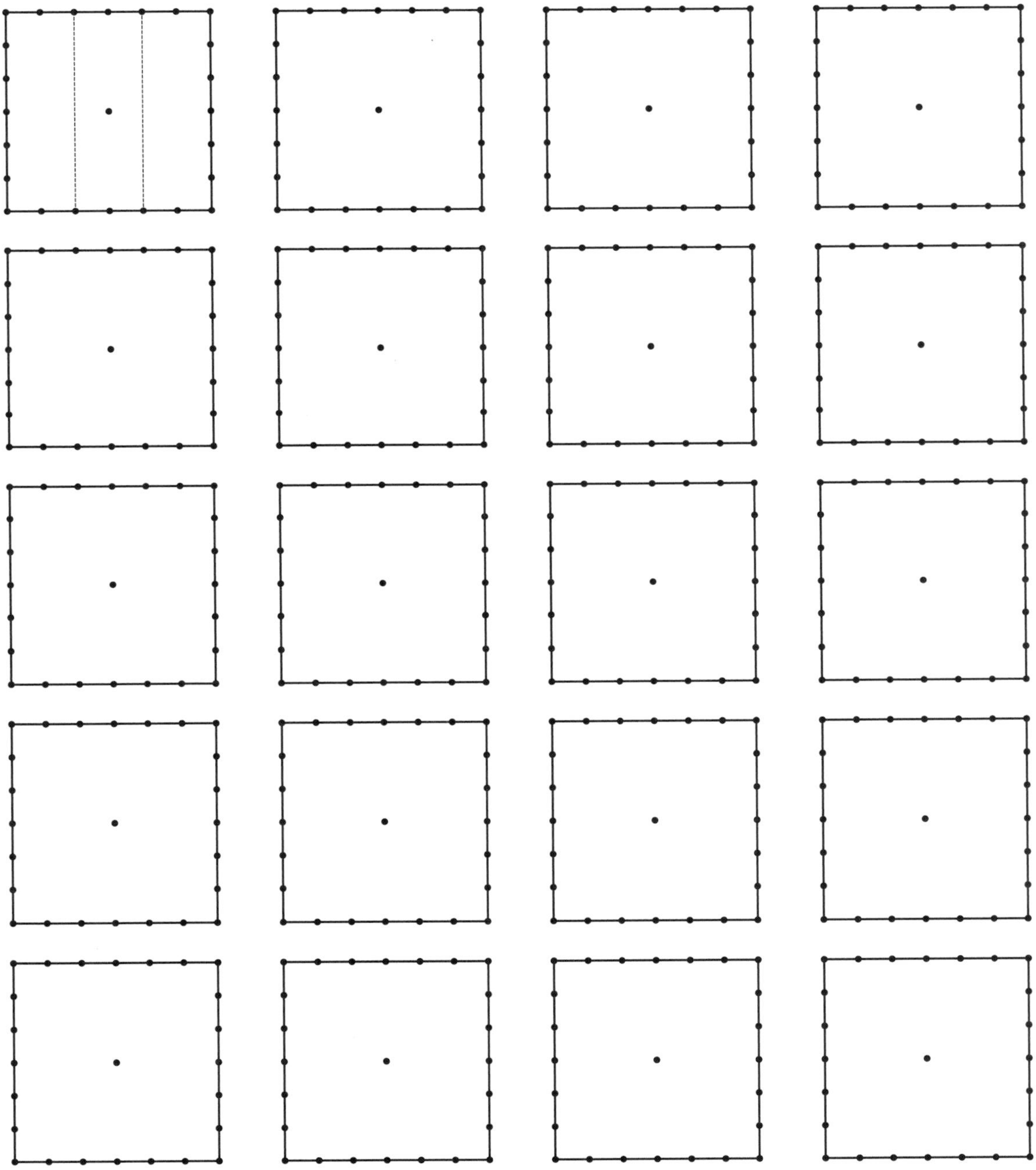

正方形をいろいろかこう　算数・図形

6年～
40分

名前

✿　・と・を結んで、正方形をかきましょう。

◎　大きい正方形も小さい正方形も、全部見つけてかきましょう。いちばん小さい正方形は、右の図のように16個あります。この他に正方形は34個あります。見つけたら、どこにあるかわかるようにかいていきましょう。

●いちばん小さい正方形16個●

1つのワクには、1つの正方形をかきます。

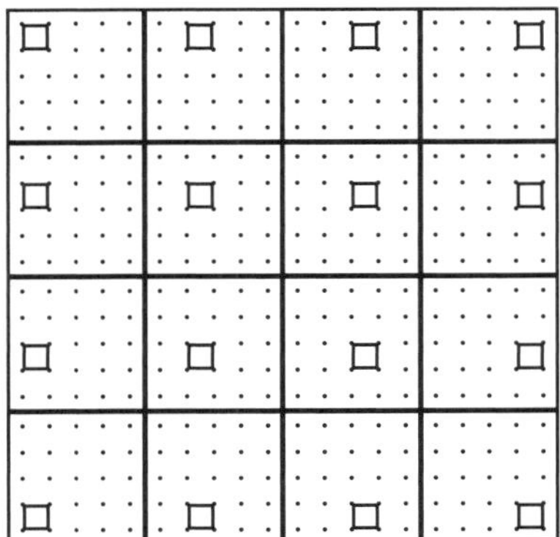

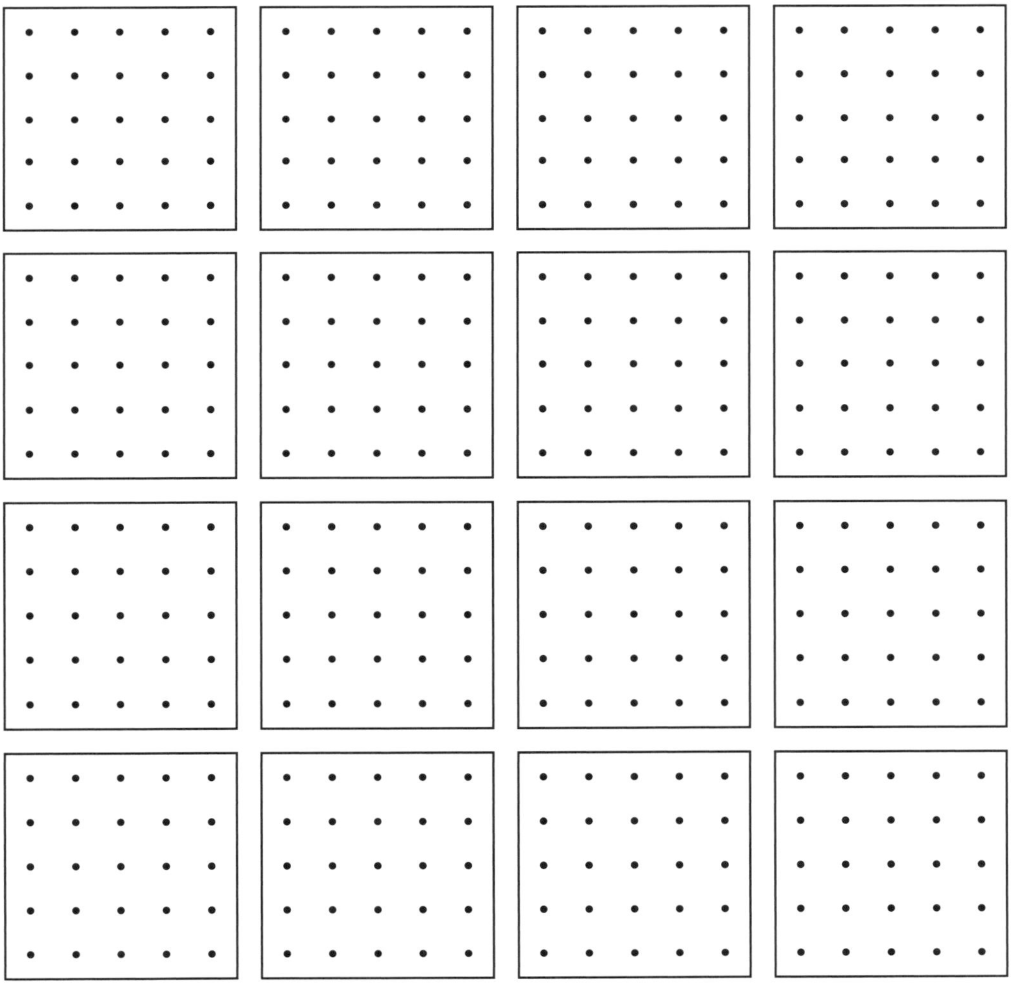

14個　かけたら…銅メダル!

24個　かけたら…銀メダル!!

34個　かけたら…金メダル!!!

ななめでも、
正方形だよ。

形づくり（ペントミノ）① 算数・図形

名前

1　同じ大きさの正方形５個の辺と辺をくっつけた形を「ペントミノ」といいます。全部で12種類あります。

ペントミノを12種類すべてかきましょう。

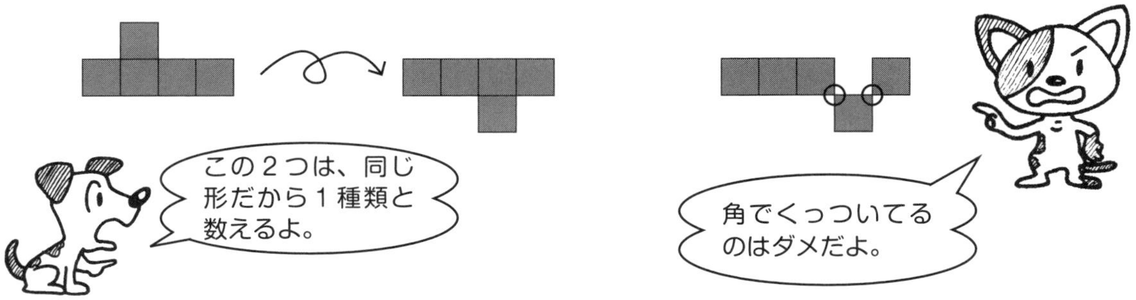

この２つは、同じ形だから１種類と数えるよ。

角でくっついてるのはダメだよ。

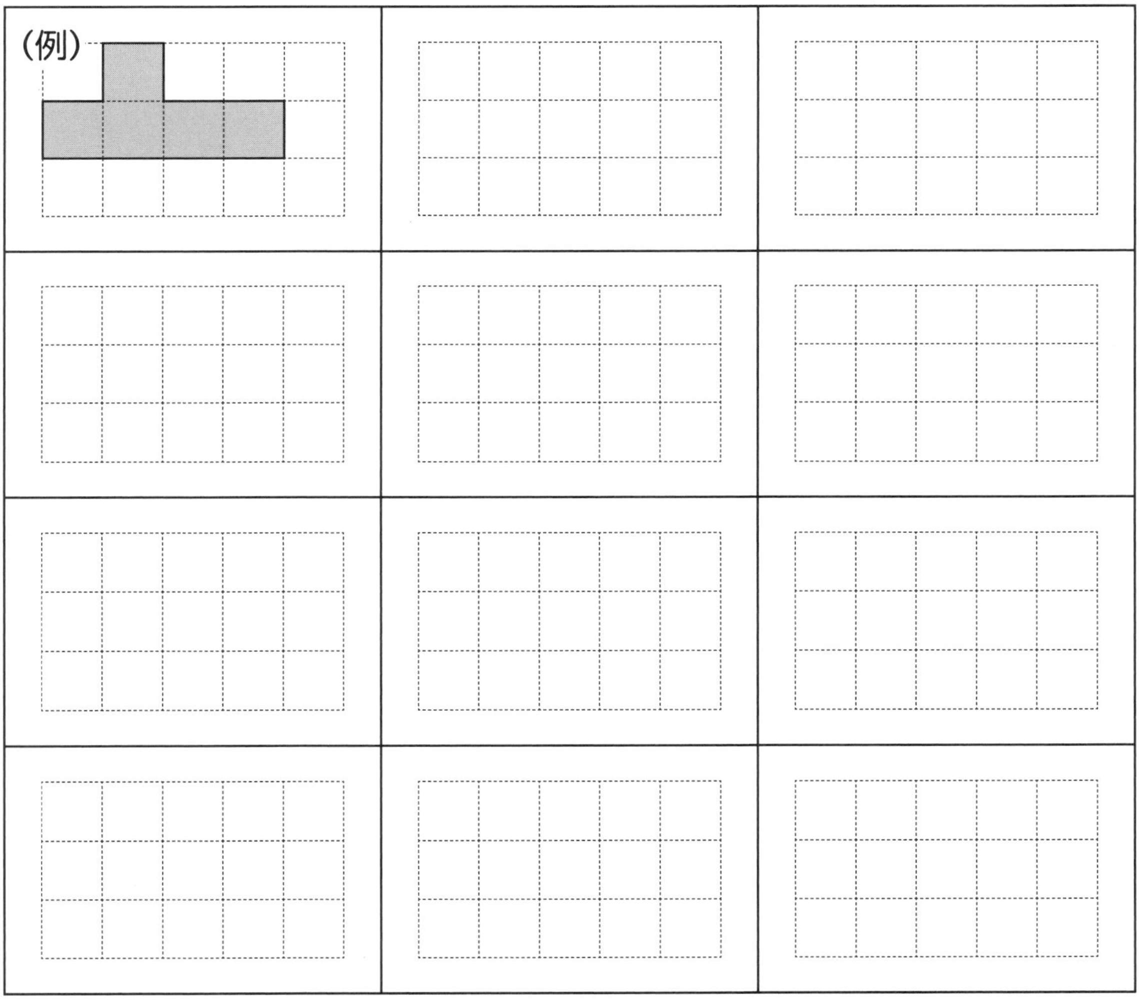

（例）

2　左にかいた12のペントミノから３つを組み合わせて下の長方形にしましょう。

（例）　３つともちがう形

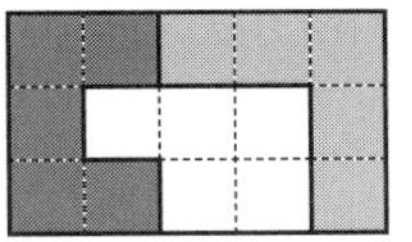

２つは同じ形

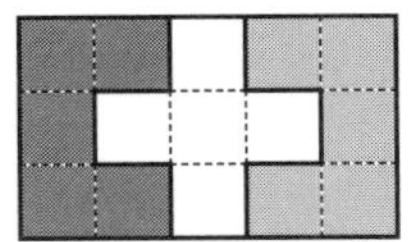

・上の２つ以外に14種類あります。

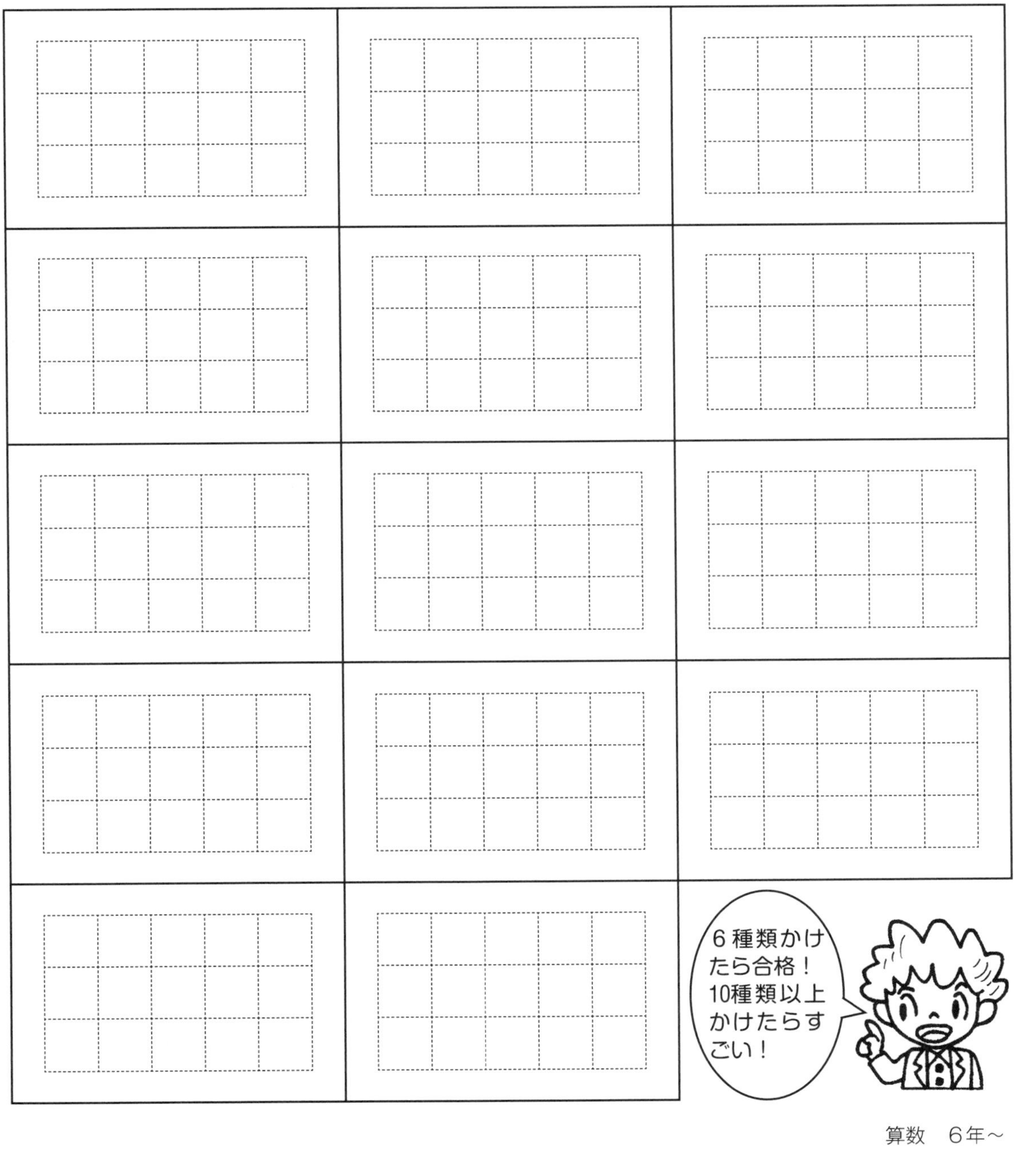

形づくり（ペントミノ）②　算数・図形

6年〜　40分

名前

✿　同じ正方形５個の辺と辺をくっつけた形をペントミノといいます。その形は12種類あります。この12種類を６×10の長方形に並べたものが右の図です。
（並べ方は、全部で2339通りあります。）

✿　12のペントミノの中の□□□□□は使わずに、４個えらんで、４×５の長方形をつくりましょう。４個ともちがう形を選ぶと、30通りほどできます。

（例）

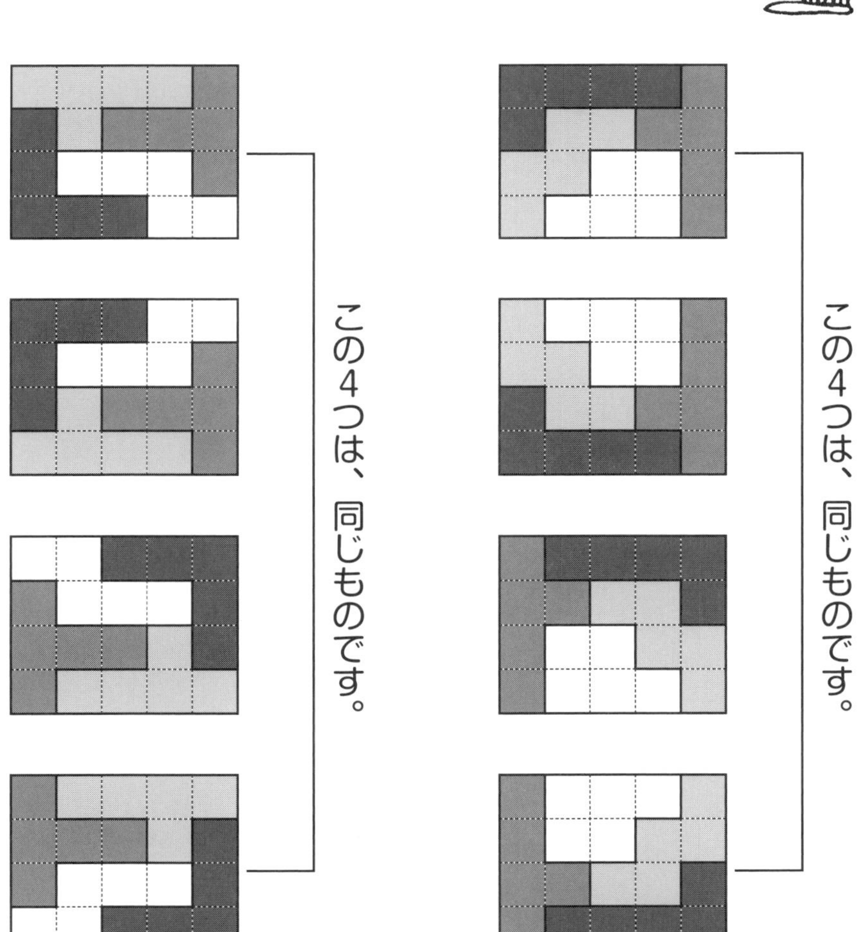

✿ 10通りかけるかな。６通りかければ合格です。

同じ面積でちがう形 ① 算数・図形

6年〜 40分

名前

1　下の図の直線ＡＢは、三角形の底辺になります。
㋐㋑㋒㋓㋔は、三角形の頂点(ちょうてん)になります。
それぞれを頂点とする三角形をかきましょう。

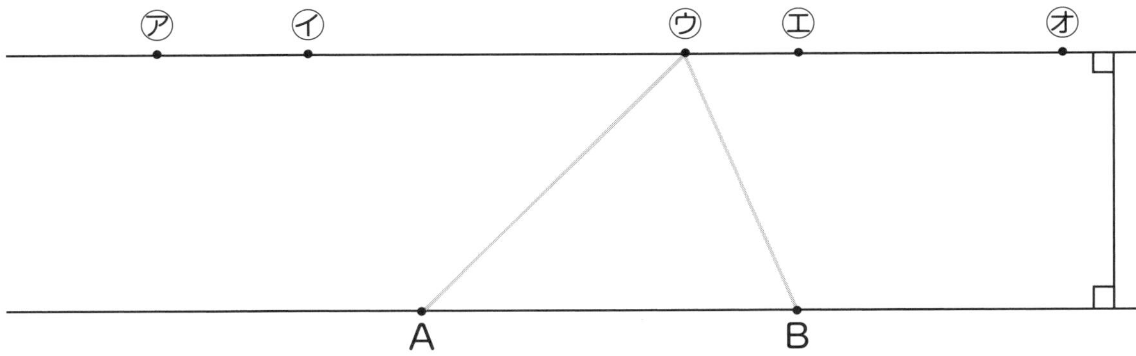

底辺の長さと高さが同じなので、形はちがっても、どの三角形も面積は等しくなります。これを**等積変形(とうせきへんけい)**といいます。

① 三角形アイウと等しい面積の直角三角形を２つかきましょう。

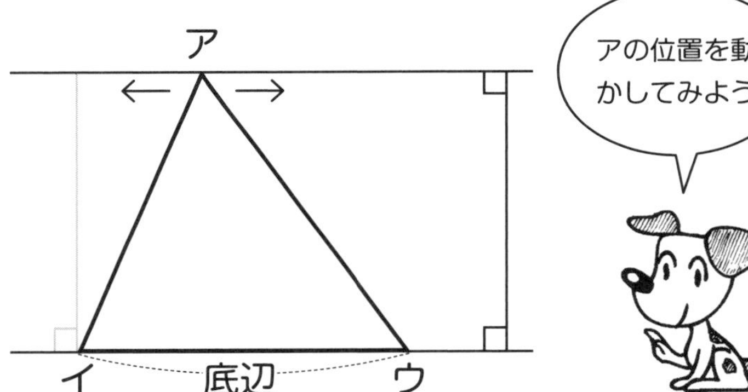

② 三角形アイウと等しい面積の二等辺三角形を３つかきましょう。

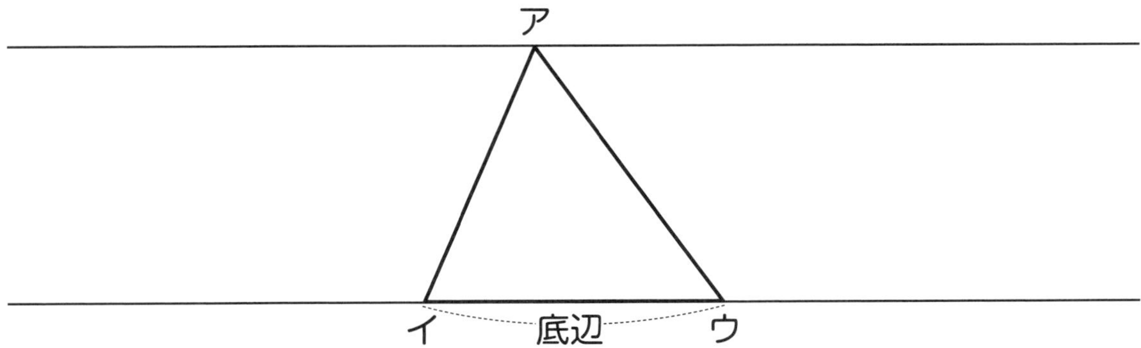

[2] 左の応用問題です。

ⓐⓘの面積は変えずに、アイウの折れ線を１本の直線にしましょう。答えは、１つだけではありません。

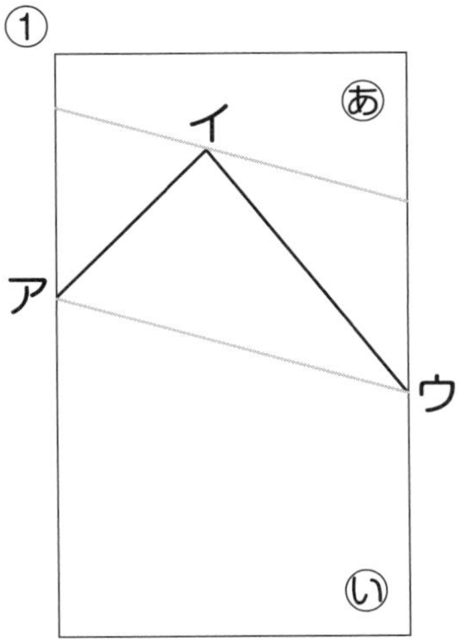

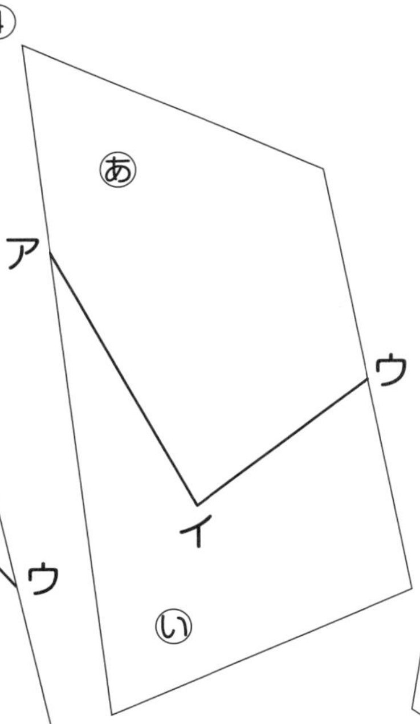

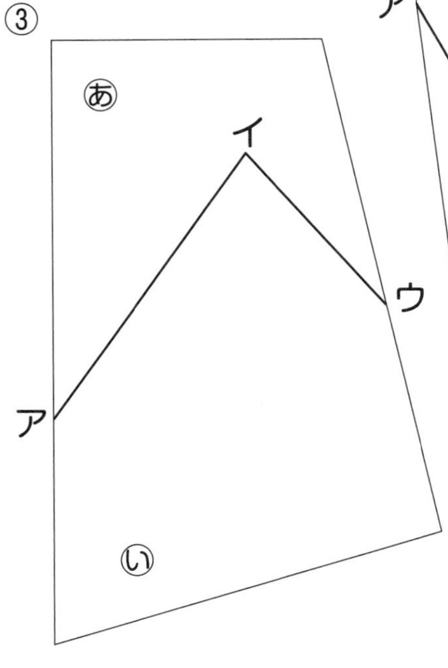

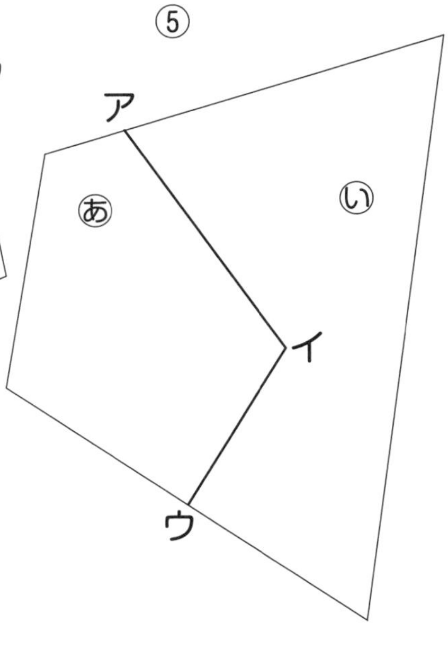

①

ア　イ　ウ　ⓐ　ⓘ

アウと、それに平行でイを通る線を引くんじゃ。あとはイを動かしていけばいいんじゃ。

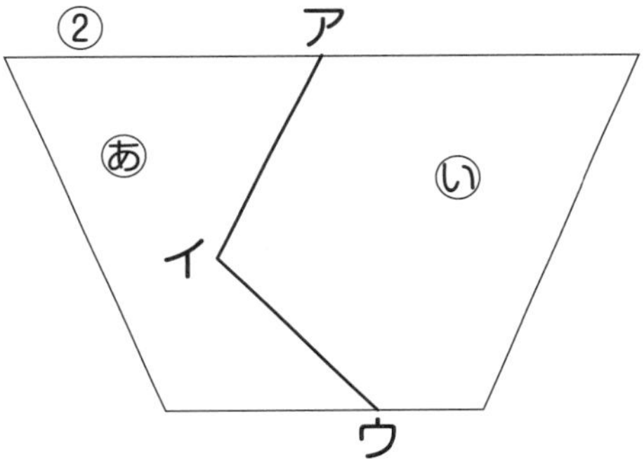

②

ア　イ　ウ　ⓐ　ⓘ

③

ア　イ　ウ　ⓐ　ⓘ

④

ア　イ　ウ　ⓐ　ⓘ

⑤

ア　イ　ウ　ⓐ　ⓘ

同じ面積でちがう形 ② ｜ 算数・図形

名前

ハイレベル問題のパート2じゃ。これが解けたら、図形博士ですぞ。

1　下の図の直線ＡＢを底辺とし、㋐㋑㋒㋓㋔をそれぞれ頂点(ちょうてん)とする三角形をかきましょう。

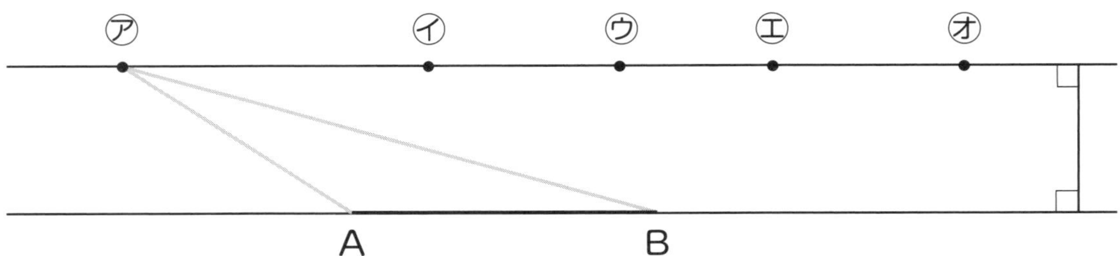

2　下の形（四角形）を等しい面積の三角形に変えましょう。
等積の三角形は、いくつでもかくことができますよ！

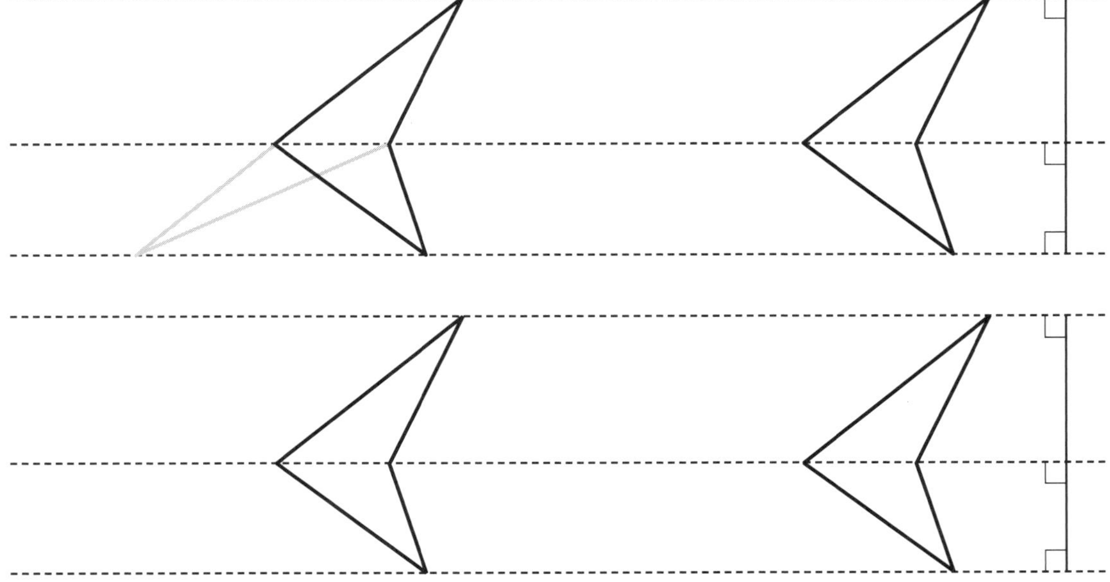

3 下の形を等積の三角形に変えましょう。

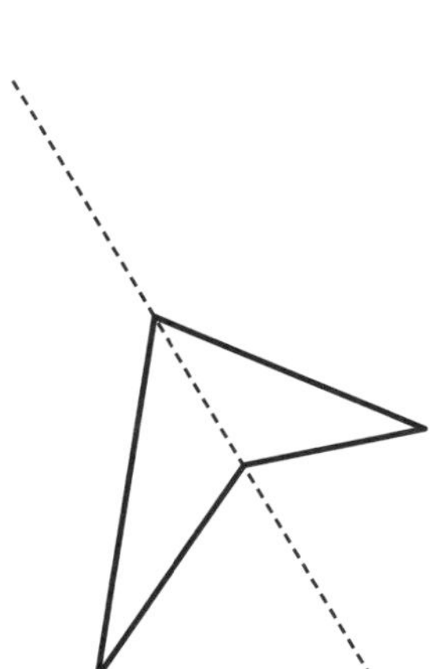

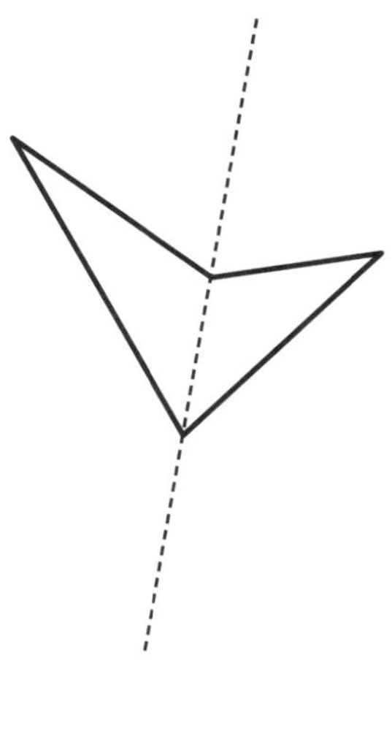

4 下の四角形を等積の三角形に変形しましょう。
等積の三角形の底辺は、アイの直線上にかきましょう。

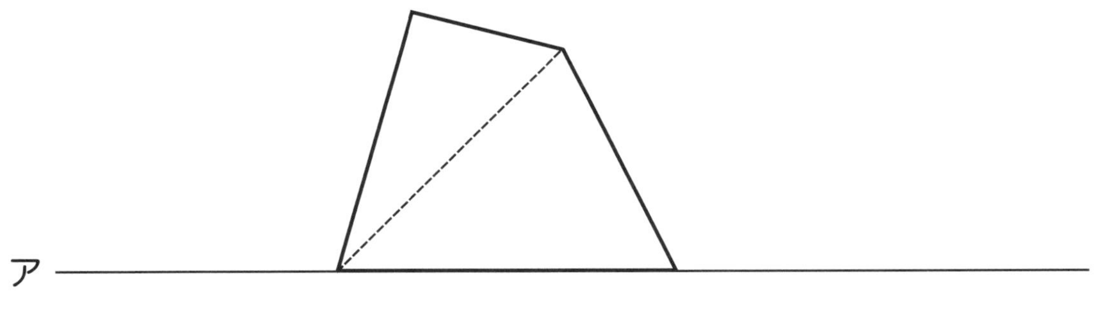

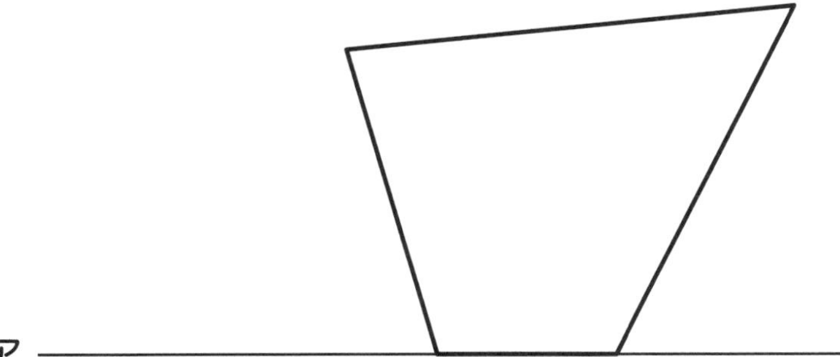

1㎝ずつ動かして… ① | 算数・作図

6年～
30分

名前

[1] 正三角形の3つの頂点（ちょうてん）を左回りに1㎝ずつ移動して、少し小さい正三角形をかきましょう。

かけた正三角形の頂点を、また1㎝ずつ移動して、また少し小さい正三角形をかきましょう。

これをくり返していきます。

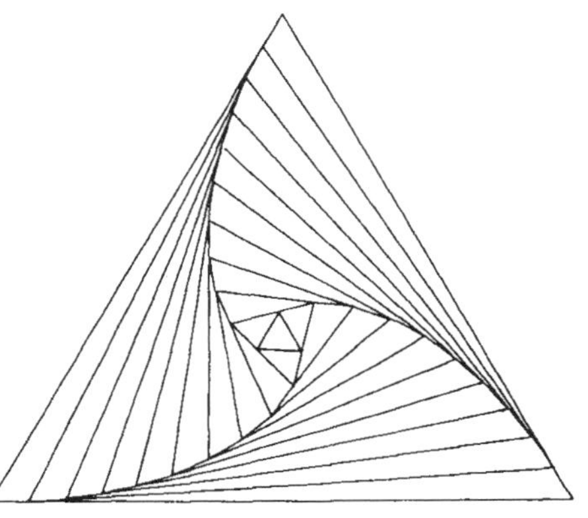

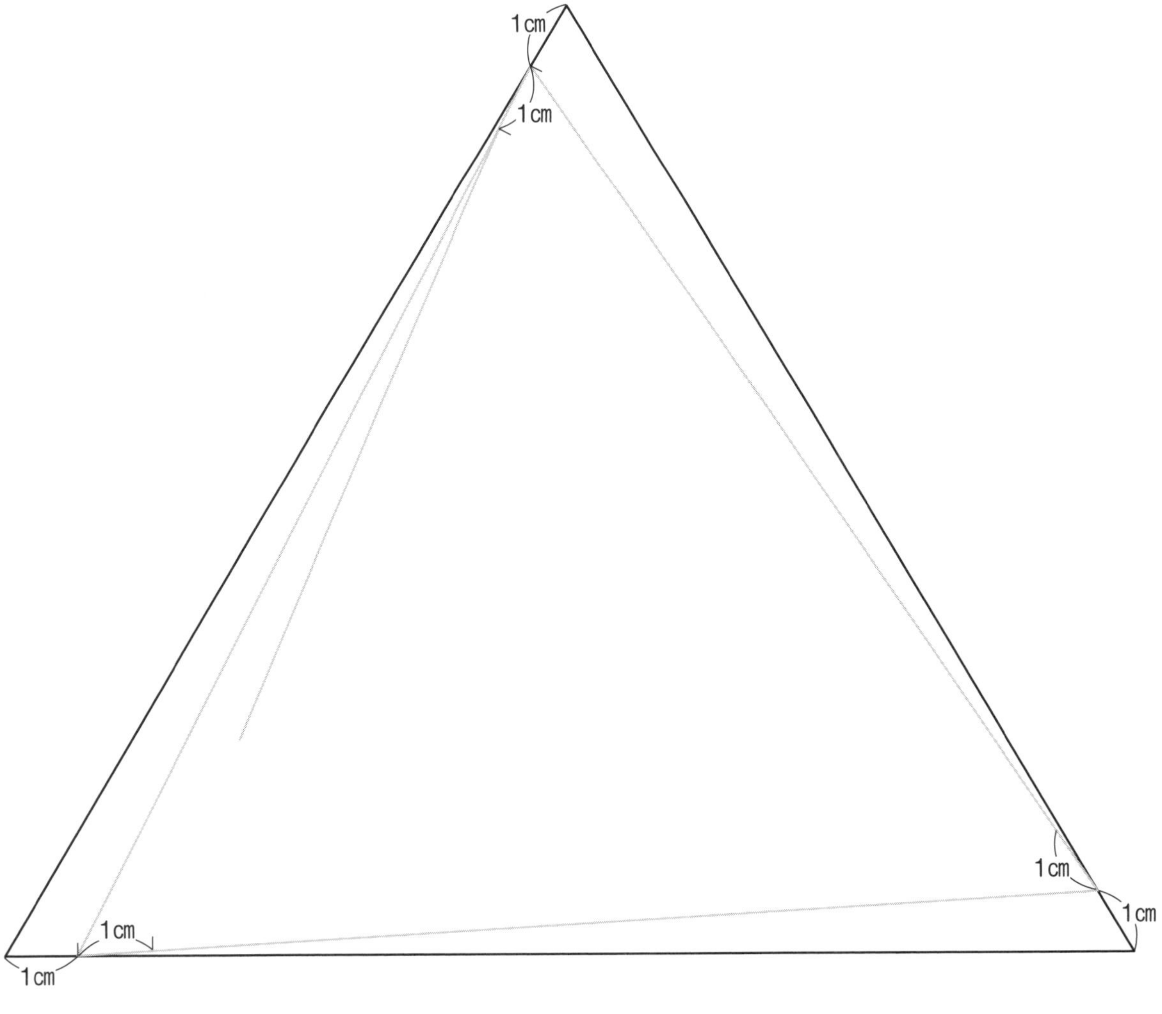

1㎝
1㎝
1㎝
1㎝
1㎝
1㎝

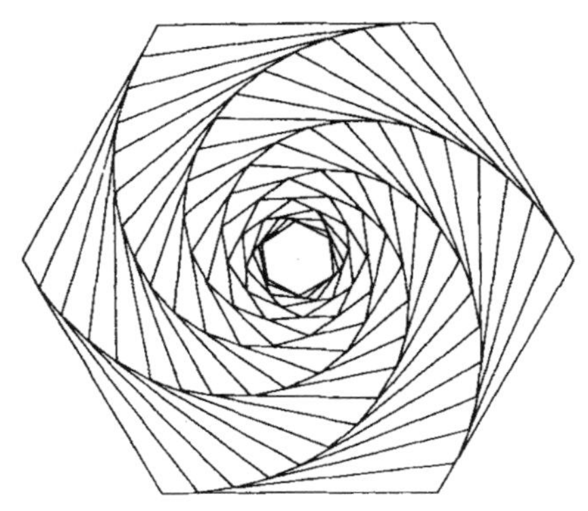

2　正六角形の６つの頂点を左回りに１㎝ずつ移動して、少し小さい正六角形をかきましょう。
同じことをくり返していきます。

かき終わったら
色をぬりましょう。

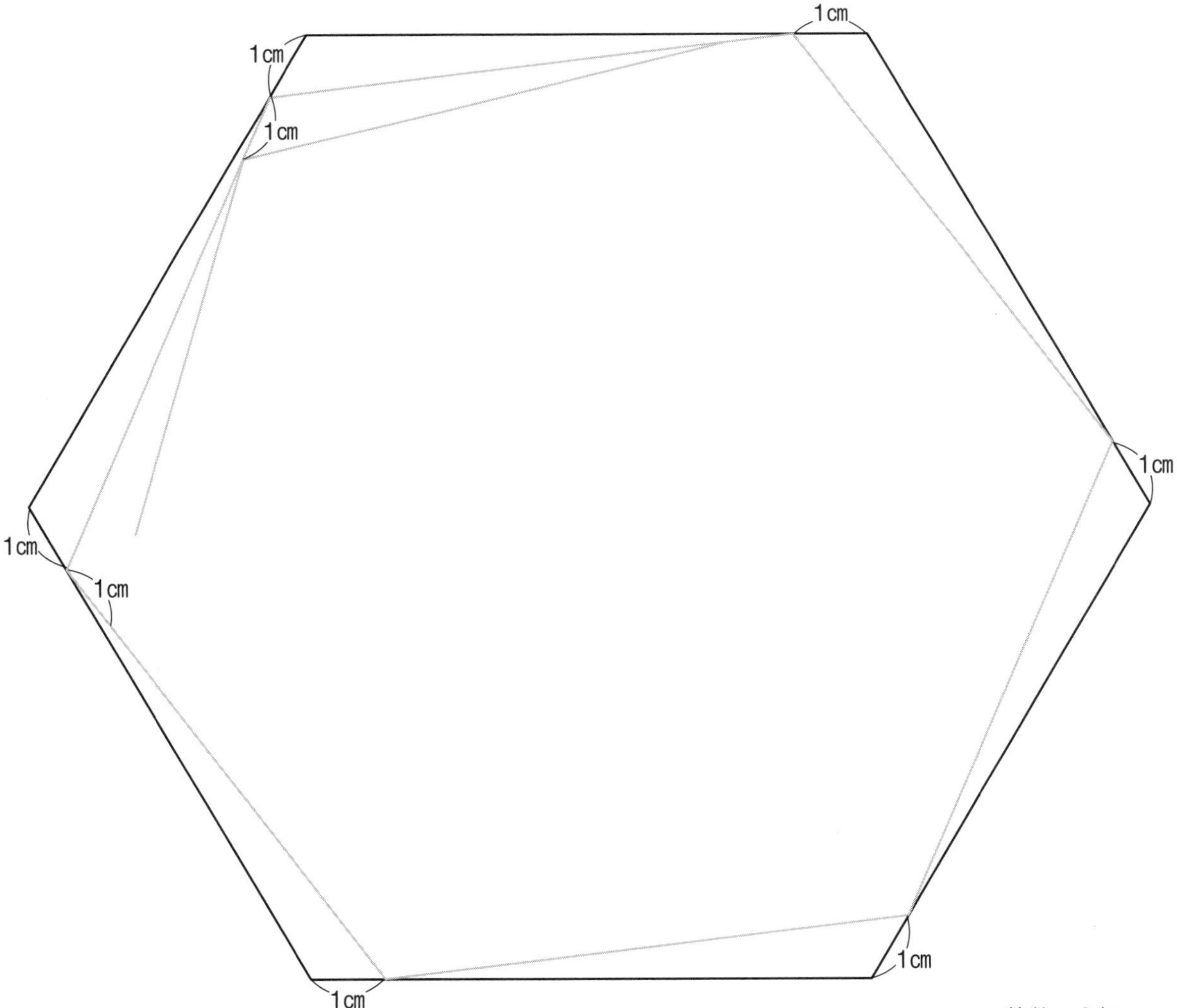

1㎝
1㎝
1㎝
1㎝
1㎝
1㎝
1㎝
1㎝

1㎝ずつ動かして… ②　算数・作図

6年～
30分

名前

1　正方形の４つの頂点(ちょうてん)を左回りに１㎝ずつ移動して、少し小さい正方形をかきましょう。かけた正方形の頂点を、また１㎝ずつ移動して、また少し小さい正方形をかきましょう。
　これをくり返していきます。

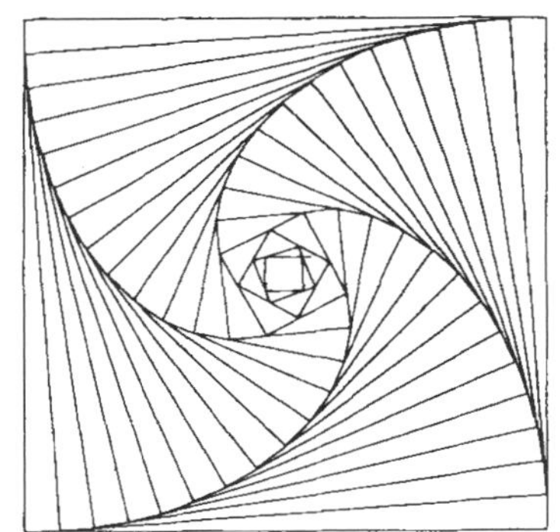

2　正五角形の５つの頂点を左回りに１㎝ずつ移動して、少し小さい正五角形をかきましょう。

同じことをくり返していきます。

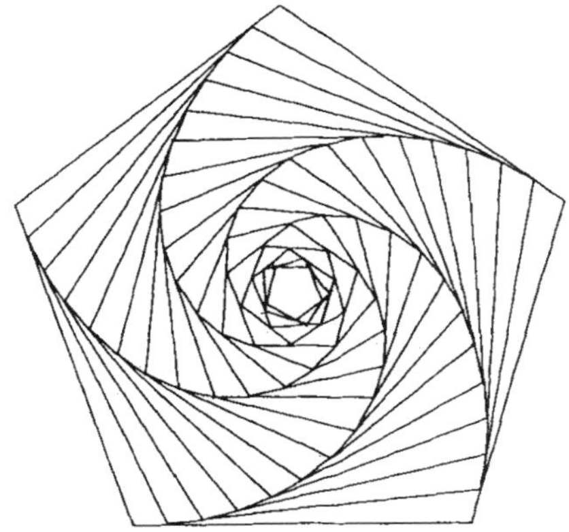

かき終わったら色をぬりましょう。

全部数える ①

算数・その他

6年～

30分

名前

✿ 下の図に、何が何個あるか数えます。合計も書きます。

（例）

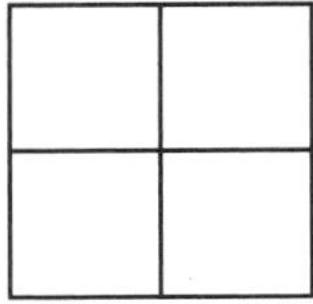

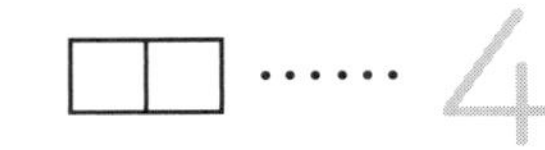

……4　……4

……4　……1　計13個

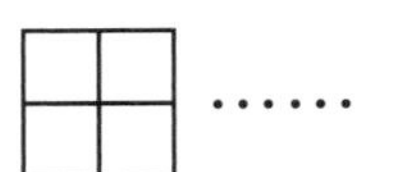

①

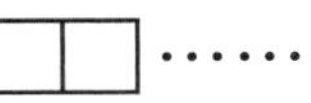

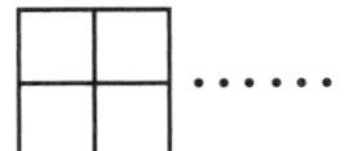

……

……

……

……

……

計　　個

②

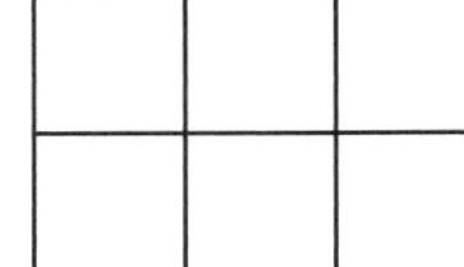

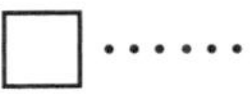

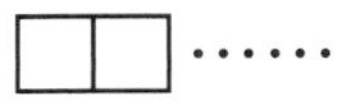

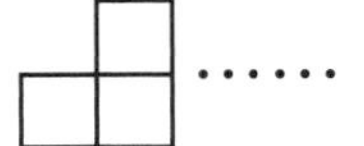

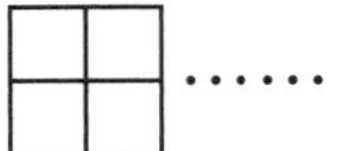

……

……

……

……

……

計　　個

計　　個

全部数える ②　算数・その他

6年～　30分　名前

❀ 下の図に、何が何個あるか数えます。合計も書きます。

（例）

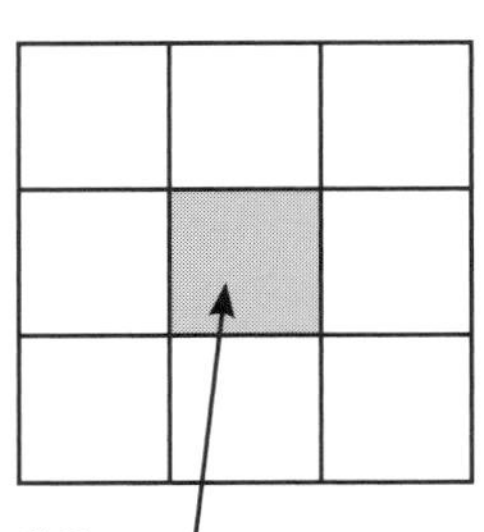

ここは数えません。

□……8

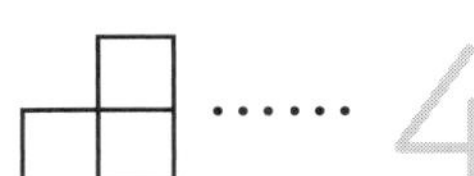……8

□□□……4

……4

……4

計28個

①

□……

……

……

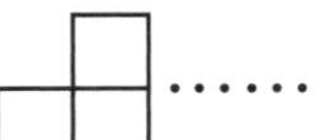……

……

計　　個

②

□……

……

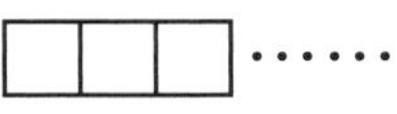……

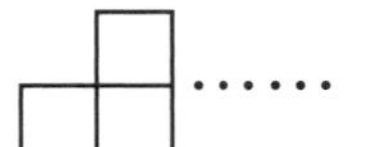……

……

計　　個

③

わたしに
なれたかな？

□……

□□□□……

□□……

……

□□□……

……

……

……

計　　個

ま方じん（3方じん）｜算数・計算

名前

✿ 縦（たて）の３数の和も、横の３数の和も、ななめの３数の和も同じです。空いているところにあてはまる数を書き入れましょう。

1

①ここから始めよう（↓ 2列目）

②次はここからだ（→ 1行目）

$\frac{8}{5}$			→ 3
	1		→ 3
	$\frac{7}{5}$		→ 3
↙ 3 ↓ 3	↓ 3	↓ 3	↘ 3

① $3-1-\frac{7}{5}=\frac{3}{5}$

② $3-\frac{8}{5}-\frac{3}{5}=\frac{4}{5}$

2

①ここから始めよう（↓ 3列目）

②次はここからだ（→ 2行目）

		$\frac{4}{3}$	→ 5
$\frac{7}{3}$			→ 5
		$\frac{8}{3}$	→ 5
↙ 5 ↓ 5	↓ 5	↓ 5	↘ 5

① $5-\frac{8}{3}-\frac{4}{3}=1$

② $5-1-\frac{7}{3}=\frac{5}{3}$

分数と整数が
混じった計算だよ。
3 と 4 は分母がちがうよ。
さて、どうするのかな？

3

	① ↓	② ↙	
	$\frac{3}{2}$		→ 3
	1		→ 3
$\frac{3}{4}$			→ 3
↙ 3 ↓ 3	↓ 3	↓ 3 ↘ 3	

① $3 - 1 - \frac{3}{2} = \frac{1}{2}$

② $3 - 1 - \frac{3}{4} = \frac{5}{4}$

4

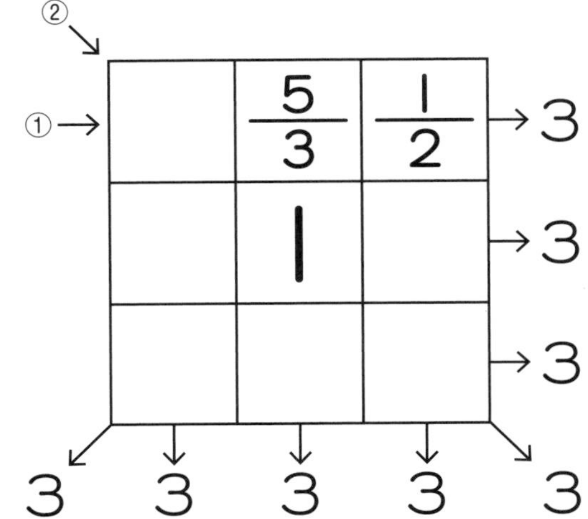

① $3 - \frac{5}{3} - \frac{1}{2} = \frac{5}{6}$

② $3 - 1 - \frac{5}{6} = \frac{7}{6}$

辺の上の数の和 ②　算数・計算

6年～
40分

名前

❀ 9個の○には、1、2、3、4、5、6、7、8、9の数が1個ずつ入ります。
各辺の上の4個の数の和は、□の中の数になります。
空いている○に数を書き入れます。

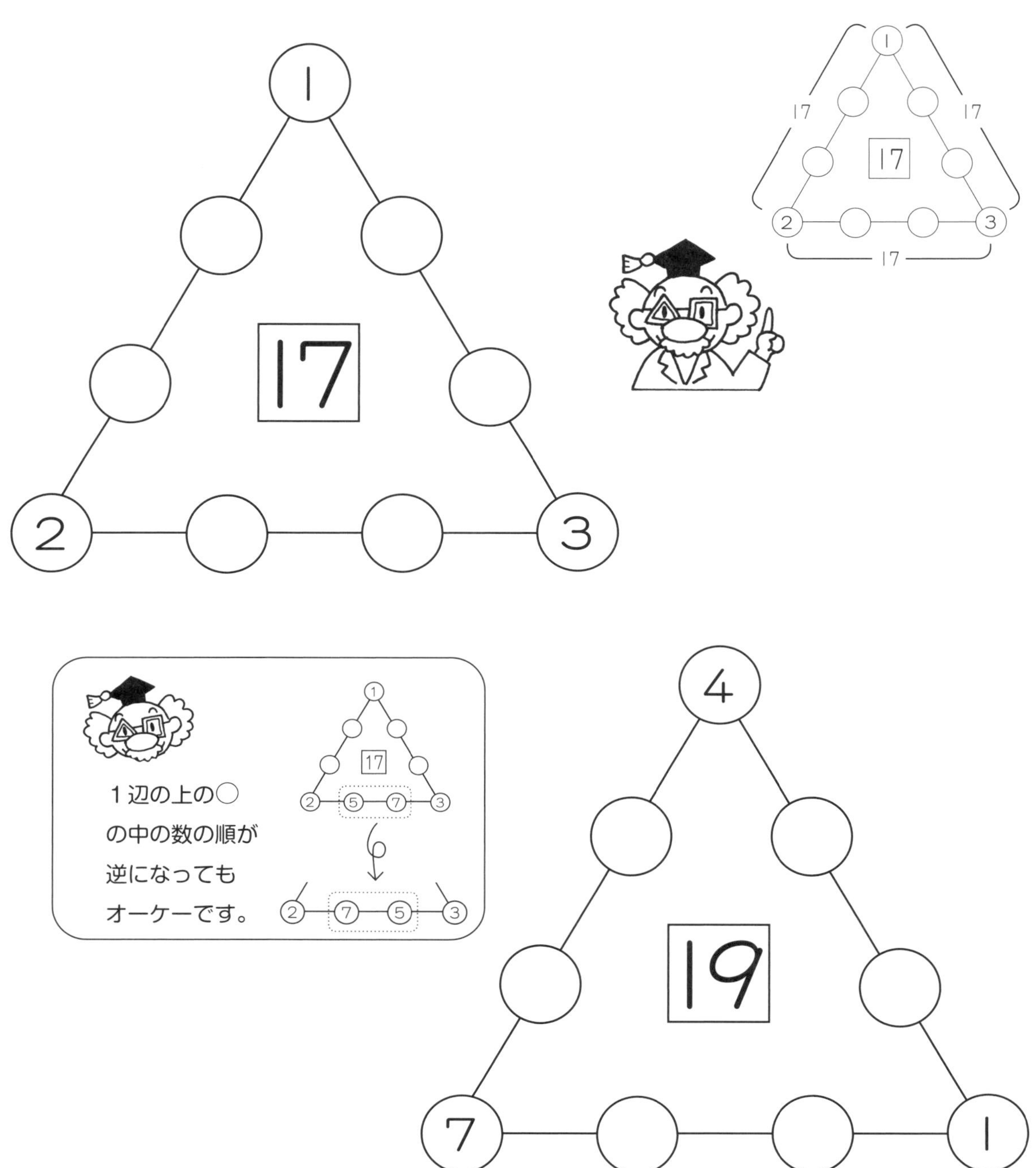

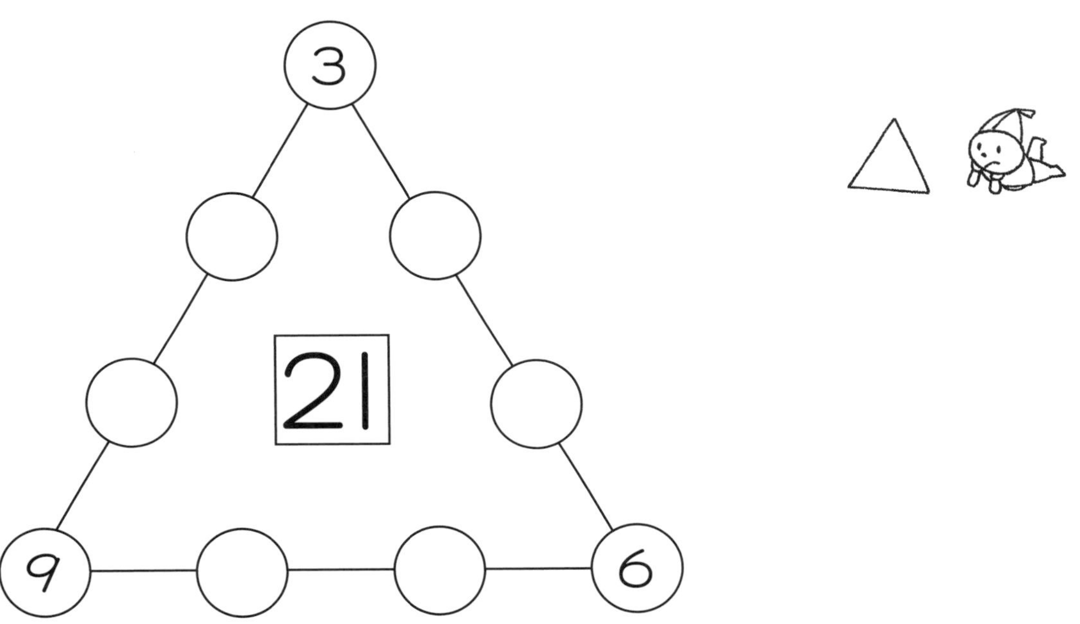
3
21
9
6

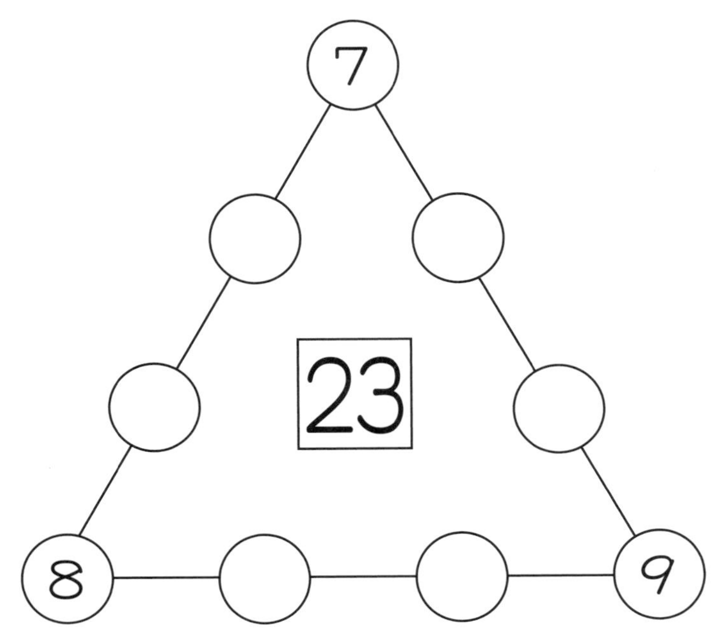
7
23
8
9

4個の数の和は34　算数・計算

6年～　30分

名前

❀ 16個の○には、１から16までの数が１個ずつ入ります。
円周上の４個の数の和も、半径上の４個の数の和も34です。
空いている○に数を書き入れます。電たくを使ってもよいです。

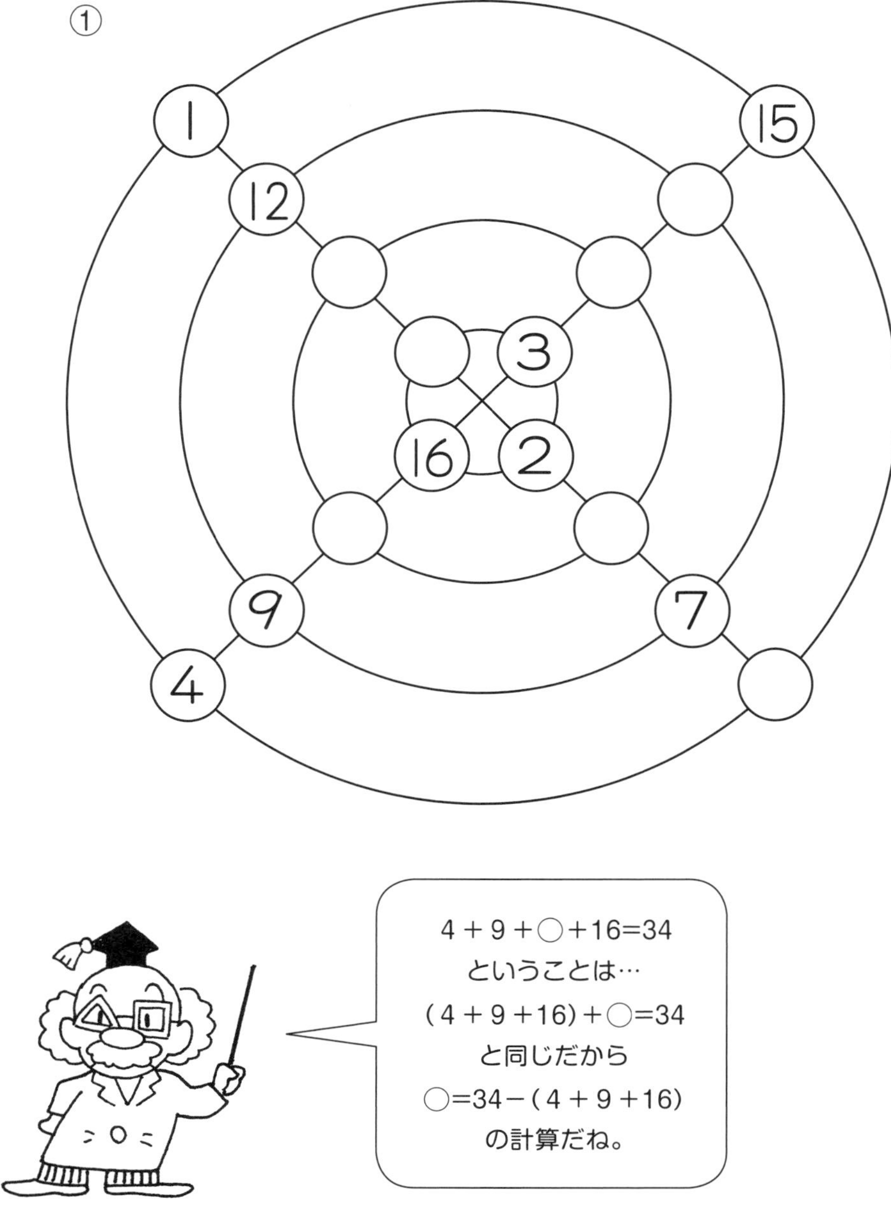

②

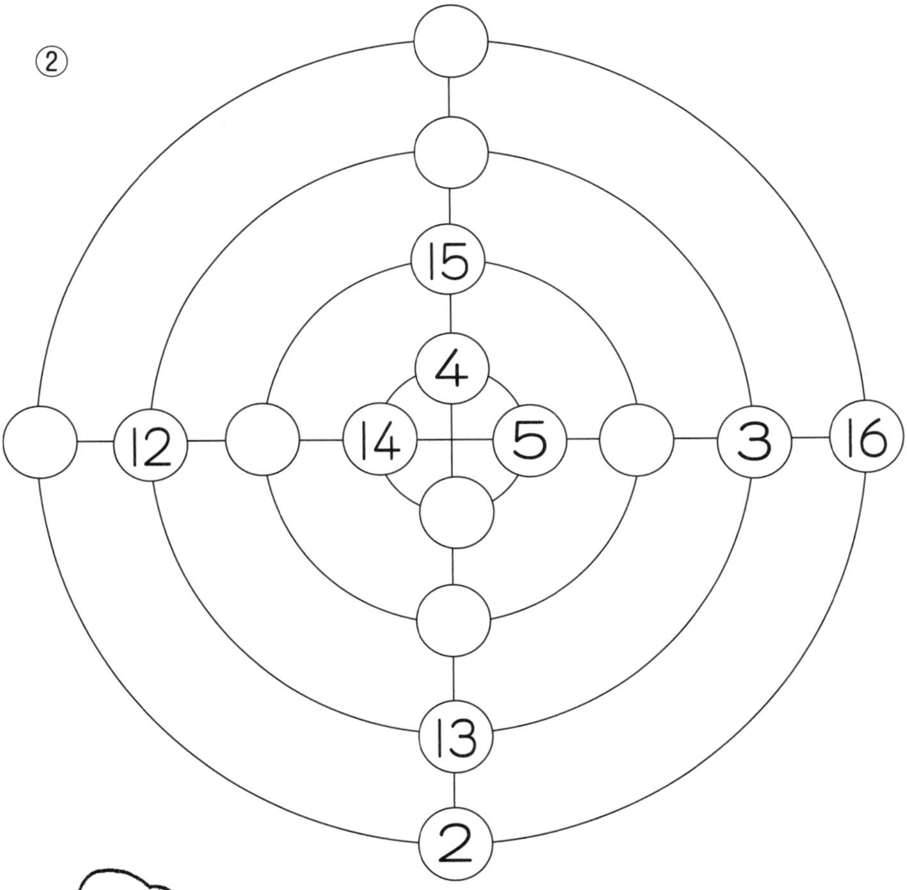

15

4

12　14　5　3　16

13

2

をブロックでしきつめる　算数・図形

名前

✿ にブロックをしきつめます。

を１個（赤色にぬる）、

を１個（黄色にぬる）、

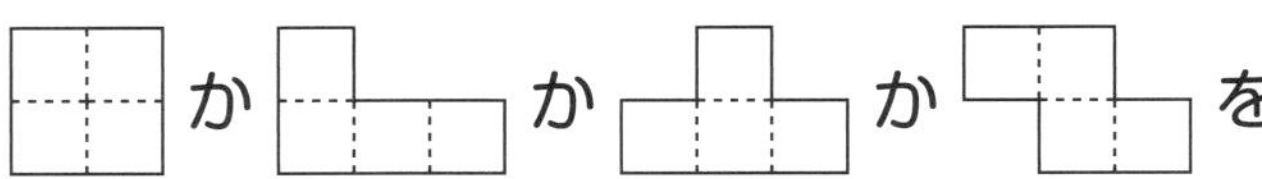

１個（青色にぬる）使います。

9通りできたら
合格！
15通りできたら
名人！
17通りできたら天才！

（例）

①

赤
黄
青

② 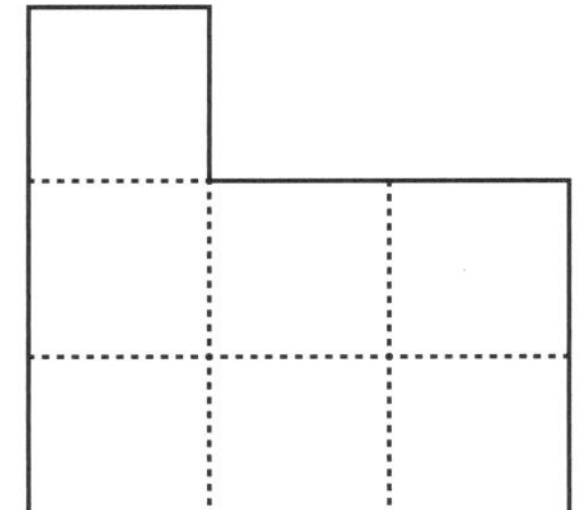

③ 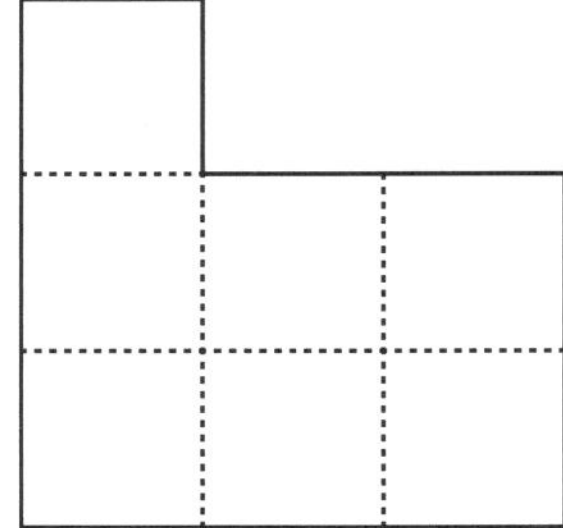

④ 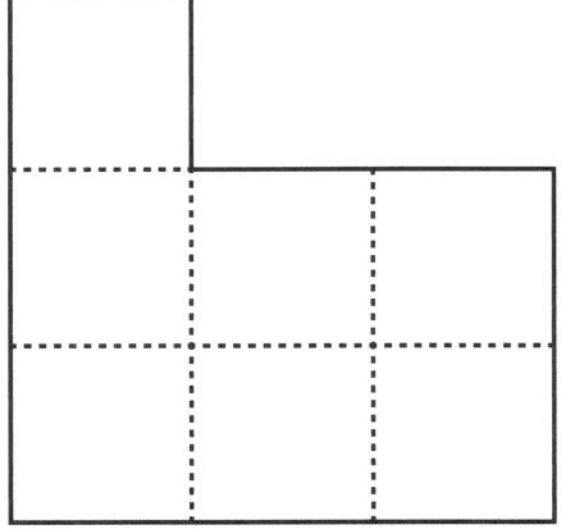

⑤ 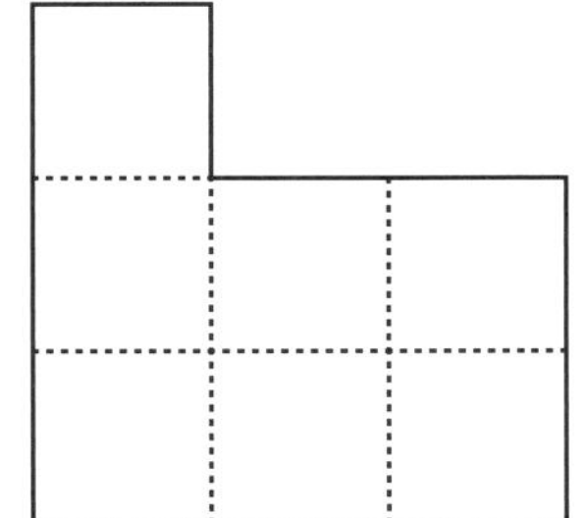

⑥ 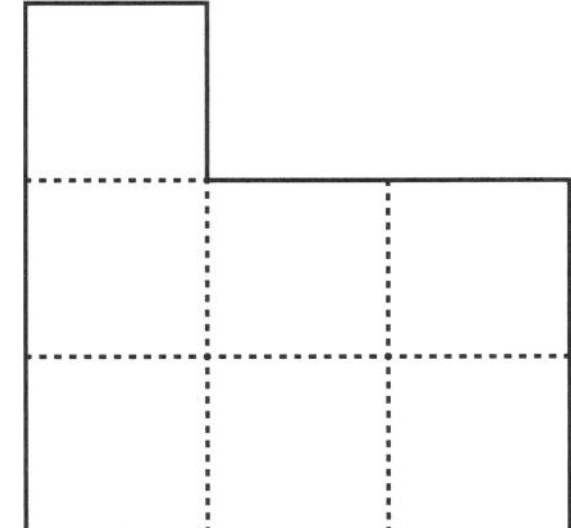

⑦

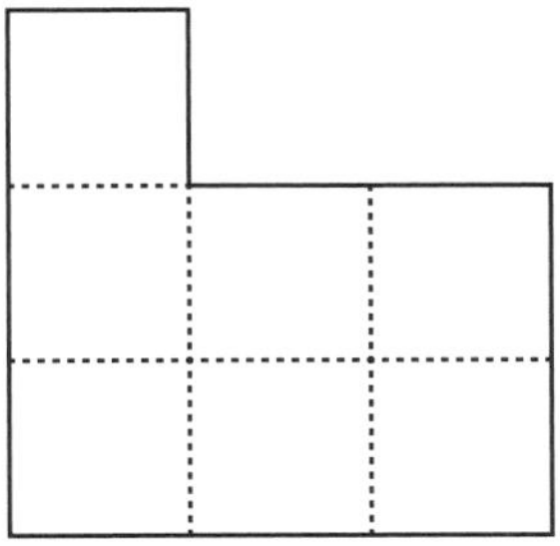

⑧

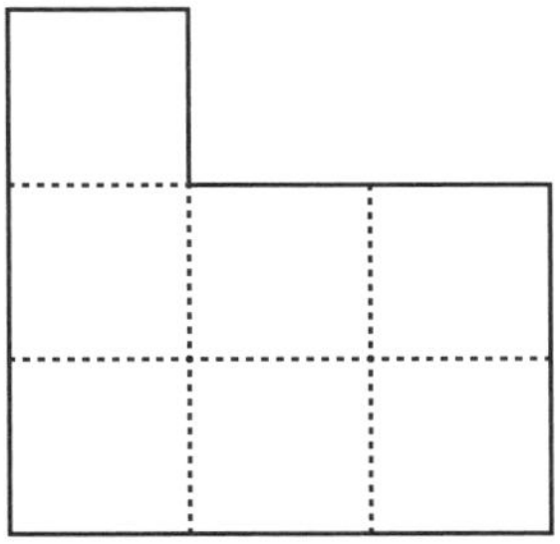

⑨

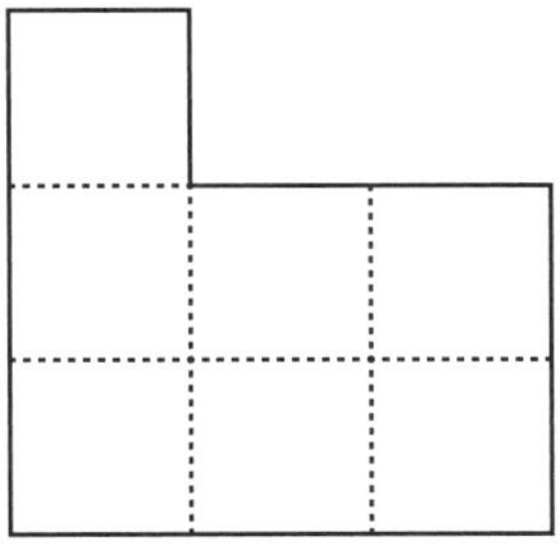

⑩

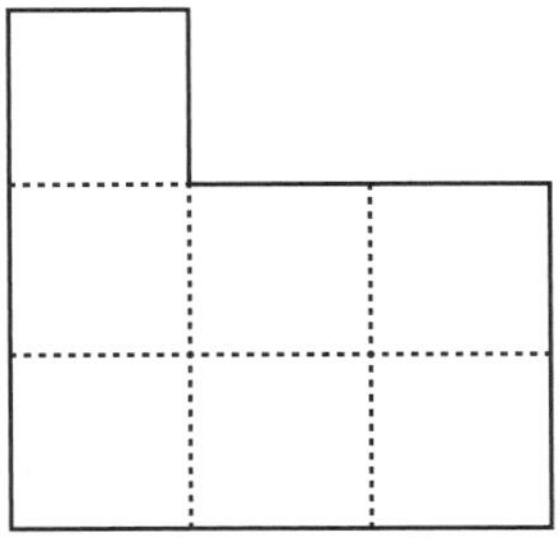

⑪

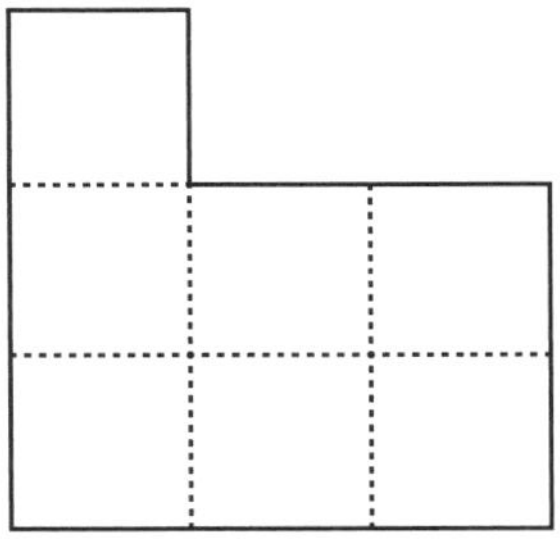

⑫

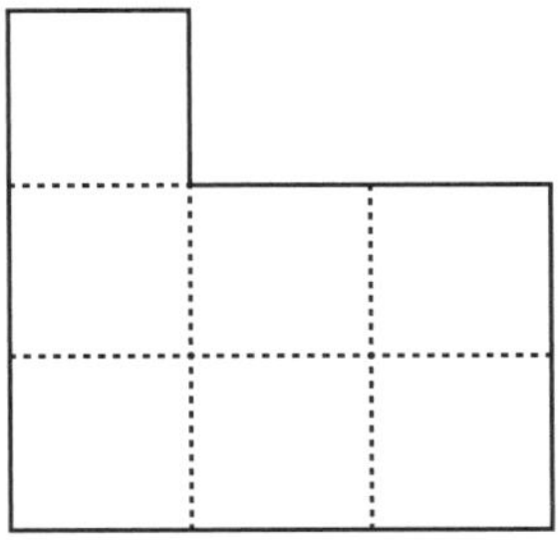

⑬

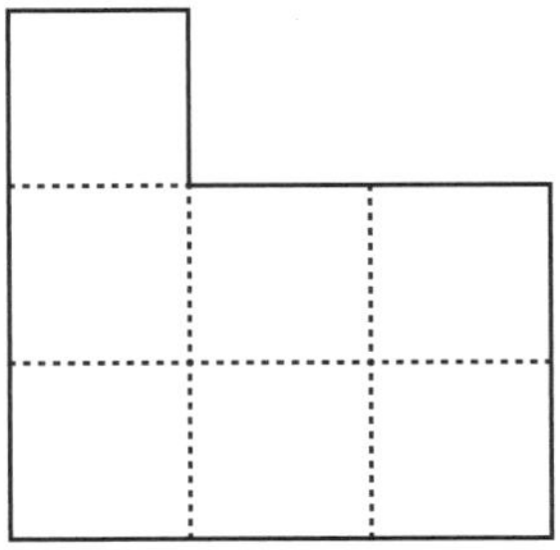

⑭

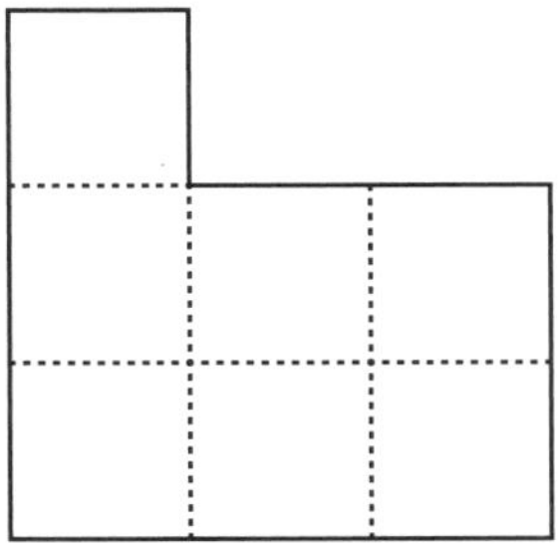

⑮

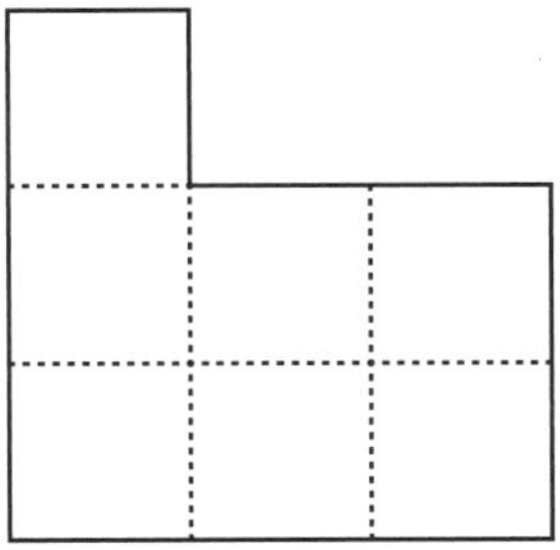

⑯

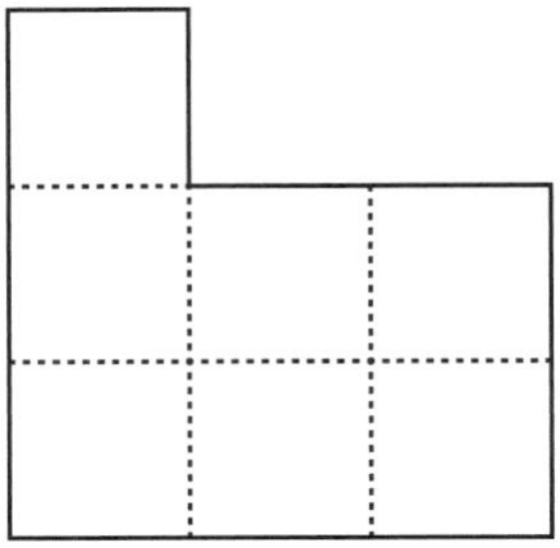

⑰

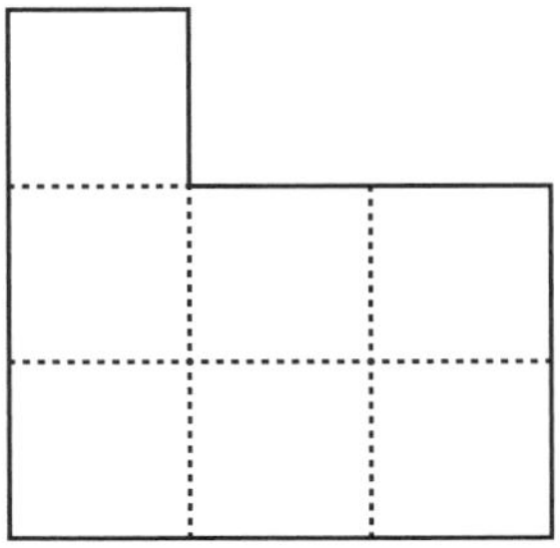

ラッキー7（セブン） 算数・計算

6年～ 40分

名前 ＿＿＿＿＿＿＿＿＿＿

❀ 数と数の間に、＋ － × ÷（ ）を書き入れて、答えが0…10になるようにします。

決まり：（ ）は先に、×÷は＋－より先に計算します。

☆印の計算をしてみると、やり方が少し見えてきます。

ヒント

①7 7 7 7 7＝0

ここが0か7になれば

0×7＝0、0÷7＝0、7－7＝0

じゃよ。

① 7 7 7 7 7 ＝ 0

② 7 7 7 7 7 ＝ 1

③ 7 7 7 7 7 ＝ 2

④ ☆（7 ＋ 7）÷ 7 ＋ 7 ÷ 7 ＝ 3

⑤ 7 7 7 7 7 ＝ 4

⑥ 7　7　7　7　7 ＝ 5

⑦ 7　7　7　7　7 ＝ 6

⑧ 7　7　7　7　7 ＝ 7

⑨ 7　7　7　7　7 ＝ 8

⑩ 7　7　7　7　7 ＝ 9

⑪ 7　7　7　7　7 ＝ 10

おまけ 7 ＋（7 ＋ 7 × 7）÷ 7 ＝ 15

+,−,×,÷,(　)を使って　算数・計算

6年〜　40分

名前

✿ 数と数の間に、＋ − × ÷ （　）を書き入れて、答えが0…10になるようにします。

決まり：（　）は先に、×÷は＋−より先に計算します。

① ☆ (1 ＋ 2) × 3 − 4 − 5 ＝ 0

② 1　2　3　4　5 ＝ 1

③ 1　2　3　4　5 ＝ 2

④ 1　2　3　4　5 ＝ 3

⑤ 1　2　3　4　5 ＝ 4

⑥ 1　2　3　4　5 ＝ 5

⑦ 1　2　3　4　5 ＝ 6

⑧ 1　2　3　4　5 ＝ 7

⑨ 1　2　3　4　5 ＝ 8

⑩ 1　2　3　4　5 ＝ 9

⑪ 1　2　3　4　5 ＝ 10

おまけ 1 ＋ (2 × 3 × 4) − 5 ＝ 20

「上」や「下」のつく言葉を調べる　国語・言葉

5年～　40分

名前 ______________________

❀ 「上」や「下」のつく言葉を調べましょう。

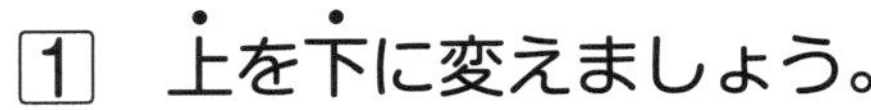

1 上を下に変えましょう。

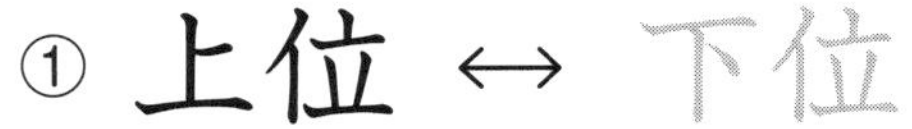

① 上位 ↔ 下位

② 上級 ↔ ______

③ 上部 ↔ ______

④ 上半身 ↔ ______

⑤ 上流 ↔ ______

⑥ 上水道 ↔ ______

⑦ 上品 ↔ ______

2 意味を調べましょう。

① 上きげん

② 上出来

③ 上空

④ 上京

⑤ 上体

《用意するもの》

⑥ 上達

⑦ 上気

⑧ 上陸

⑨ 下校

⑩ 下山

⑪ 下界

⑫ 下車

⑬ 下船

⑭ 下落

⑮ 下手人

逆立(さかだ)ちじゅく語 ①　国語・言葉

5年～　40分

名前

✿ 字を入れかえると別の二字じゅく語になる言葉です。国語辞典を使って、意味を調べましょう。

	読み方		言葉の意味
1	（がい　や）	外野	野球で内野の後ろのほう。
	（や　がい）	野外	
2	（　　　）	陸上	
	（　　　）		
3	（　　　）	科学	
	（　　　）		
4	（　　　）	年少	
	（　　　）		

《用意するもの》

5
（　　　　　）

花火	

（　　　　　）

6
（　　　　　）

曜日	

（　　　　　）

7
（　　　　　）

転回	

（　　　　　）

8
（　こ　　　）

故事	

（　　　　　）

逆立（さかだ）ちじゅく語 ②　国語・言葉

5年〜　40分

名前

✿ 字を入れかえると別の二字じゅく語になる言葉です。国語辞典を使って、意味を調べましょう。

	読み方	漢字	言葉の意味
1	（しろ　くろ）	白黒	白と黒。白と黒の色だけのもの。
	（こく　びゃく）	黒白	
2	（　　）	順手	
	（　　）		
3	（　　）	人名	
	（　　）		
4	（　　）	女子	
	（　　）		

《用意するもの》

5

（　　　　）	
水上	

（　　　　）	

6

（　　　　）	
中空	

（　　　　）	

7

（　　　　）	
学力	

（　　　　）	

8

（　　　　）	
種別	

（　　　　）	

逆立（さかだ）ちじゅく語のまき ① 国語・言葉

名前 ＿＿＿＿＿＿＿＿

✿ （例）のように、□に１字書いて、逆立ちじゅく語にしましょう。
その意味も調べましょう。

（例）
① 名［実］名　② 議□議　③ 虫□虫

④ 器□器　⑤ 重□重　⑥ 関□関

⑦ 木□木　⑧ 長□長

□の１字は
ここから選んで

会　楽　実　身　体　材　税　害

	読み・じゅく語	意味
（例）①	（めい　じつ）名実	名前と中身。評判と実際。
①	（じつ　めい）実名	
②	（　　　）	
②	（　　　）	
③	（　　　）	
③	（　　　）	

《用意するもの》

（　　　　　　）

④ | | |

（　　　　　　）

④ | | |

（　　　　　　）

⑤ | | |

（　　　　　　）

⑤ | | |

（　　　　　　）

⑥ | | |

（　　　　　　）

⑥ | | |

（　　　　　　）

⑦ | | |

（　　　　　　）

⑦ | | |

（　　　　　　）

⑧ | | |

（　　　　　　）

⑧ | | |

逆立(さかだ)ちじゅく語のまき ②　国語・言葉

5年～　40分

名前

✿（例）のように、□に１字書いて、逆立ちじゅく語にしましょう。
その意味も調べましょう。

（例）
① 末 期 末　② 決□決　③ 類□類

④ 産□産　⑤ 苦□苦　⑥ 手□手

⑦ 氷□氷　⑧ 心□心

□の１字はここから選んで

労　得　元　結　期　議　書　出

（例）

①（まっき）末期｜終わりのころ。

①（きまつ）期末｜

②（　　）｜

②（　　）｜

③（　　）｜

③（　　）｜

《用意するもの》

（　　　　　　）

④

（　　　　　　）

④

（　　　　　　）

⑤

（　　　　　　）

⑤

（　　　　　　）

⑥

（　　　　　　）

⑥

（　　　　　　）

⑦

（　　　　　　）

⑦

（　　　　　　）

⑧

（　　　　　　）

⑧

漢字のしりとり ① 国語・漢字

5年～ 40分

名前

✿ 漢字を使ったしりとりです。二字じゅく語をつないでいきます。

1 読みに合う漢字を入れて、しりとりをつくりましょう。

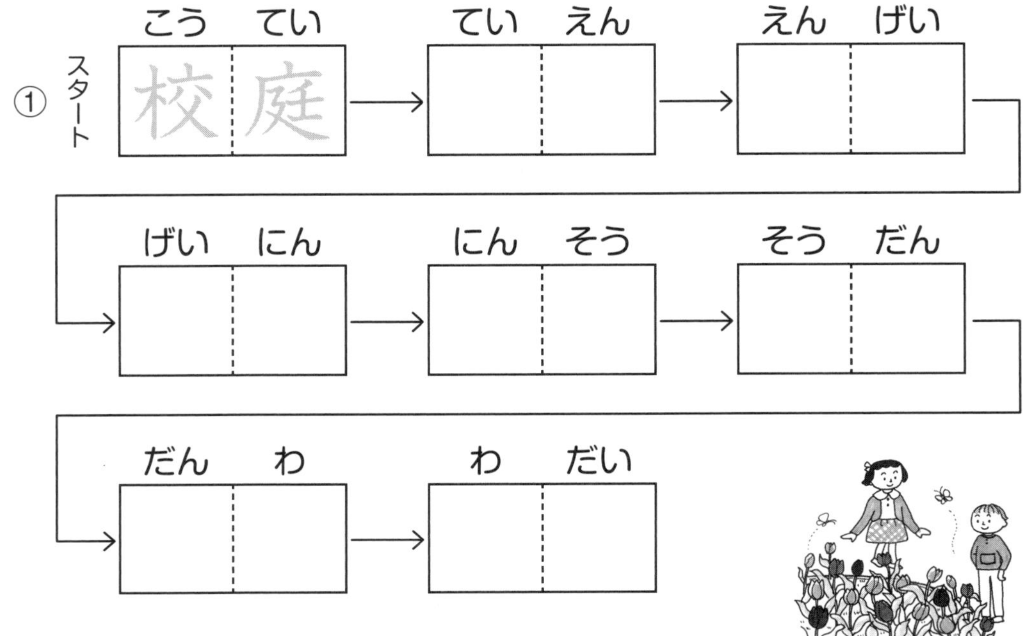

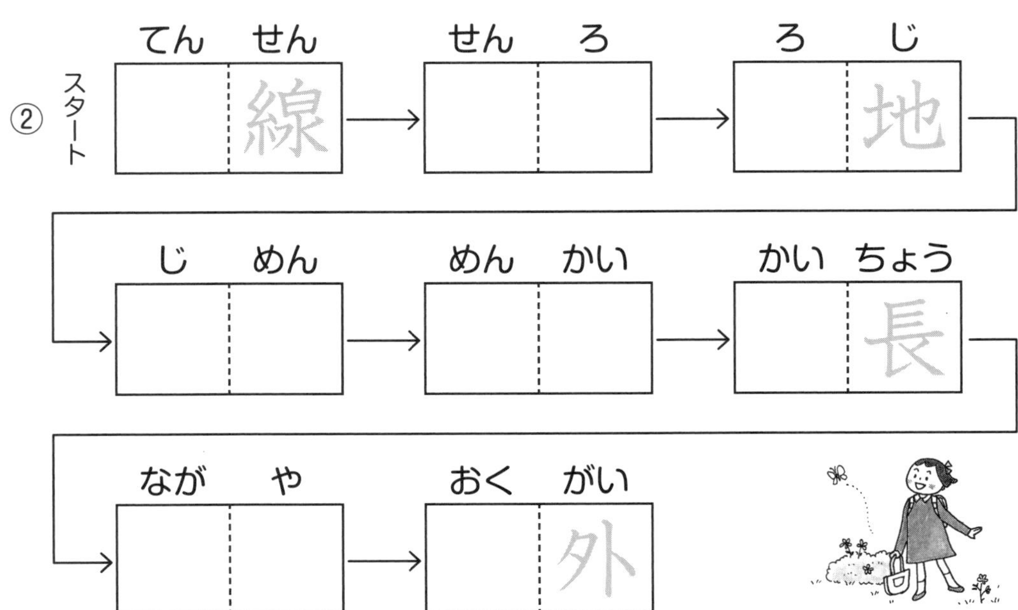

《用意するもの》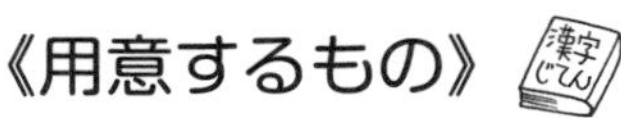

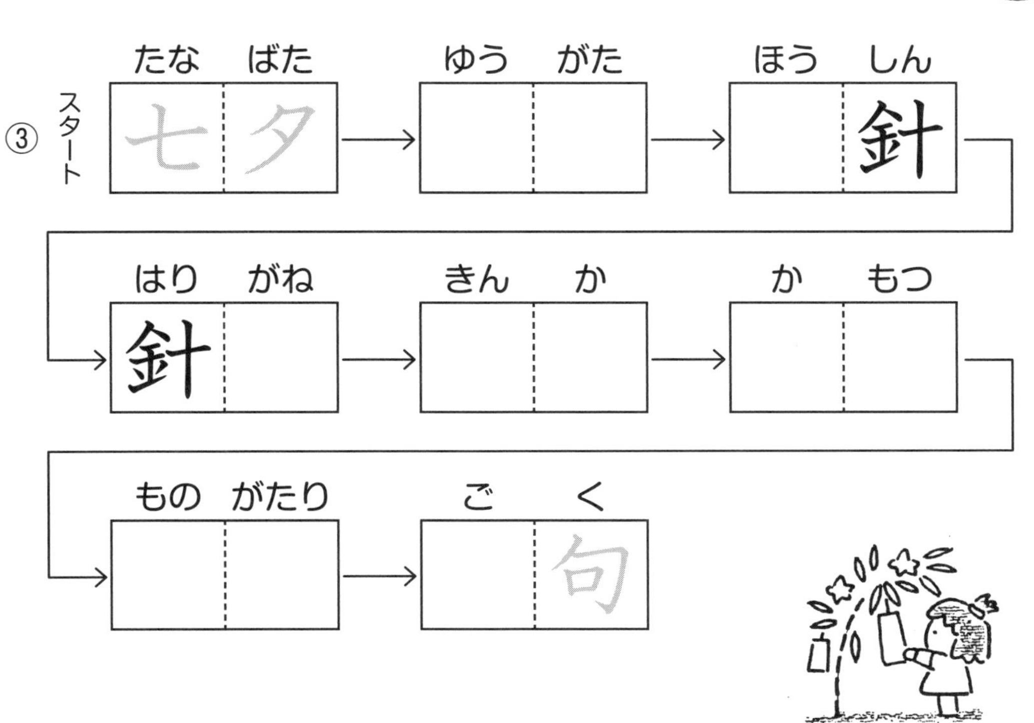

2 辞書を用意して、つくってみましょう。

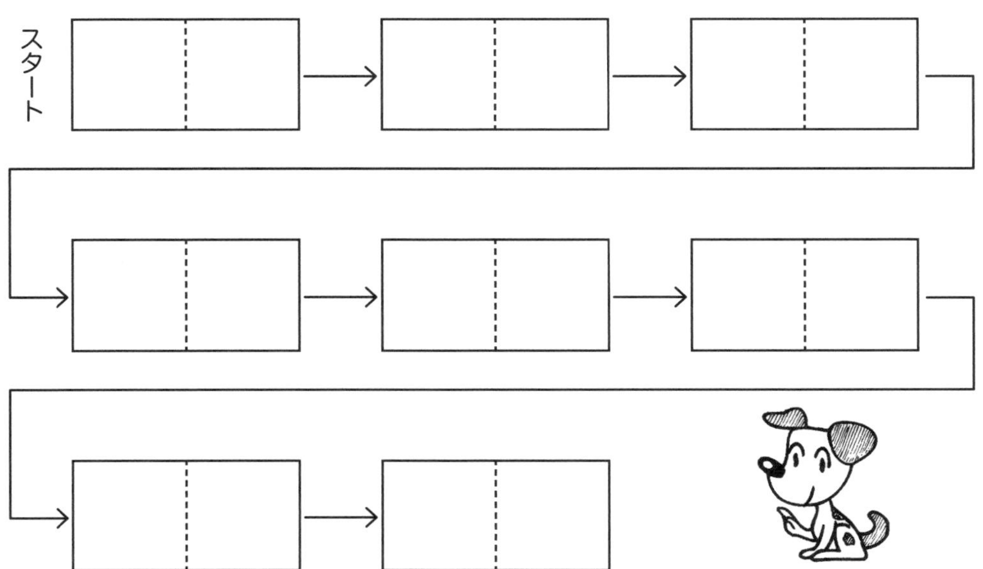

漢字のしりとり ② 国語・漢字

名前

✿ 漢字を使ったしりとりです。二字じゅく語をつないでいきます。

1 書いてみましょう。

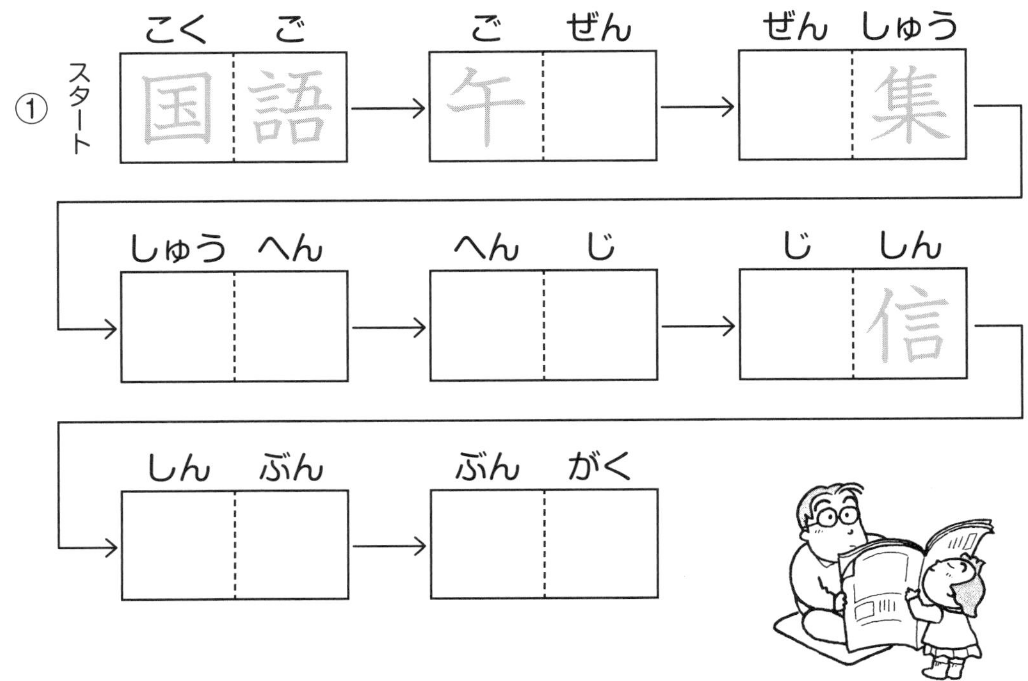

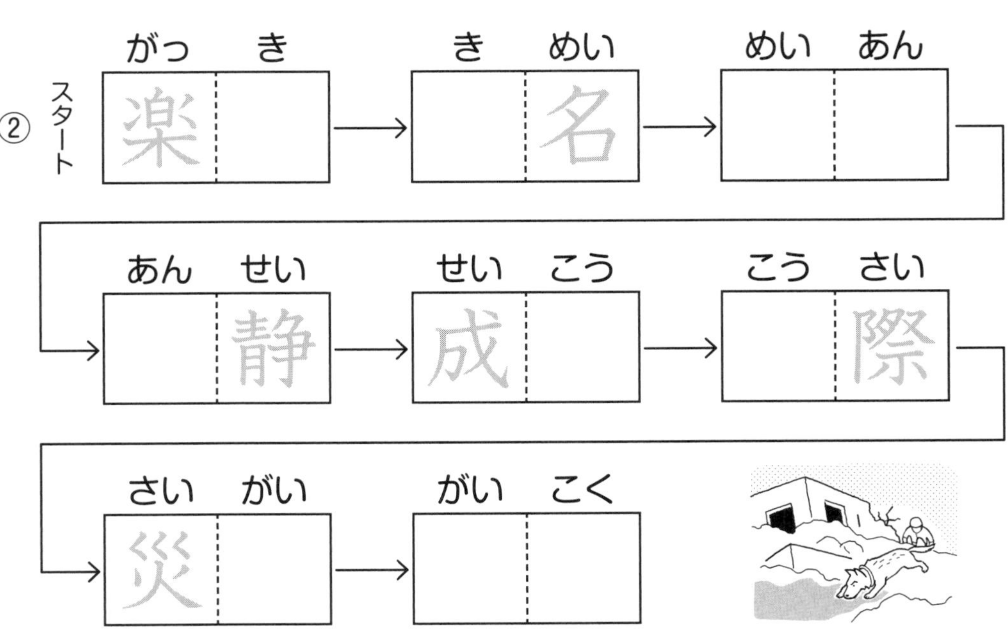

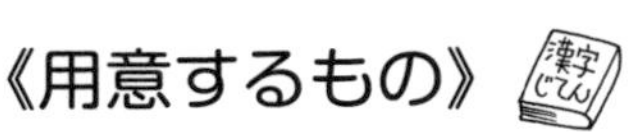

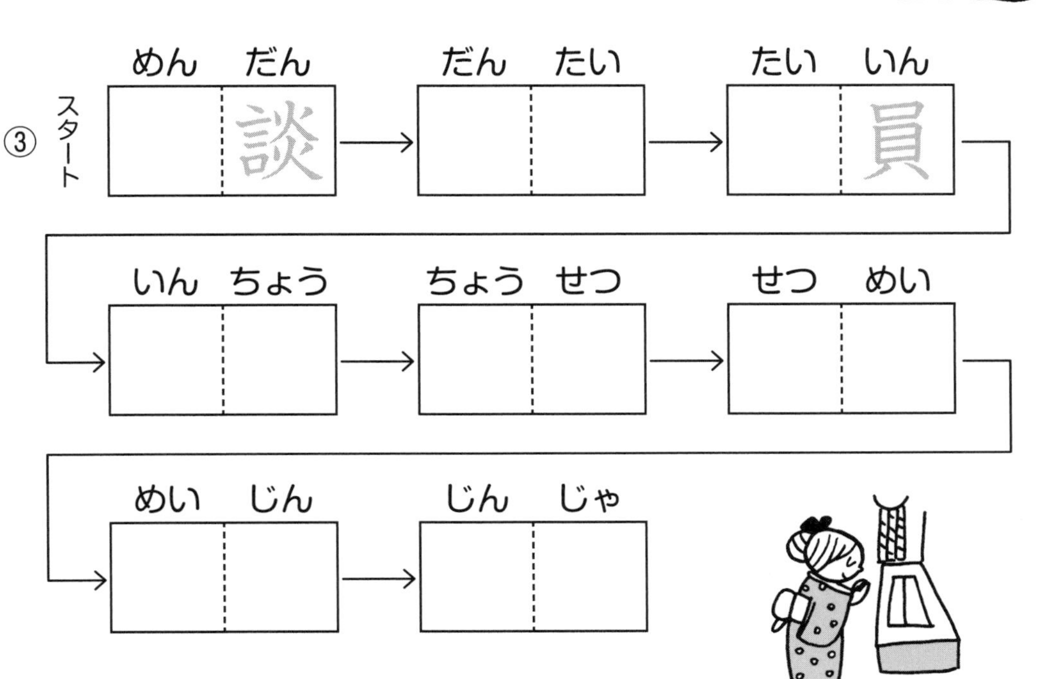

2 辞書を用意して、つくってみましょう。

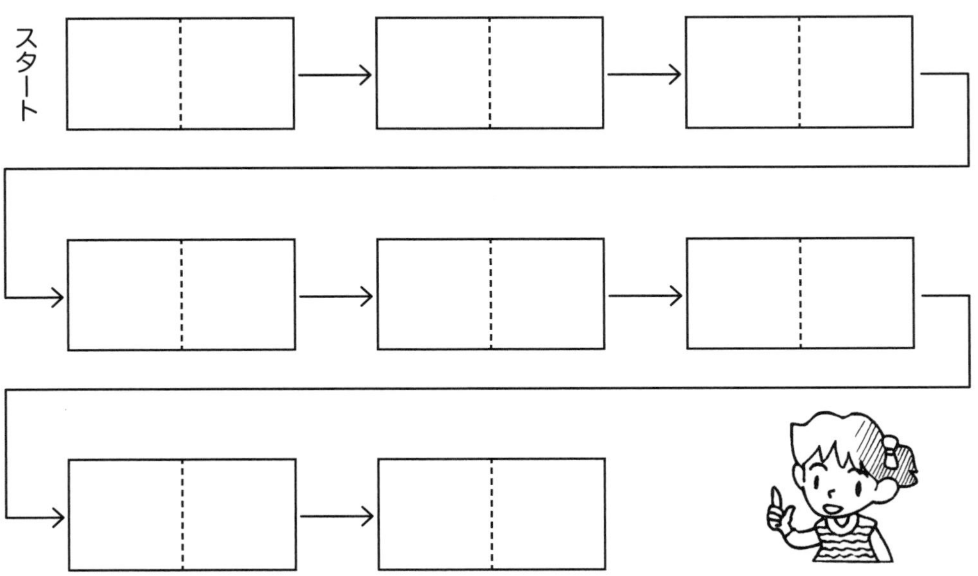

「コウ」と読む漢字 ① 国語・漢字

5年〜 40分

名前

✿ □に「コウ」と読む漢字を書きましょう。
読みがなをふり、意味も調べましょう。

①〜④の漢字 ──→ 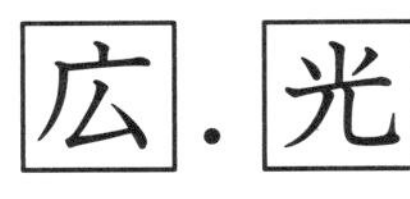

① 光景（こうけい）	目に見えるものごとのありさま。けしき。
光栄（こうえい）	
② □芸	
□場	
③ □実	
□頭	
④ □大	
□告	

《用意するもの》

⑤～⑧の漢字 ——→ 好．交．航．公

⑤ □路	
□行	
⑥ □友	
□点	
⑦ □選	
□表	
⑧ □天	
□感	

「コウ」と読む漢字 ② 国語・漢字

5年～ 40分

名前

✿ □に「コウ」と読む漢字を書きましょう。
読みがなをふり、意味も調べましょう。

①～④の漢字 ⟶ 港．行．校．光

① 決（けっ）行（こう） 旅（りょ）行（こう）	決めたことを思いきって行う。
② 観□ 電□	
③ 登□ 全□	
④ 空□ 良□	

《用意するもの》

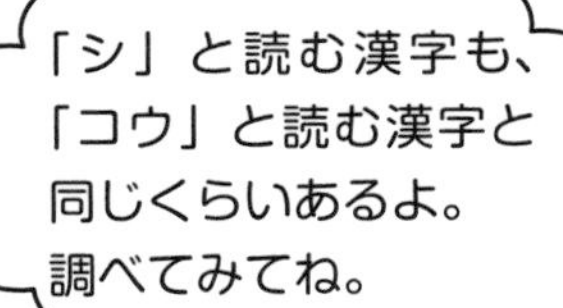

⑤〜⑧の漢字 ⟶ 考．交．向．候

⑤ 天□	
兆□	
⑥ 意□	
転□	
⑦ 参□	
再（さい）□	
⑧ 外□	
親□	

「コウ」と読む漢字 ③ 国語・漢字

名前

✿ □に「コウ」と読む漢字を書きましょう。
読みがなをふり、意味も調べましょう。

①～⑧の漢字 ⟶ 校 航 向 工 康 行 好 功

①	校（こう）章（しょう）	その学校の印として決められたマーク。
②	健 □	
③	□ 海	
④	成 □	
⑤	□ 上	
⑥	友 □	
⑦	□ 楽	
⑧	起 □	

《用意するもの》 国語じてん 漢字じてん

小学校で習う「コウ」という漢字は、このページの漢字のほかに、15文字あるよ。君は全部わかるかな？

⑨～⑯の漢字 ⟶ 公 高 考 幸 港 口 交 光

⑨ □福	
⑩ 火□	
⑪ □式	
⑫ 発□	
⑬ □流	
⑭ 開□	
⑮ □案	
⑯ 標□	

人口・人口密度（みつど） ①　国語・その他

5年〜　40分　名前

1　人口の多い都道府県に色をぬりましょう。(2018年)

①東京　②神奈川　③大阪　④愛知　⑤埼玉　⑥千葉
⑦兵庫　⑧北海道　⑨福岡　⑩静岡　⑪茨城　⑫広島

《用意するもの》

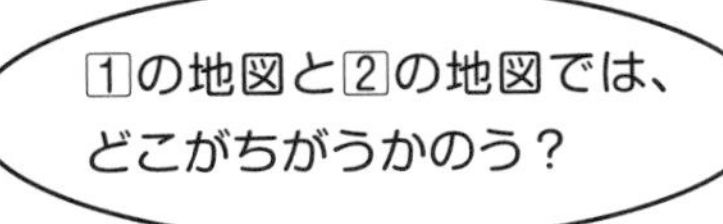

2 人口密度の大きい都道府県に色をぬりましょう。(2018年)

①東京　②大阪　③神奈川　④埼玉　⑤愛知　⑥千葉

⑦福岡　⑧兵庫　⑨沖縄　⑩京都　⑪香川　⑫茨城

人口・人口密度(みつど) ②

国語・その他

5年〜 40分

名前

1　人口の少ない都道府県に色をぬりましょう。(2018年)

①鳥取　②島根　③高知　④徳島　⑤福井　⑥山梨
⑦佐賀　⑧和歌山　⑨香川　⑩秋田　⑪富山　⑫宮崎

《用意するもの》

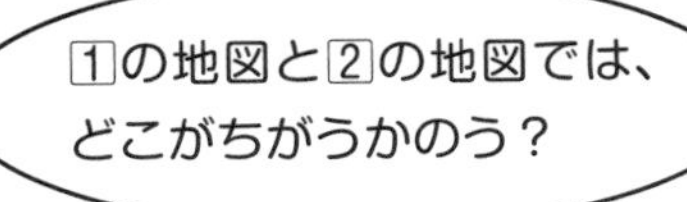

2　人口密度の小さい都道府県に色をぬりましょう。（2018年）

①北海道　②岩手　③秋田　④高知　⑤島根　⑥山形
⑦青森　⑧福島　⑨宮崎　⑩長野　⑪鳥取　⑫鹿児島

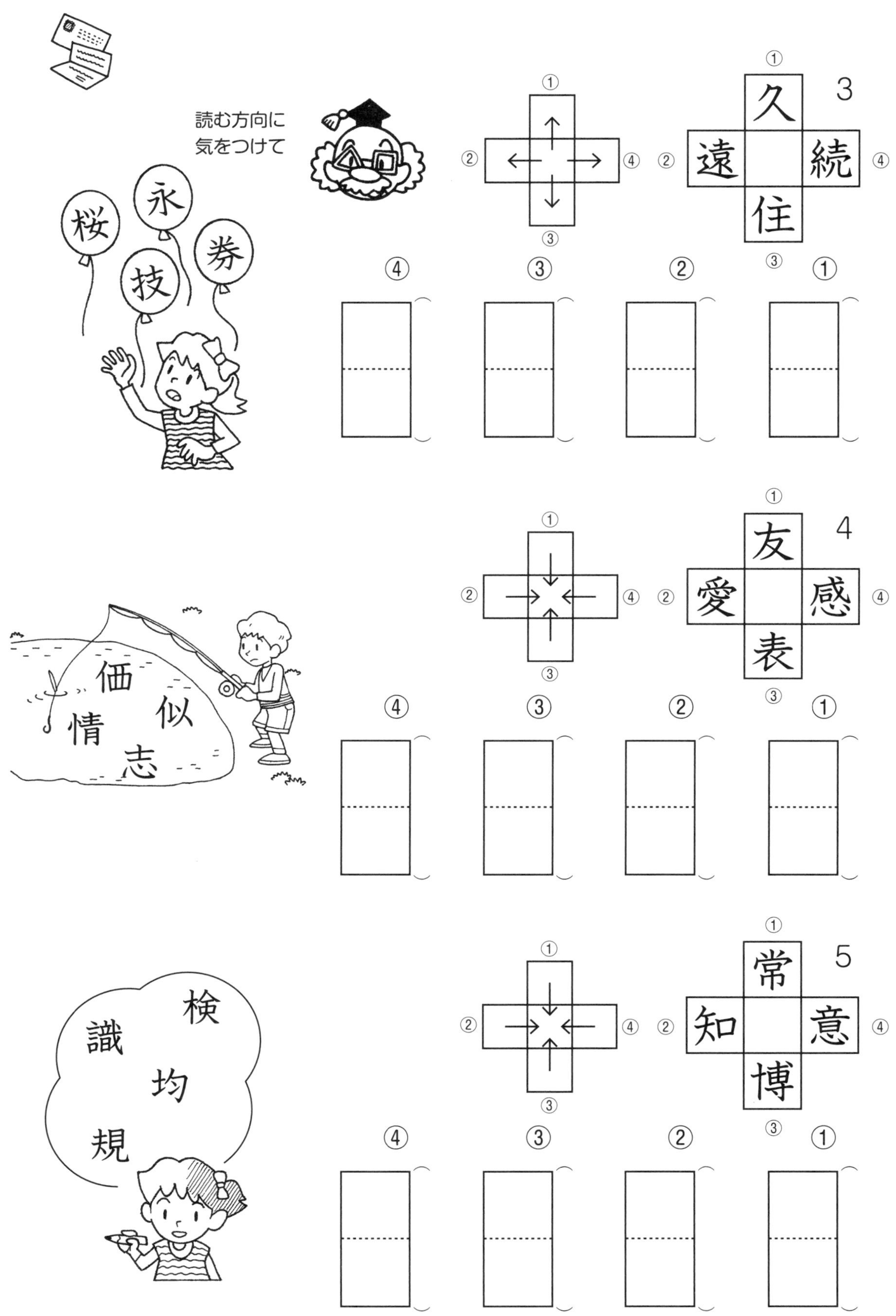
読む方向に
気をつけて
桜
永
技
券
3
久
遠
続
住
① ② ③ ④
価
情
似
志
4
友
愛
感
表
① ② ③ ④
検
識
均
規
5
常
知
意
博
① ② ③ ④

漢字のクロス

国語・漢字

5年～
40分

名前

✿ 空いている□に漢字を入れ矢印の方へ読むと、二字じゅく語が四つできます。□に入れる漢字は、それぞれの絵から見つけます。じゅく語ができたら、読みを（　）に書きましょう。

（例）

肉（①）、複（②）、光（④）、球（③）　中央：眼

①肉眼（にくがん）　②複眼（ふくがん）　③眼球（がんきゅう）　④眼光（がんこう）

見つけるのは絵の中の１つじゃ。

1

理（①）、和（②）、説（④）、決（③）

仮　河　解　資

①（　）　②（　）　③（　）　④（　）

2

答（①）、熱（②）、当（④）、護（③）

仏　久　政　弁

①（　）　②（　）　③（　）　④（　）

犬や牛にあるもの　国語・言葉

6年～
40分

名前

1　犬のシルエットです。
犬の体にあるもので、かな一文字で書けるものを見つけましょう。

外から見えるものも、体の中にあるものも見つけよう！

4つ書けたら合格！
7つ書けるかな？

♠思いついたものを絵に書き入れてみよう。

かな

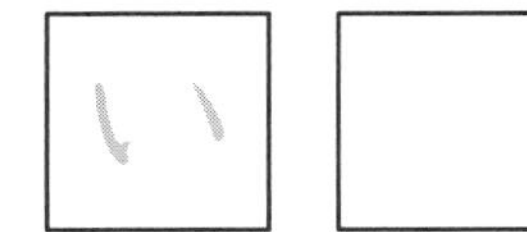

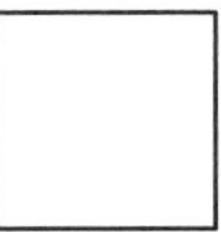
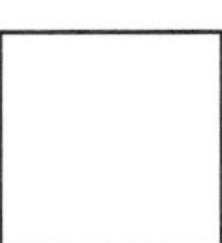
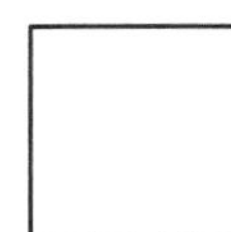
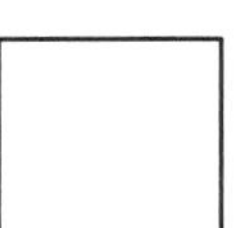

漢字で書けるかな。

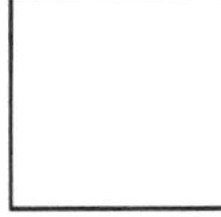
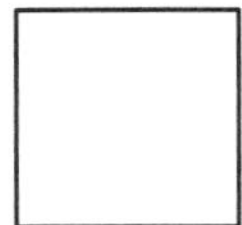

2 牛のシルエットです。
牛の体にあるもので、かな二文字で書けるものを探(さが)しましょう。

10個書けたら合格！ 15個書けたらしゅう才(さい)! 20個以上書けたら天才だ！

「口」のつく言葉を調べる　国語・言葉

6年～　40分

名前

❀ □に「口」を書き、読みがなをふりましょう。
意味も調べましょう。

① 口上（こうじょう）	口で言うあいさつ。しばいのすじなどを説明すること。
② □火	
③ □論（ろん）	
④ □車	
⑤ □先	
⑥ □頭	
⑦ □外	
⑧ □金	
⑨ □実	

《用意するもの》 

⑩ 大口（おおぐち）	大きな口。大げさに言う。 物の数が多いこと。
⑪ 手□	
⑫ 利□	
⑬ 河□	
⑭ 間□	
⑮ 早□	
⑯ 秋□	
⑰ 人□	
⑱ 戸□	

「前」や「後」のつく言葉を調べる　国語・言葉

6年～　40分

名前 ______________________

❀ 「前」や「後」のつく言葉を調べましょう。

1　前を後に変えましょう。

① 前記 ↔ 後記　　② 前期 ↔ ______

③ 前輪 ↔ ______　　④ 前便 ↔ ______

⑤ 前列 ↔ ______　　⑥ 前半 ↔ ______

⑦ 前方 ↔ ______　　⑧ 前転 ↔ ______

⑨ 前進 ↔ ＿退　　⑩ 前者 ↔ ______

2　意味を調べましょう。

① 前文

② 前線

③ 前歴

④ 前兆

《用意するもの》 国語じてん 漢字じてん

⑤ 前夜

⑥ 前例

⑦ 前身

⑧ 前科

⑨ 後続

⑩ 後世

⑪ 後発

⑫ 後期

⑬ 後進

⑭ 後任

「口」のある漢字を探(さが)そう　国語・漢字

6年～　40分

名前

1　口に、あと二画書き加えてできる漢字を見つけましょう。

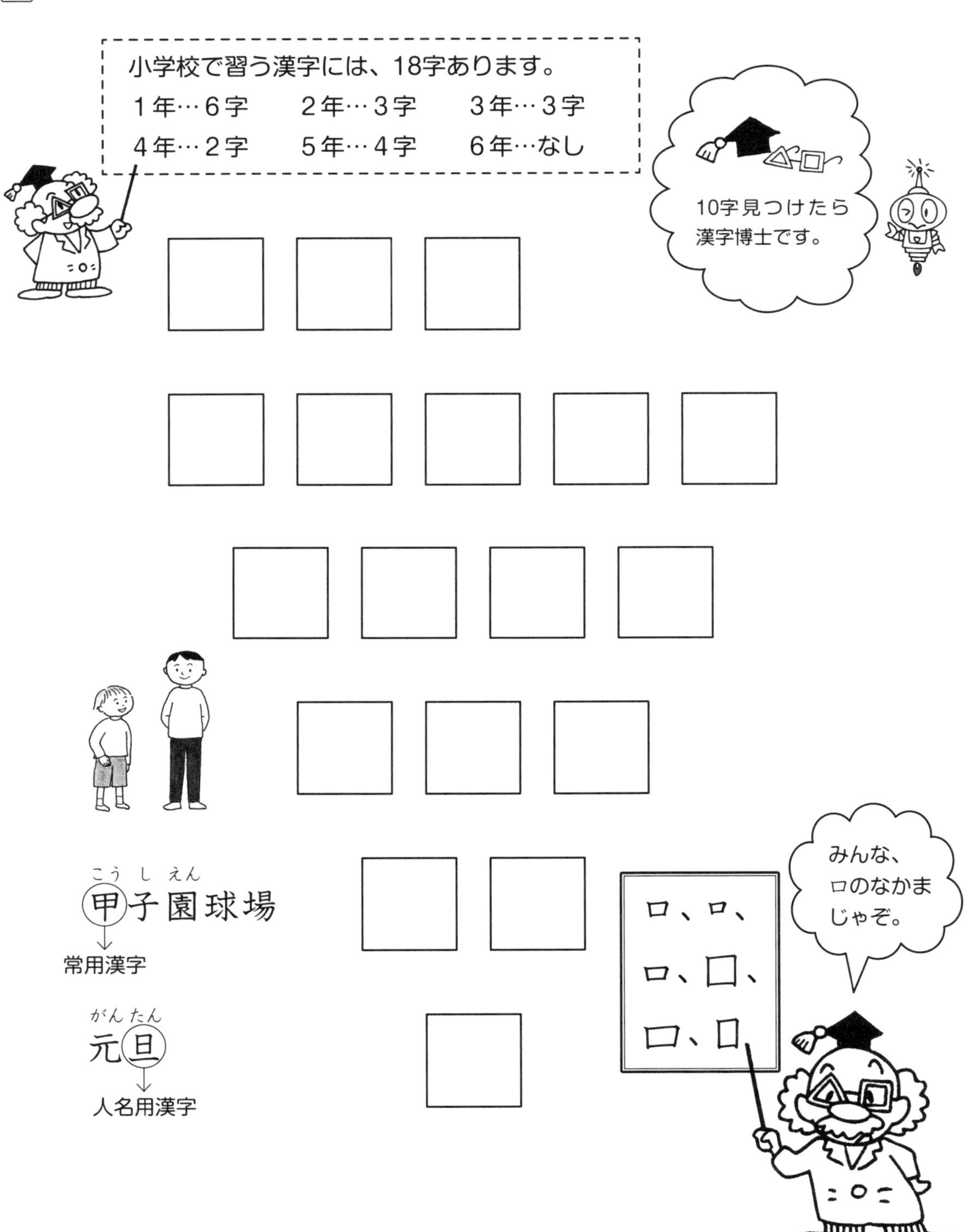

《用意するもの》 漢字じてん

[2] ロ に、あと三画書き加えてできる漢字を見つけましょう。

小学校で習う漢字には、18字あります。
1年…4字　2年…5字　3年…2字
4年…2字　5年…2字　6年…3字

10字見つけたら
漢字博士です。

五月上旬(じょうじゅん)
旬→常用漢字

大吉(だいきち)
吉→常用漢字

チャレンジ！
見つけた漢字を使って二字熟語(じゅくご)をつくろう。

漢字を見つけよう ① 国語・漢字

名前

1 あいだの□に漢字1字を入れて、漢字を2字つくりましょう。

（例）

□の中には、口、舌、月、十、青、田 などが入るぞ。
❷❻などの数字は、できた漢字を習う学年じゃ。漢字辞典をひくときのヒントじゃ。

一

二
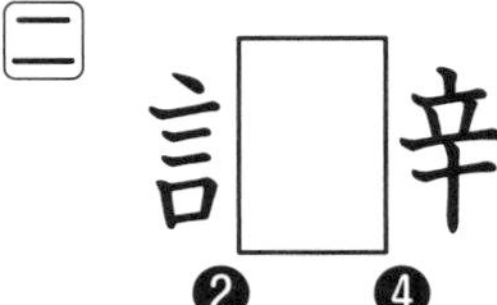

三
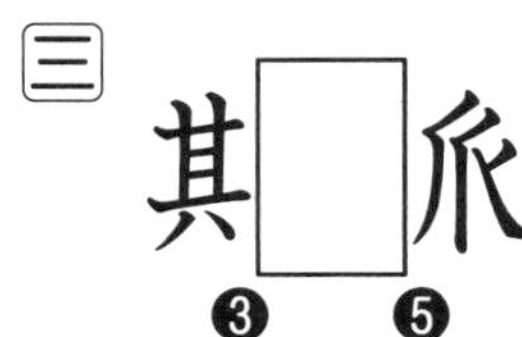

四
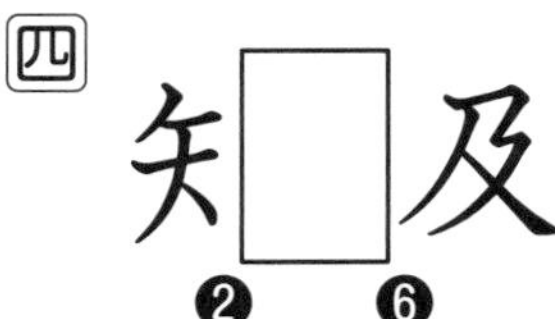

五
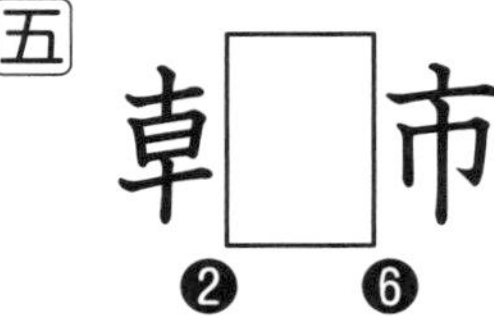

六
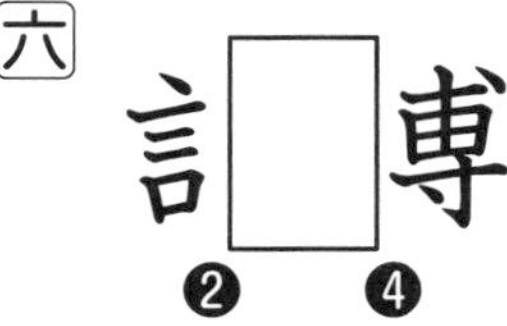

七
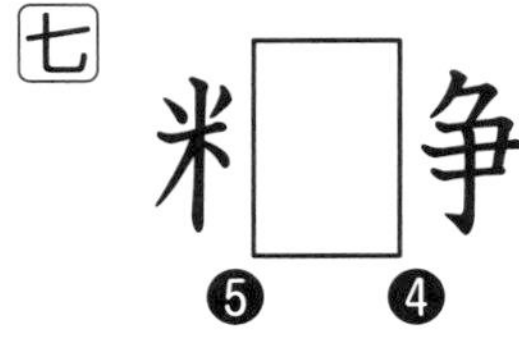

八
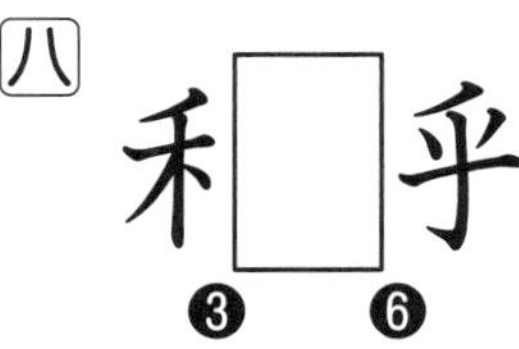

九
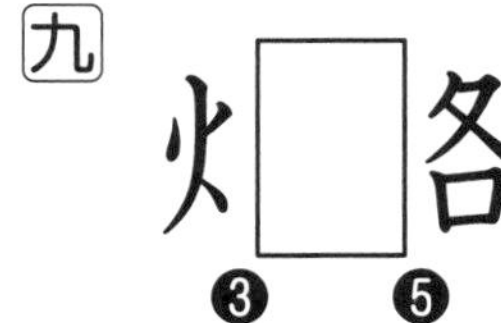

できた漢字を書きましょう。

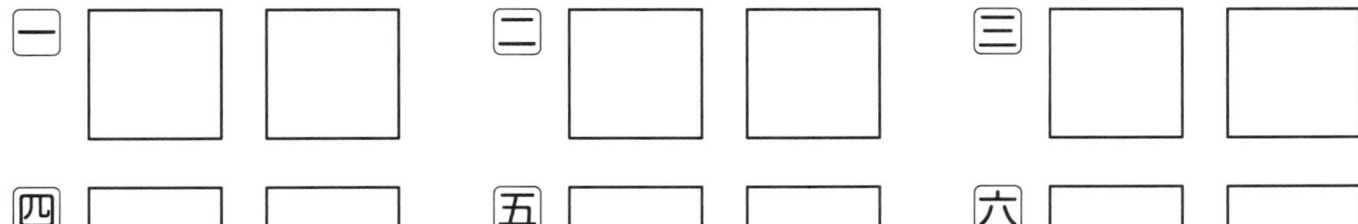

《用意するもの》

2 あいだの□に漢字１字を入れて、漢字を２字つくりましょう。

（例）

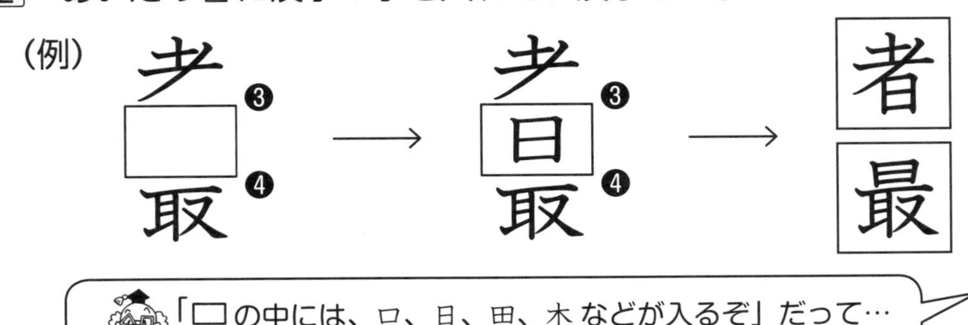

「□の中には、口、日、田、木などが入るぞ」だって…

一

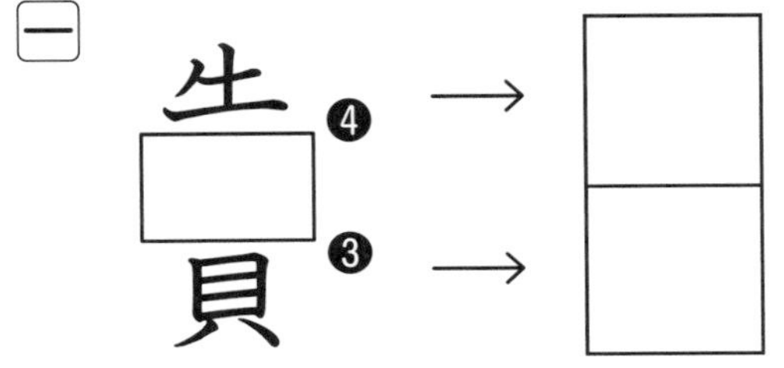

二

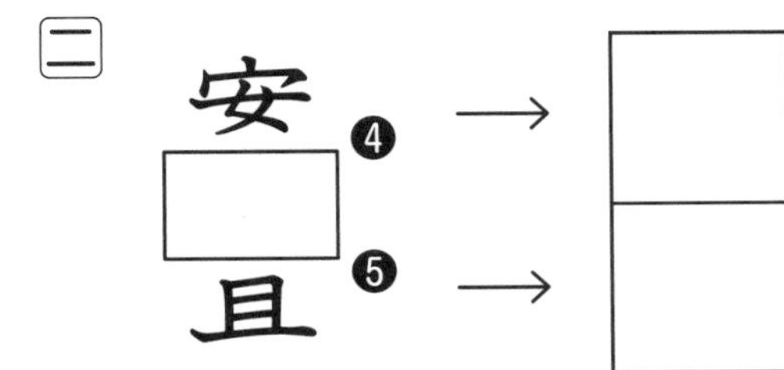

三

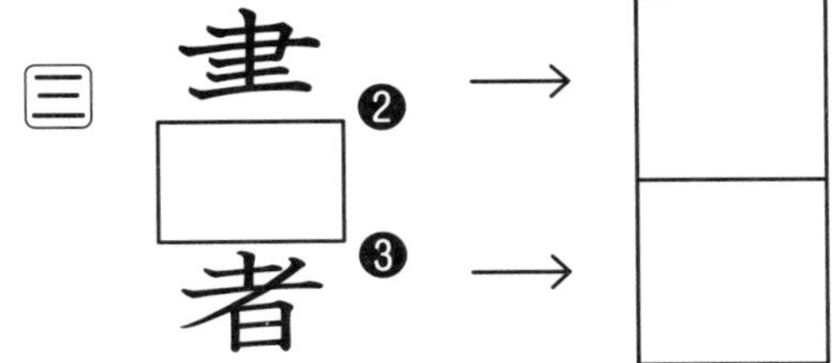

四

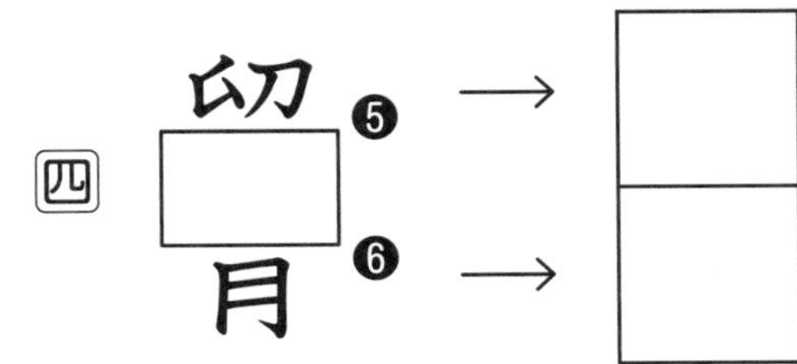

五

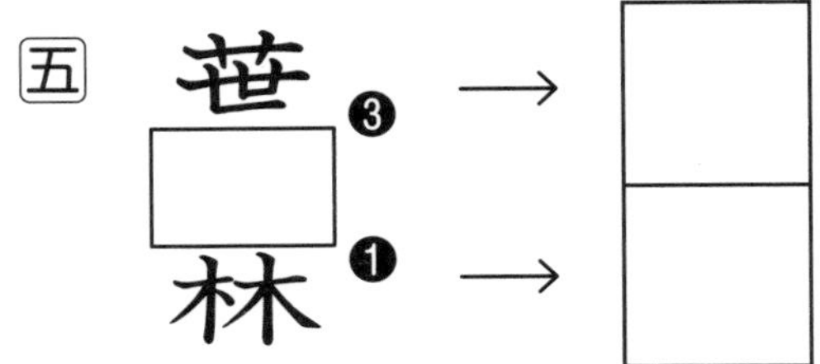

六

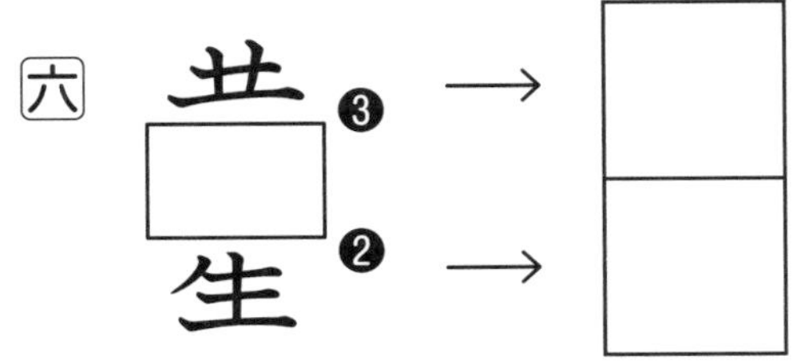

七

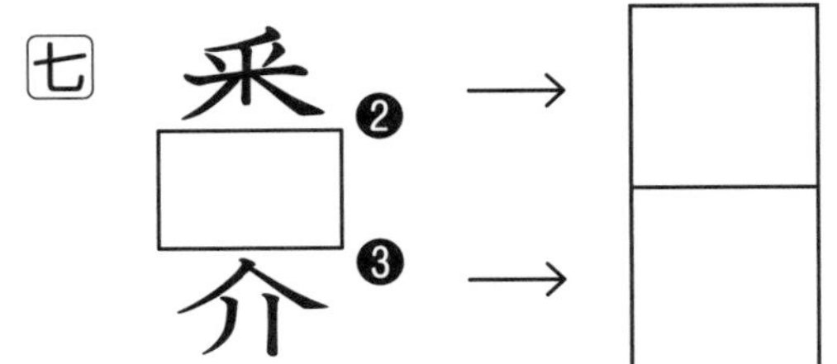

八

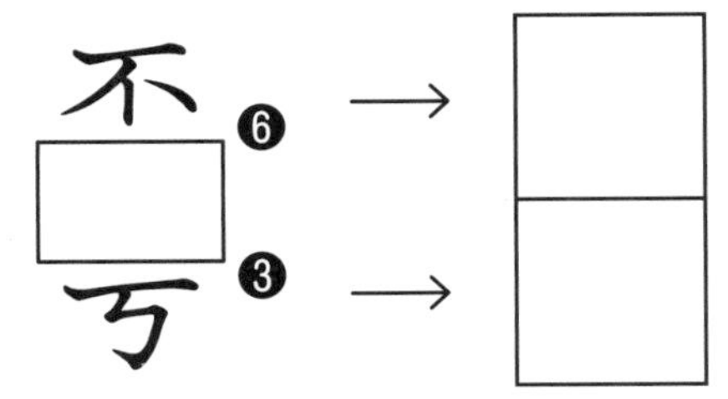

漢字を見つけよう ②　国語・漢字

6年〜　40分

名前

[1] 左右の□のどちらかに、同じ漢字を書き加えて、漢字にしましょう。

一〜八のすべてに同じ漢字が入るんじゃ。どれか１つ分かればあとは簡単(かん)じゃな。書き加える同じ漢字は、１年生で習う漢字じゃぞ。オマケのヒントじゃ。

一 □其□ ❸

二 □艮□ ❸

三 □易□ ❻

四 □日□ ❷

五 □巴□ ❺

六 □韋□ ❷

七 □券□ ❸

八 □良□ ❻

❷❻などの数字は、その漢字を習う学年です。

❀ 上の漢字を書き、その読みも書きましょう。

	(漢字)	(読み)
一		音 訓
三		音 訓
五		音 訓
七		音 訓

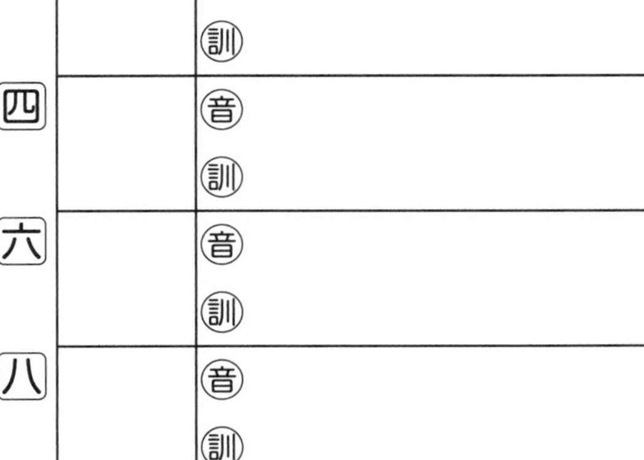

	(漢字)	(読み)
二		音 訓
四		音 訓
六		音 訓
八		音 訓

《用意するもの》

2 「阝」を、下の□の右か左に入れて漢字にしましょう。

一 □方□ ❺

二 □音□ ❸

三 □皆□ ❸

四 □君□ ❹

五 □艮□ ❺

六 □者□ ❸

七 □垂□ ❻

八 □坴□ ❹

✿ 上の漢字を書き、その読みも書きましょう。

	(漢字)	(読み)
一		音 訓
三		音 訓
五		音 訓
七		音 訓

	(漢字)	(読み)
二		音 訓
四		音 訓
六		音 訓
八		音 訓

漢字を見つけよう ③　国語・漢字

6年～　40分

名前

1　左右の□のどちらかに同じ漢字を書き加えると、漢字が５字できます。

> 書き加える同じ漢字は、「セイ」と読む漢字じゃ。
> できた漢字は、１つをのぞいて「セイ」と読むぞ。

一 ❺

二 ❹

三 ❹

四 ❺

五 ❷

❷❹❺の数字は、その漢字を習う学年です。

✿　５つの漢字を書いて、その「読み」を書きましょう。

	漢字	読み	
一		読み	音 訓
二		読み	音 訓
三		読み	音 訓
四		読み	音 訓
五		読み	音 訓

《用意するもの》 国語じてん 漢字じてん

2　1の一～五の漢字を使った熟語を、２つずつ書きましょう。また、その熟語の意味を書きましょう。

一		
二		
三		
四		
五		

漢字の十字路 ①　国語・漢字

6年～　40分

名前

✿ 矢印（→）の方へ読むと二字熟語が４つできます。
□に入れる漢字をそれぞれの絵から見つけて、書き入れましょう。

1

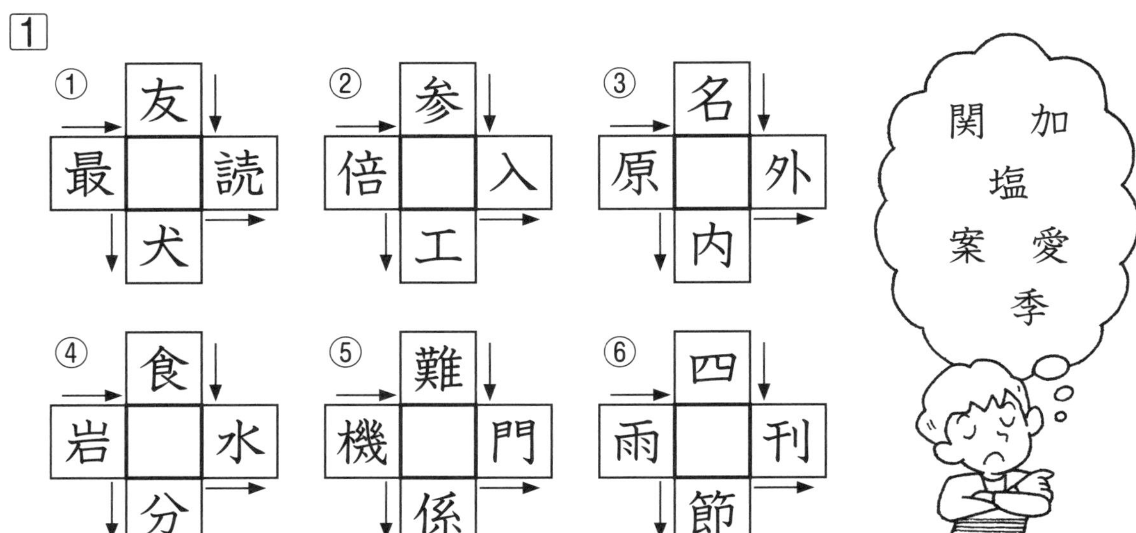

2

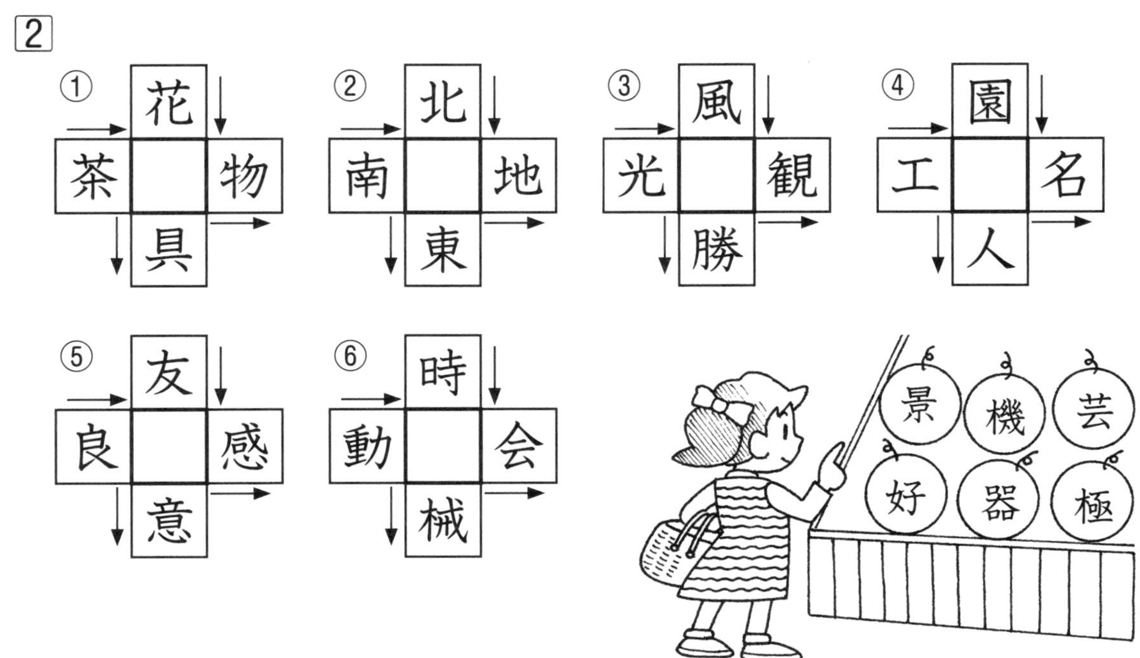

《用意するもの》漢字じてん

3

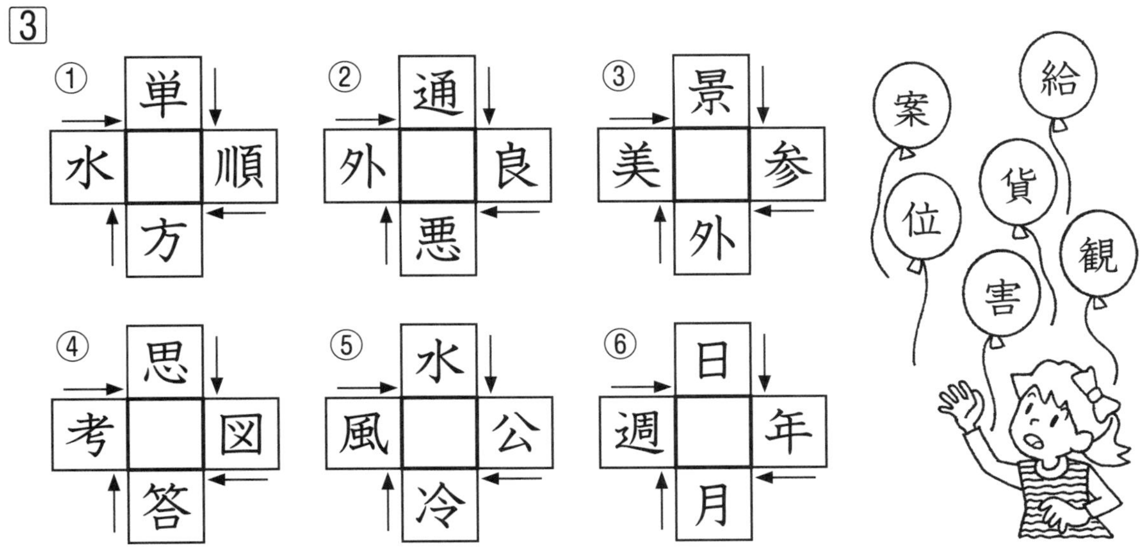

4

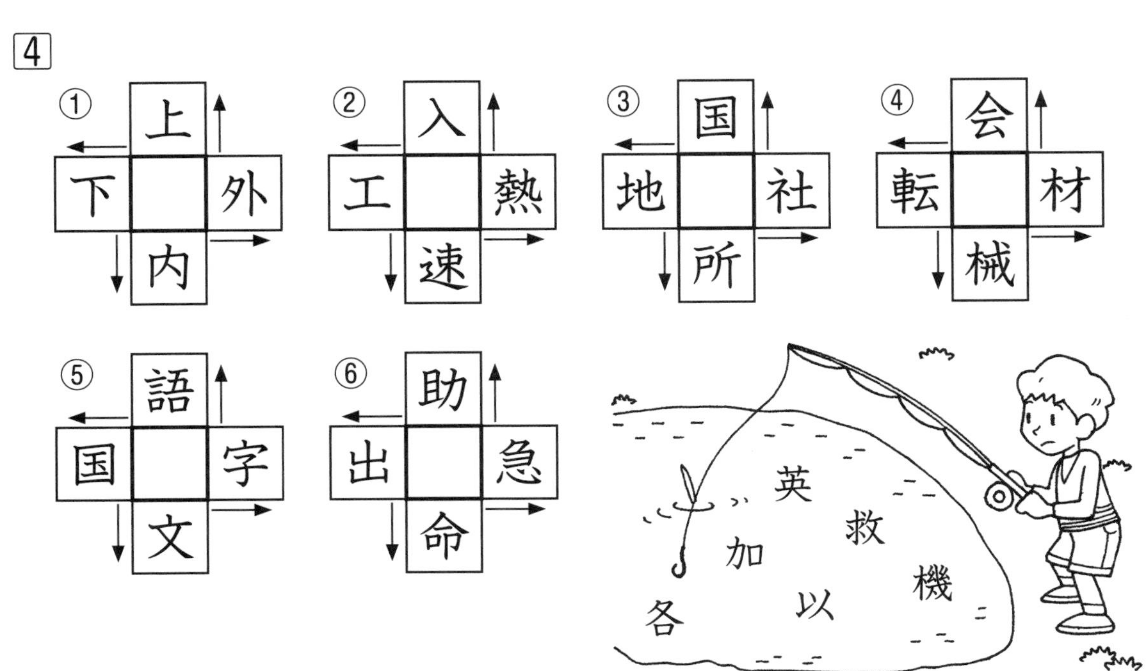

漢字の十字路 ②　国語・漢字

6年～　40分

名前

✿ 矢印（→）の方へ読むと二字熟語が４つできます。
□に入れる漢字をそれぞれの絵から見つけて、書き入れましょう。

1

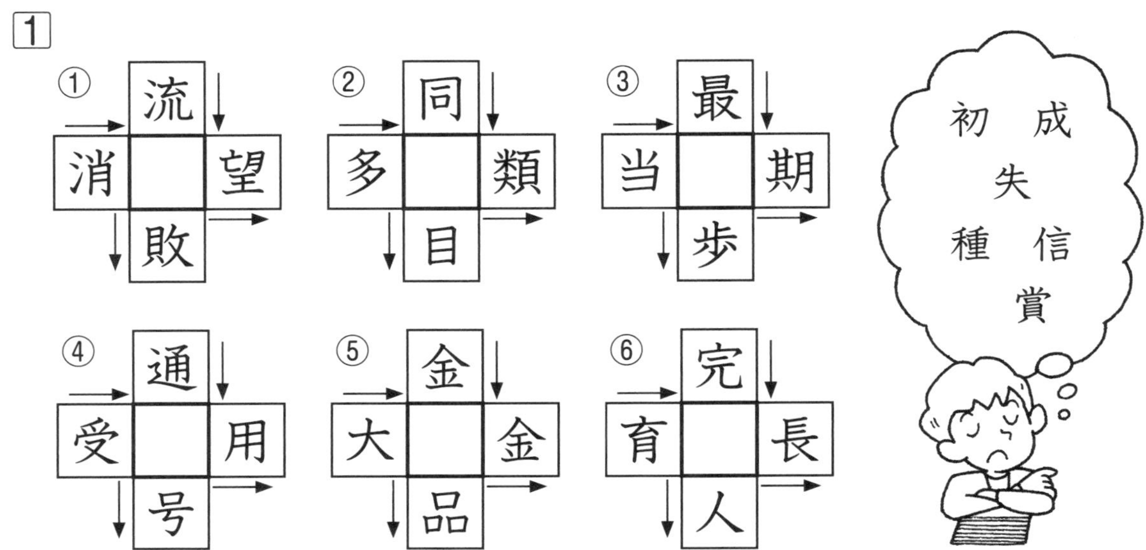

2

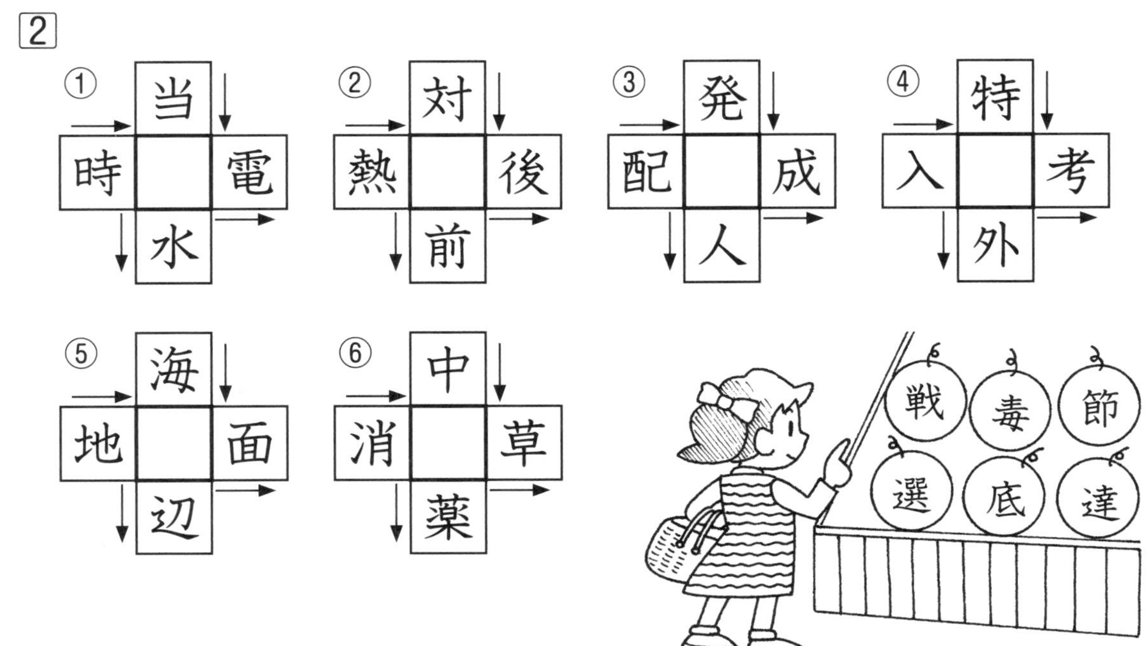

《用意するもの》

[3]

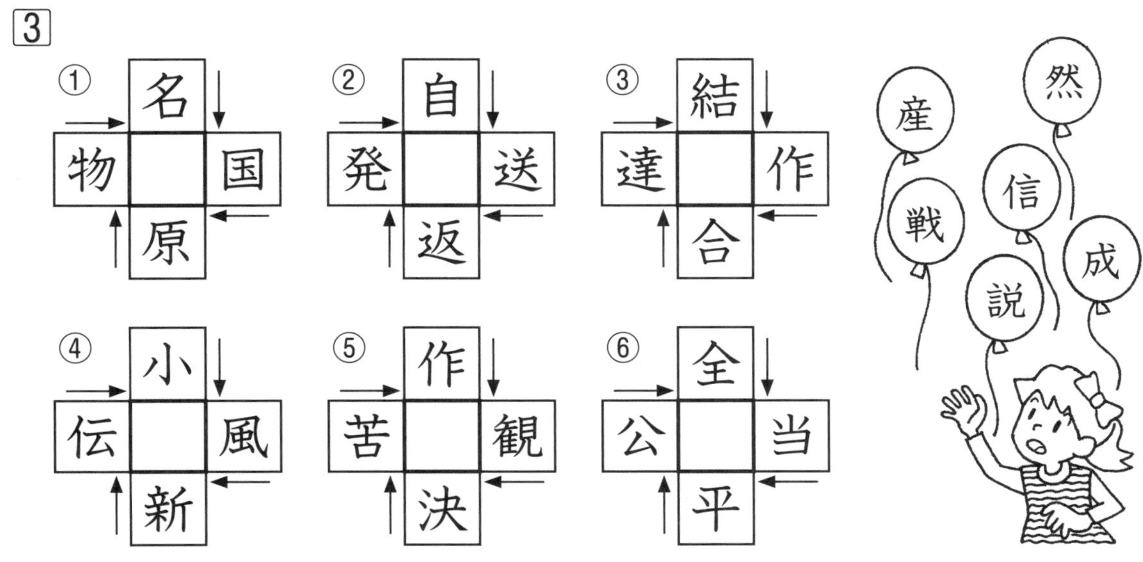
①
名
物
国
原
②
自
発
送
返
③
結
達
作
合
④
小
伝
風
新
⑤
作
苦
観
決
⑥
全
公
当
平
産
然
信
戦
成
説

[4]

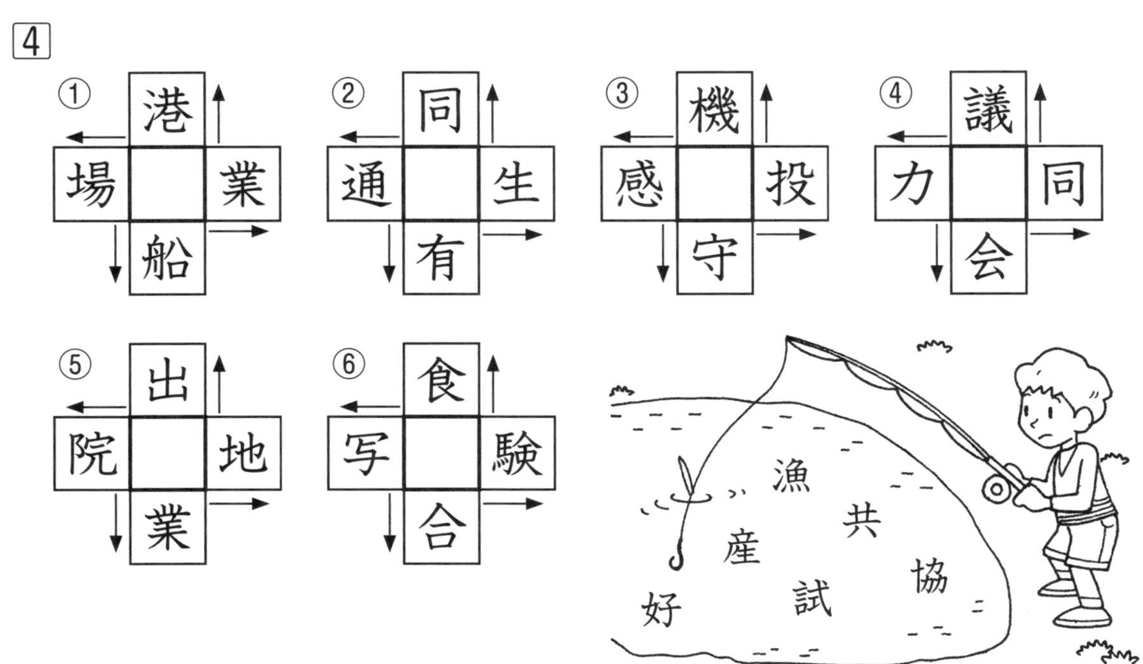
①
港
場
業
船
②
同
通
生
有
③
機
感
投
守
④
議
力
同
会
⑤
出
院
地
業
⑥
食
写
験
合
漁
共
産
協
試
好

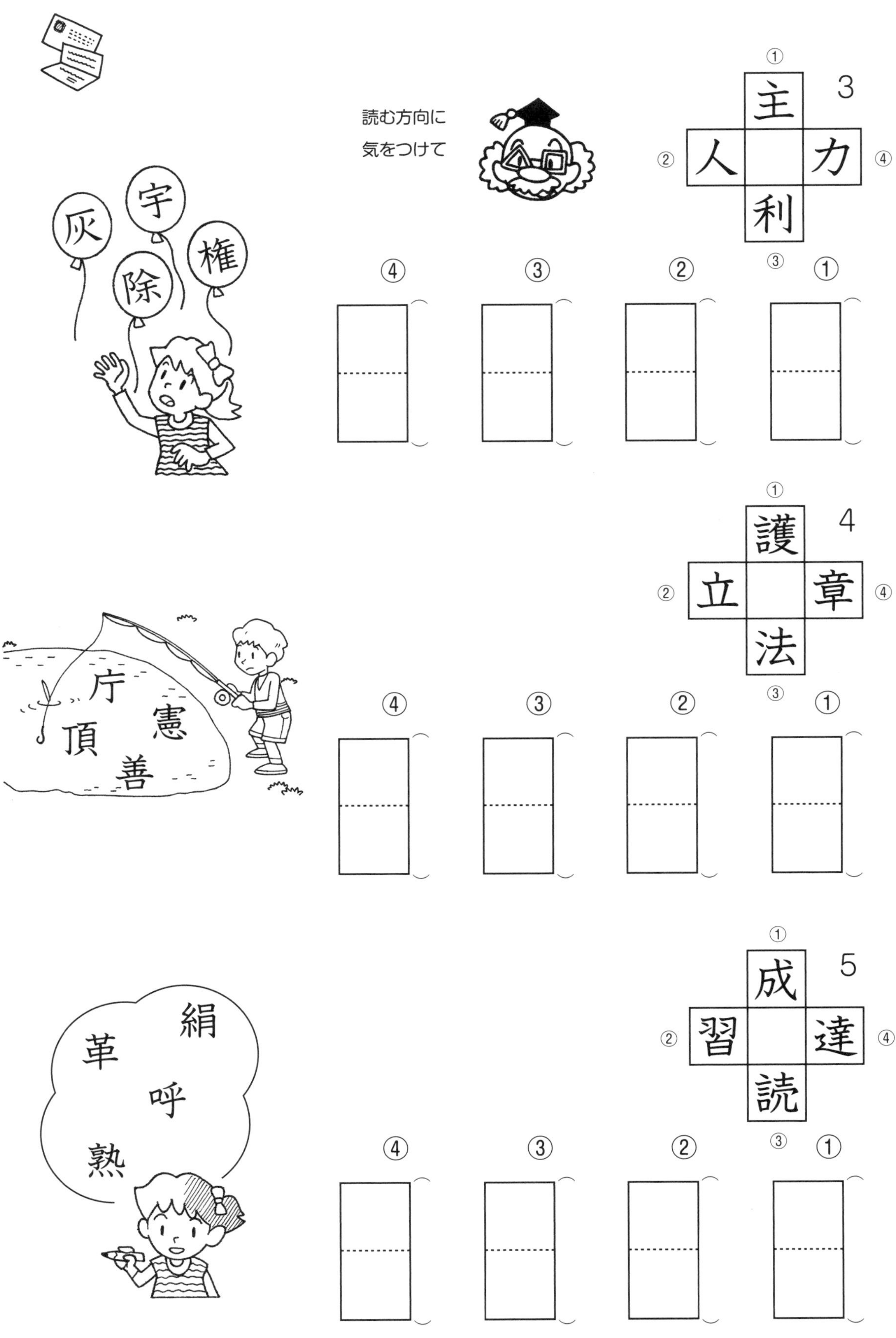

読む方向に
気をつけて
灰
宇
除
権
3
①
主
②
人
力
④
利
③
④
③
②
①
4
①
護
②
立
章
④
法
③
庁
頂
憲
善
④
③
②
①
5
①
成
②
習
達
④
読
③
絹
革
呼
熟
④
③
②
①

漢字のクロス ①　国語・漢字

6年～　40分

名前

✿ 空いている□に漢字を入れ矢印の方へ読むと、二字熟語（じゅく）が四つできます。□に入れる漢字は、それぞれの絵から見つけます。熟語ができたら、読みを（　）に書きましょう。

（例）

	質	
容	□	問
	心	

疑

①質疑（しつぎ）　②容疑（ようぎ）　③疑心（ぎしん）　④疑問（ぎもん）

4字のうちの1字だけじゃよ。

1

	星	
車	□	席
	談	

亡　片　幼　座

①□□（　）　②□□（　）　③□□（　）　④□□（　）

2

	五	
雑	□	倉
	類	

訳　訪　段　穀

①□□（　）　②□□（　）　③□□（　）　④□□（　）

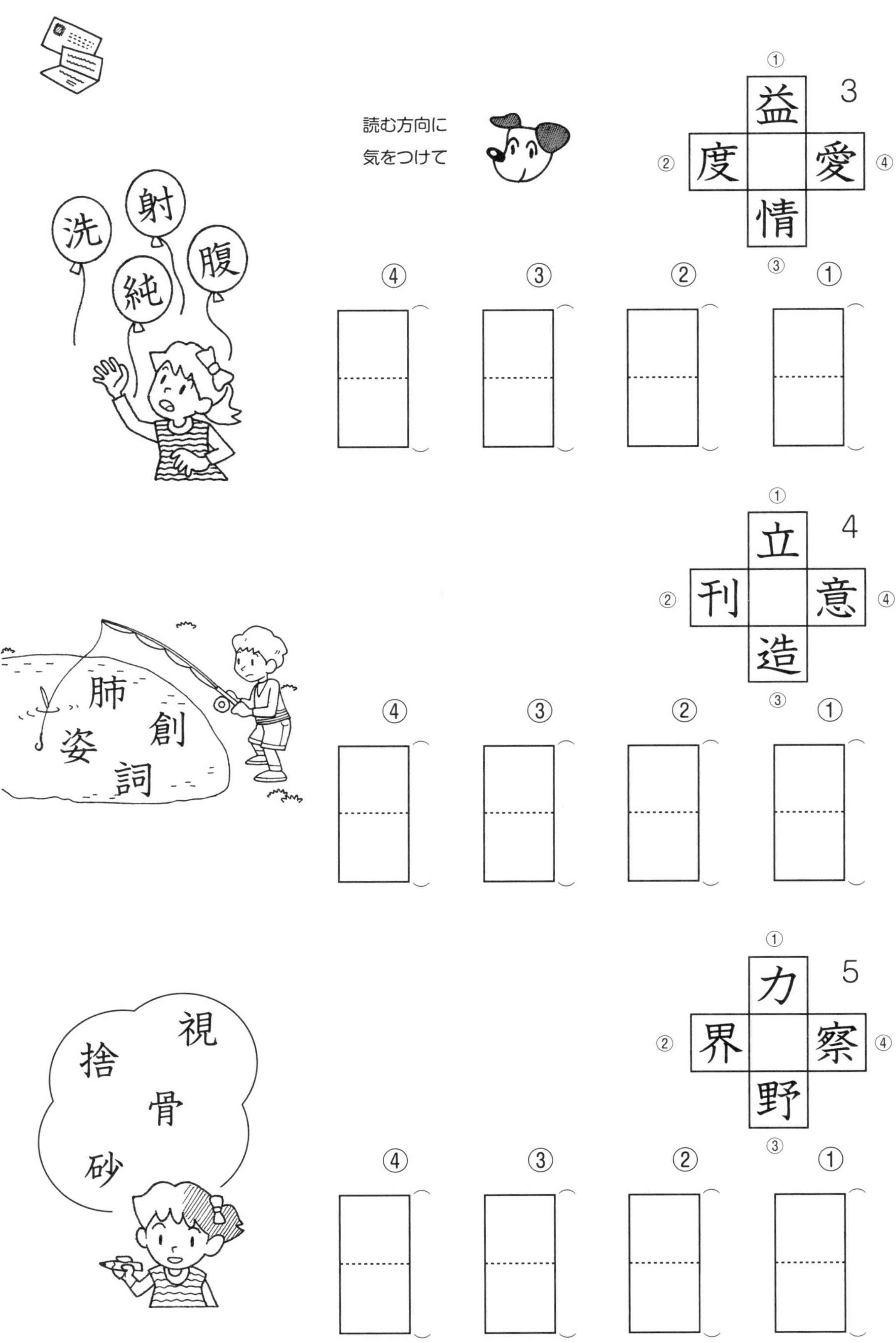
読む方向に
気をつけて
3
① 益
② 度
④ 愛
③ 情
④ ③ ② ①
洗 射 純 腹
4
① 立
② 刊
④ 意
③ 造
④ ③ ② ①
肺 創 姿 詞
5
① 力
② 界
④ 察
③ 野
④ ③ ② ①
視 捨 骨 砂

漢字のクロス ②

国語・漢字

6年～ 40分

名前

✿ 空いている□に漢字を入れ矢印の方へ読むと、二字熟語(じゅく)が四つできます。□に入れる漢字は、それぞれの絵から見つけます。熟語ができたら、読みを（　）に書きましょう。

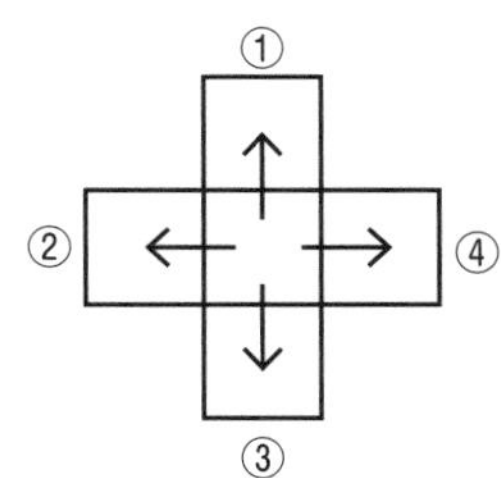

（例）

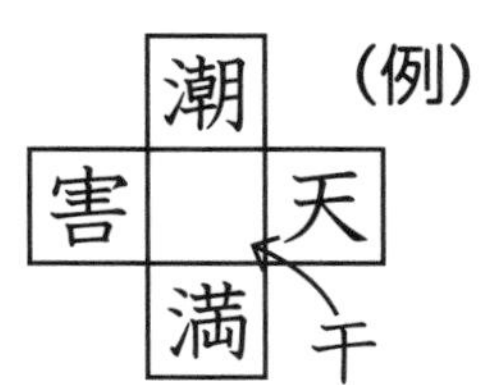

① 干潮（かんちょう）　② 干害（かんがい）　③ 干満（かんまん）　④ 干天（かんてん）

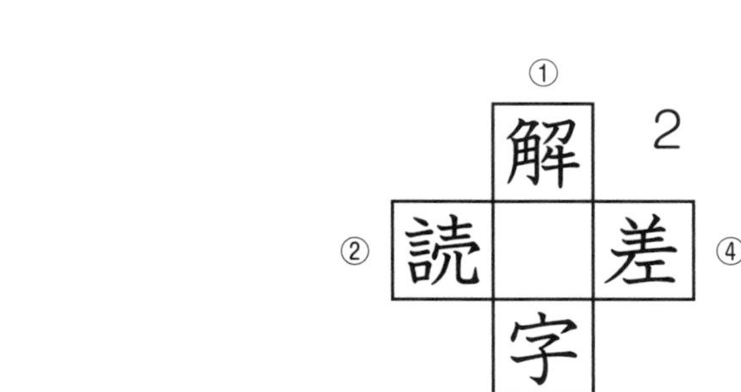

1

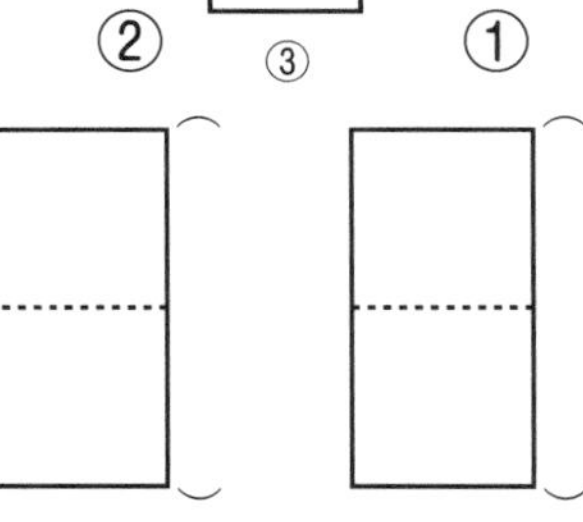

① □□（　）　② □□（　）　③ □□（　）　④ □□（　）

2

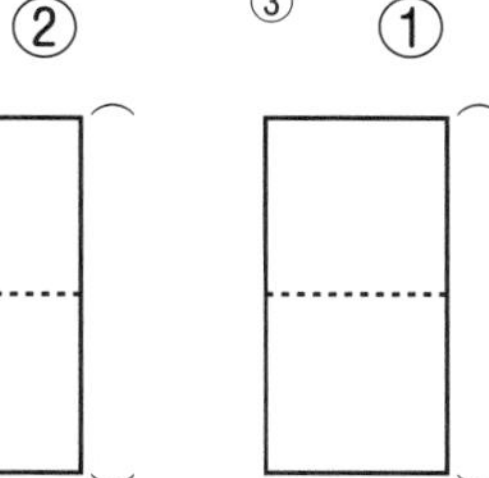

① □□（　）　② □□（　）　③ □□（　）　④ □□（　）

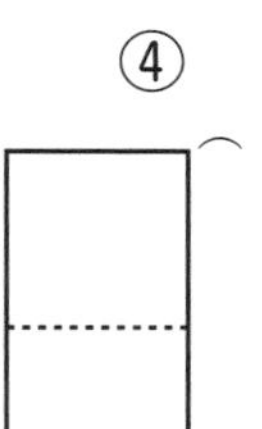
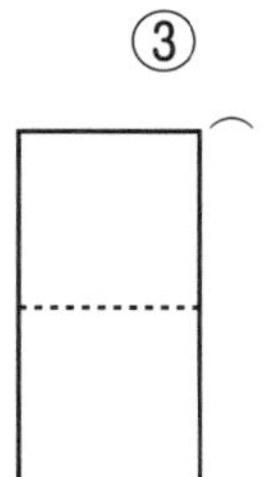
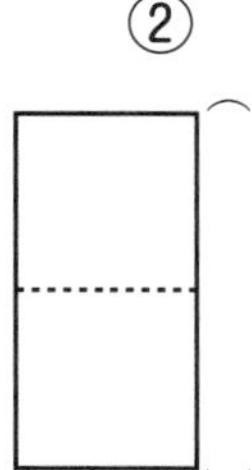

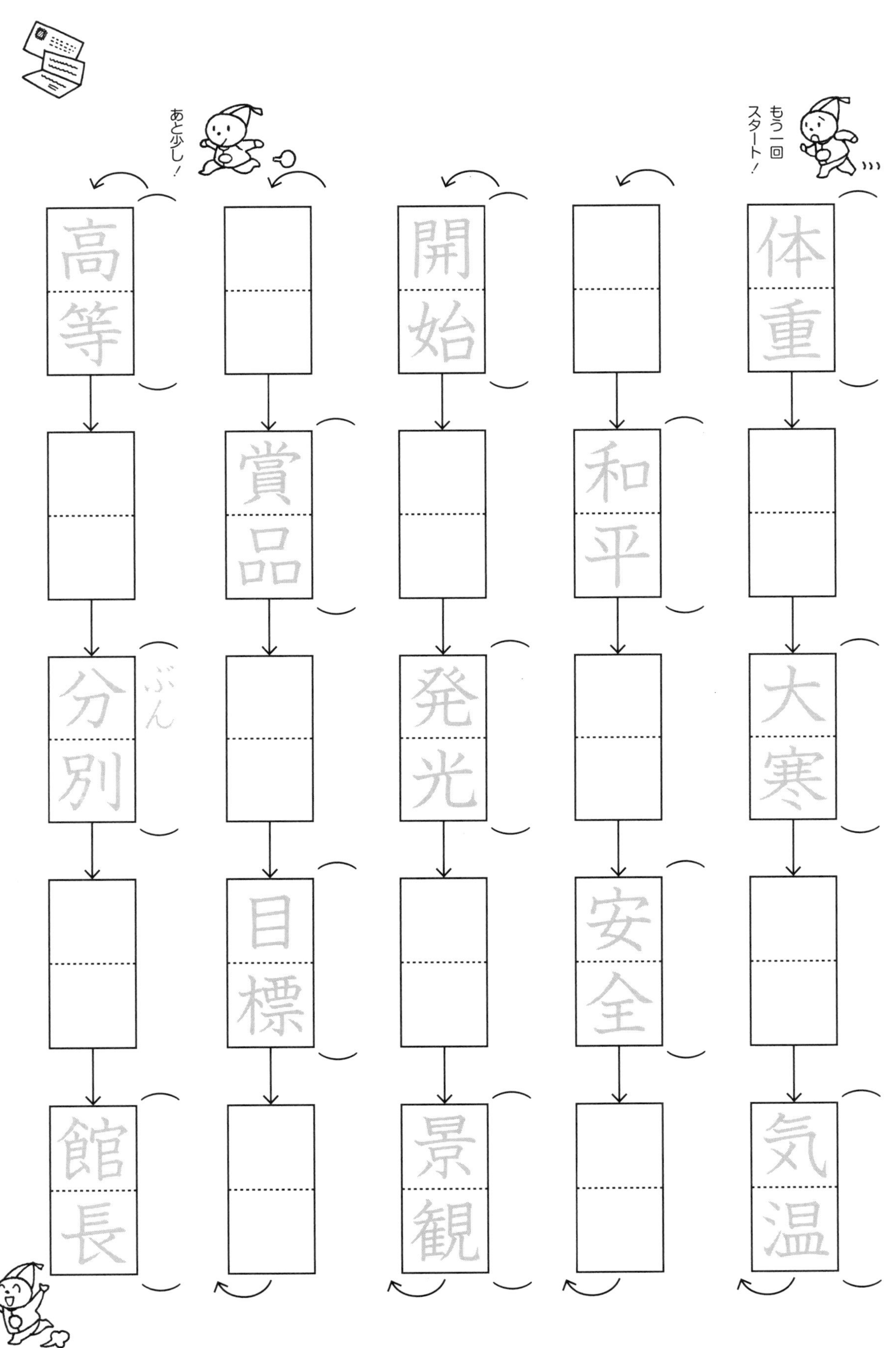
もう一回
スタート！
体重
大寒
気温
和平
安全
開始
発光
景観
賞品
目標
あと少し！
高等
分別
ぶん
館長
ゴール！

漢字のしりとり ①

国語・漢字

6年～
40分

名前

スタート！

✿ 読みがなを（　）に書きます。
なぞり書きをします。
空いている□に、しりとりになる漢字を書きます。

円満
開国
交通
路面
積雪
原野
球児
童話
題目
的中
央

ひとやすみ…

国 交

熟語（じゅく）の読み方や意味を国語辞典や漢字辞典で調べてみよう。

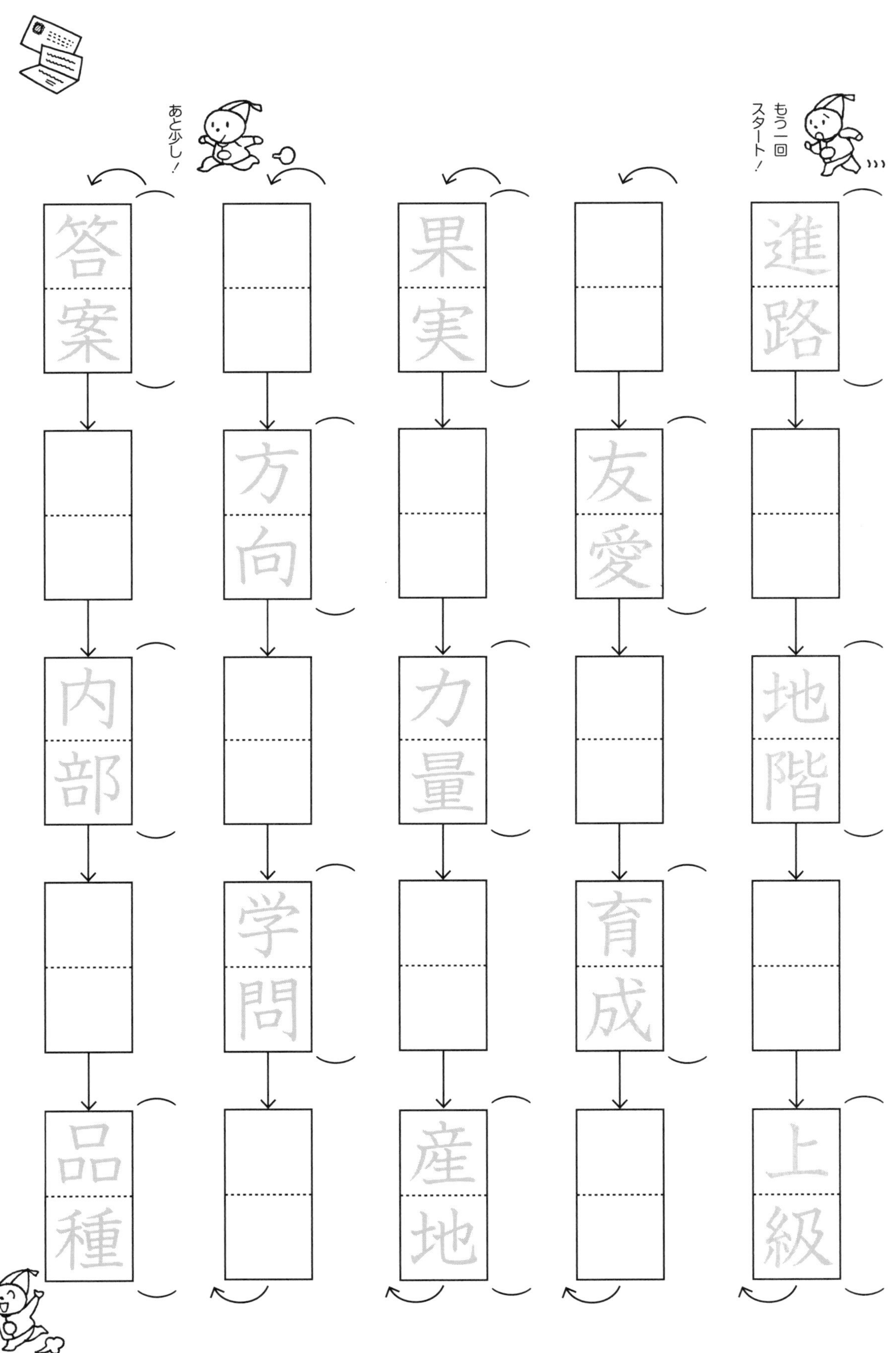
もう一回スタート！
進路
地階
上級
友愛
育成
果実
力量
産地
方向
学問
あと少し！
答案
内部
品種
ゴール！

漢字のしりとり ② 国語・漢字

6年〜 40分

名前

✿ 読みがなを（　）に書きます。
なぞり書きをします。
空いている□に、しりとりになる漢字を書きます。

スタート！

親愛
□□
読書
□□
写真

□□
実行
□□
楽観
□□

光栄
□□
養分
□□
配給

□□
料金
□□
貨車
□両

ひとやすみ…

愛
読

熟語の読み方や意味を国語辞典や漢字辞典で調べてみよう。

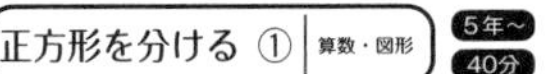

正方形を分ける ① 算数・図形 5年～ 40分 名前

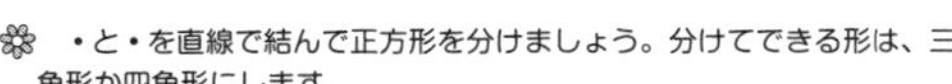

❀ ・と・を直線で結んで正方形を分けましょう。分けてできる形は、三角形か四角形にします。

1 3つに分けましょう。3つのうち2つは、同じ形にします。

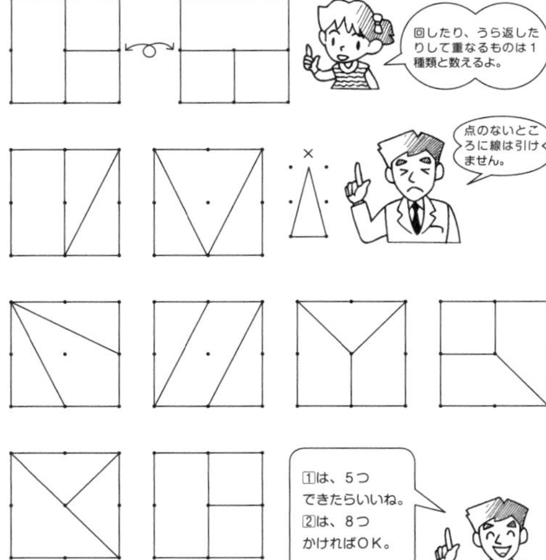

P.4

答えは、例です。

2 4つに分けましょう。4つのうち2つは、同じ形にします。

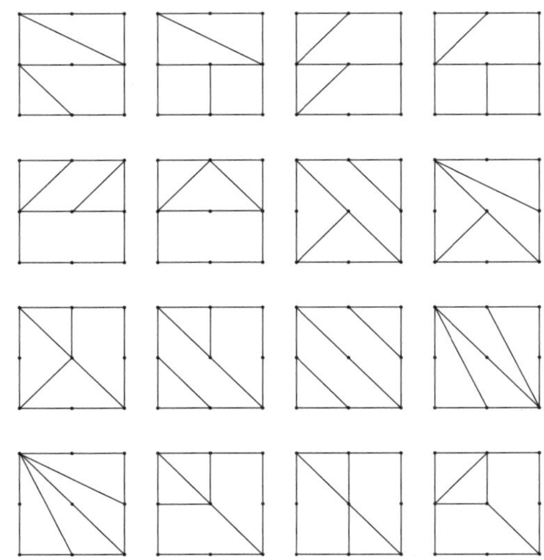

P.5

正方形を分ける ② 算数・図形 5年～ 40分 名前

❀ ・と・を直線で結んで正方形を分けましょう。分けてできる形は、三角形か四角形にします。

1 3つに分けましょう。3つともちがう形に分けましょう。

P.6

答えは、例です。

2 4つに分けましょう。4つともちがう形になるように分けましょう。

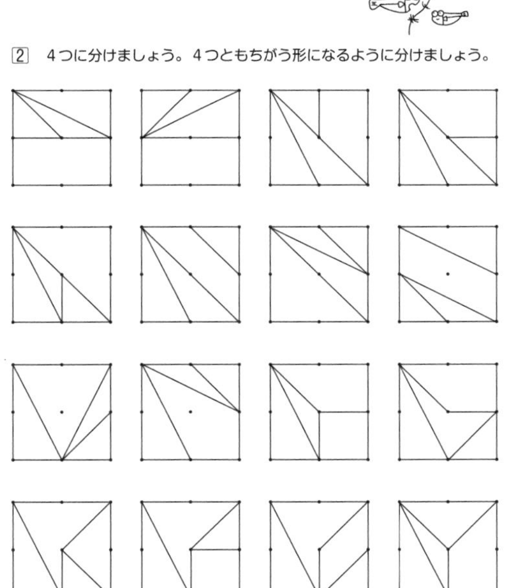

P.7

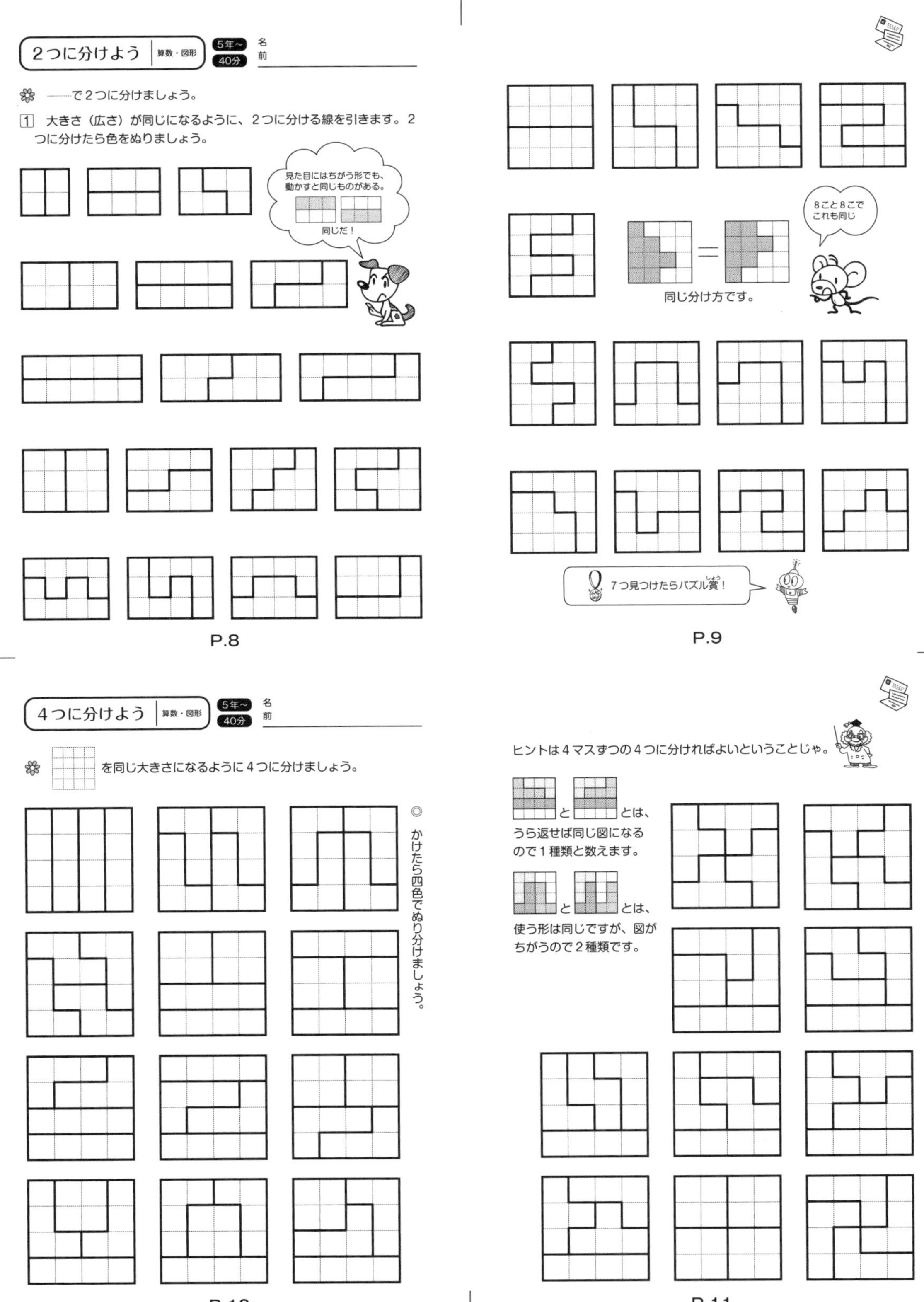

2つに分けよう　算数・図形　5年～　40分　名前

✿ ――で2つに分けましょう。

1 大きさ（広さ）が同じになるように、2つに分ける線を引きます。2つに分けたら色をぬりましょう。

P.8

同じ分け方です。

P.9

4つに分けよう　算数・図形　5年～　40分　名前

✿ を同じ大きさになるように4つに分けましょう。

◎ かけたら四色でぬり分けましょう。

P.10

ヒントは4マスずつの4つに分ければよいということじゃ。

と　とは、うら返せば同じ図になるので1種類と数えます。

と　とは、使う形は同じですが、図がちがうので2種類です。

P.11

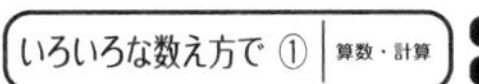

5年～ 40分 名前

25の・（点）を、うまく分けて数えましょう。
それを式に表しましょう。式は、「かけ算」、または「かけ算とたし算（ひき算）」になります。

（例）

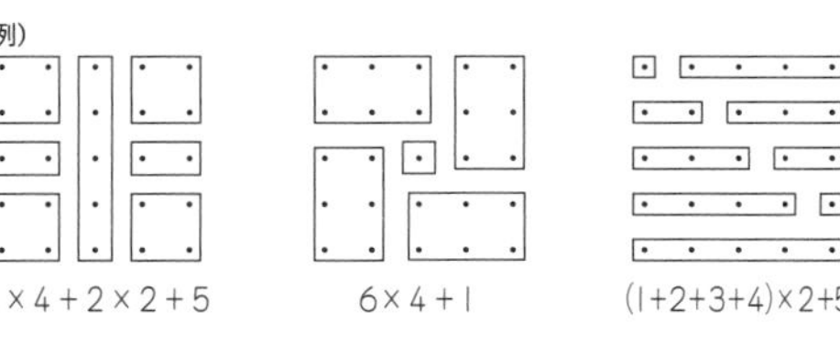

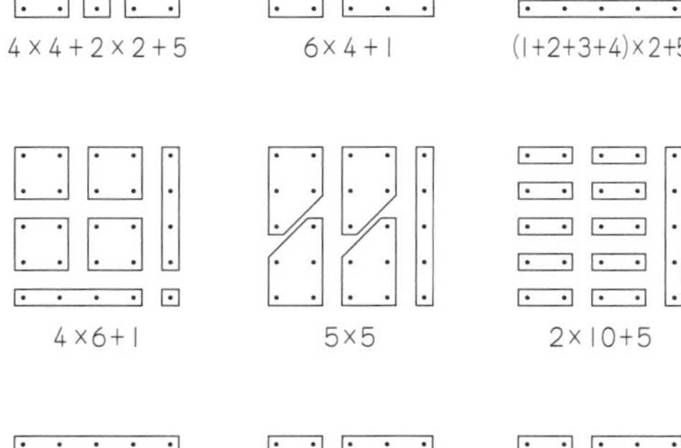

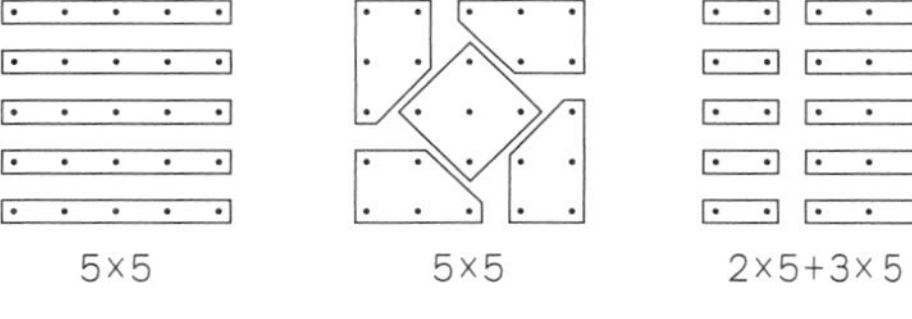

P.12

答えは、例です。

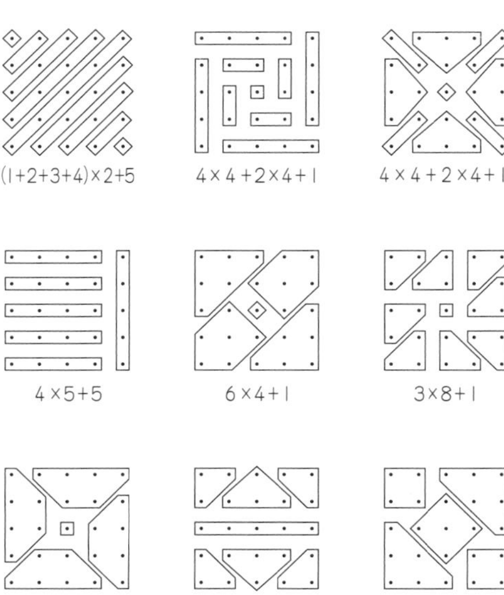

6×4+1　3×4+4×2+5　6×2+4×2+5

P.13

名前

25の・（点）を、うまく分けて数えましょう。
それを式に表しましょう。式は、「かけ算」、または「かけ算とたし算（ひき算）」になります。

（例）

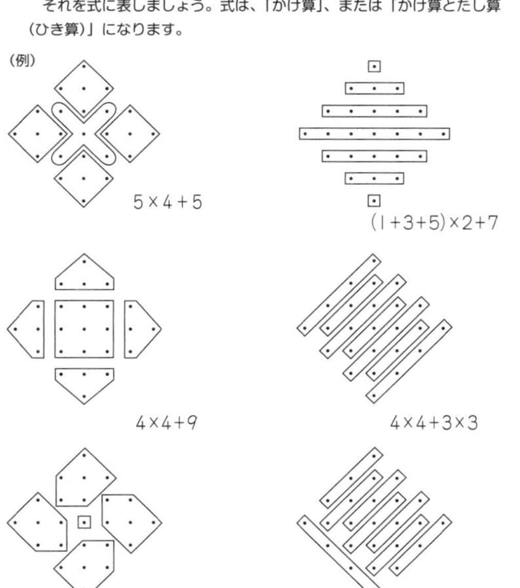

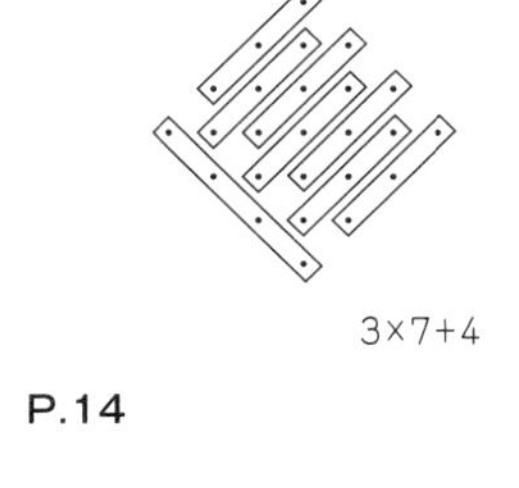

6×4+1　3×7+4

P.14

答えは、例です。

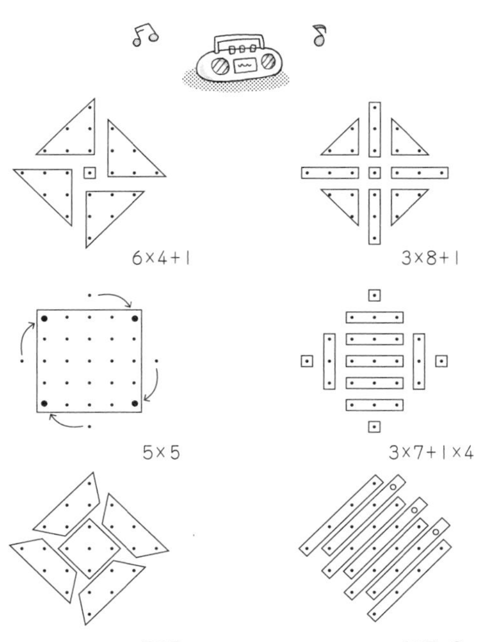

P.15

ふしぎなかけ算 ① 算数・計算

5年～ 20分 名前

下の計算方法で、かけ算をしましょう。

28×94

だいじょうぶでチュー！あわてずにやればカンタン！デチュ！

❶ かけ算九九の答えを◪に書いていく。8 × 9 = 72

❷ 左ななめ下へ、ア、イ、ウ、エの順にたす。

❸ 答え→ 2632

① 39×96 3744

② 68×86 5848

③ 29×94 2726

P.16

④ 37×39 1443

⑤ 29×48 1392

⑥ 46×79 3634

⑦ 19×79 1501

⑧ 45×97 4365

⑨ 35×39 1365

⑩ 49×97 4753

P.17

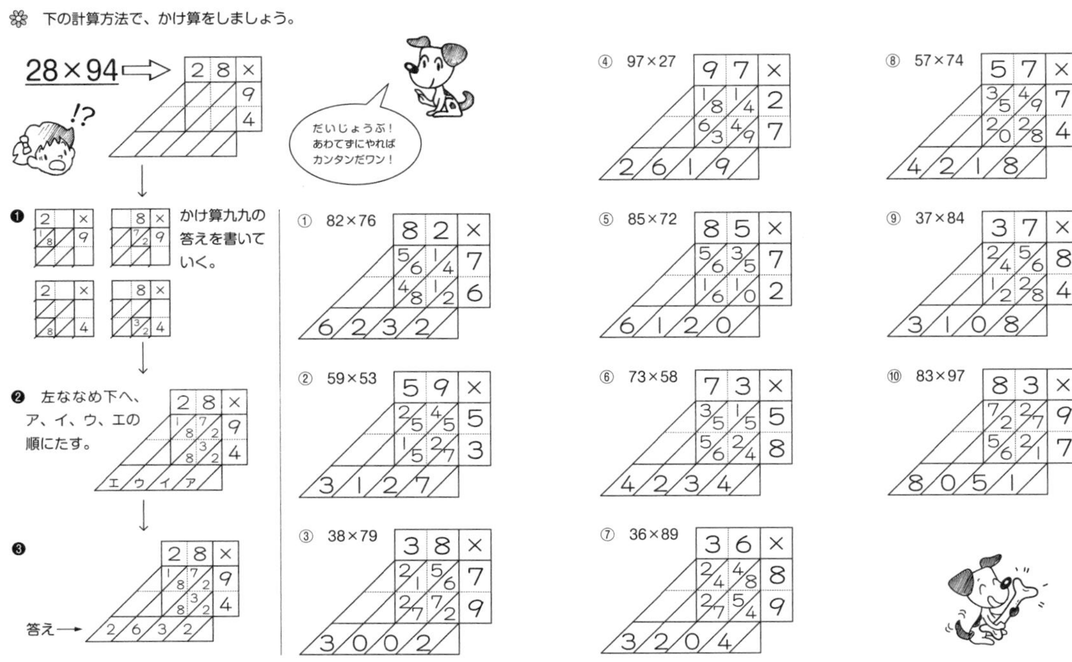

ふしぎなかけ算 ② 算数・計算

5年～ 20分 名前

下の計算方法で、かけ算をしましょう。

28×94

だいじょうぶ！あわてずにやればカンタンだワン！

❶ かけ算九九の答えを書いていく。

❷ 左ななめ下へ、ア、イ、ウ、エの順にたす。

❸ 答え→ 2632

① 82×76 6232

② 59×53 3127

③ 38×79 3002

P.18

④ 97×27 2619

⑤ 85×72 6120

⑥ 73×58 4234

⑦ 36×89 3204

⑧ 57×74 4218

⑨ 37×84 3108

⑩ 83×97 8051

P.19

✿ それぞれの□にあてはまる数を書きましょう。

《虫くいわり算の解き方》
❶ 9－㋐が6なので、㋐は3とわかります。
❷ 7×㋑の答えの一の位が3になるのは、㋑が9のときだけです。
❸ つぎに、㋒に入る数を考えます。㋓列を見ると、ほ助数字の6とたして10になる数は4です。㋑の9×㋒の一の位が4になるのは、6のときだけです。
❹ 今度は、㋔に入る数を考えます。7×㋔の答えの一の位が8になる数は4です。
❺ あとは、わかるところから数字をあてはめながら、順に計算しましょう。

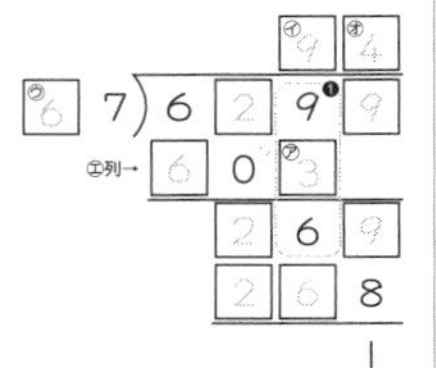

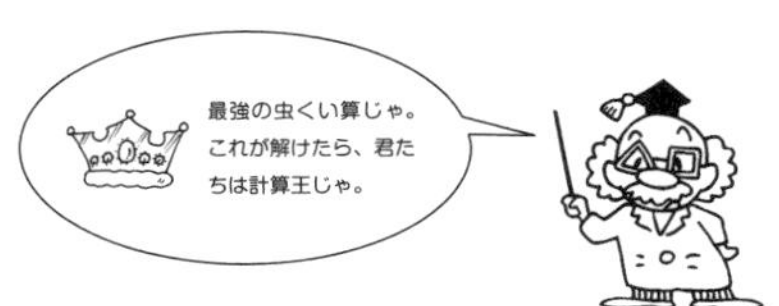

①
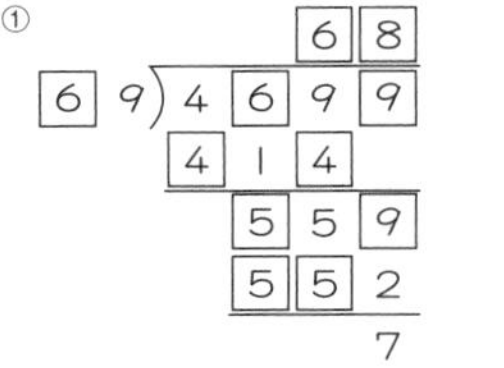

②
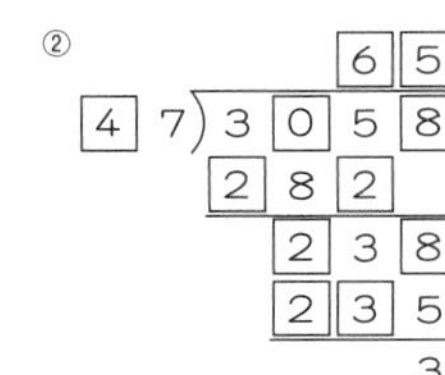

P.20

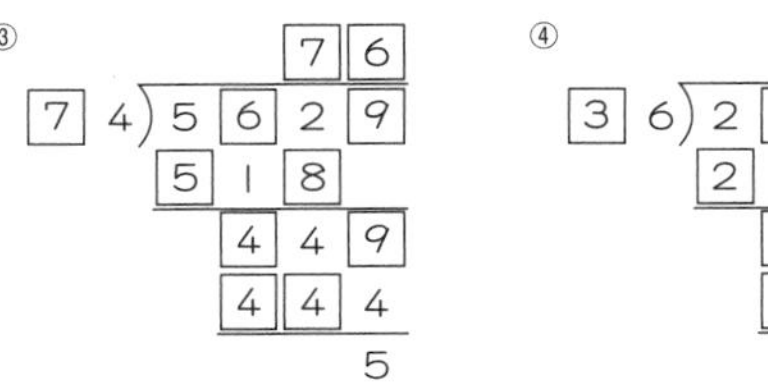

⑤
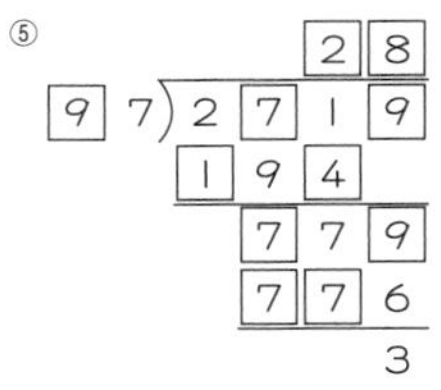

⑥
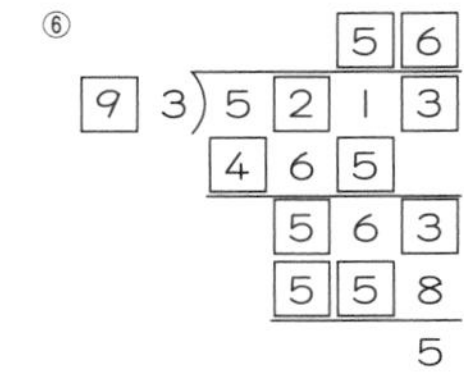

⑦
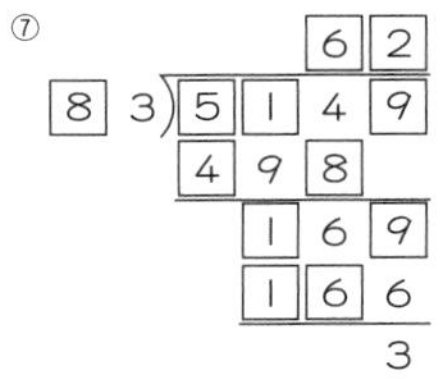

⑧
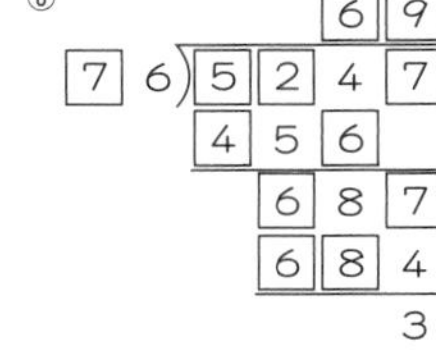

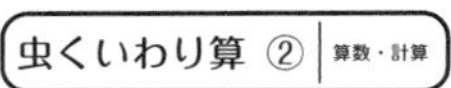

名前

✿ それぞれの□にあてはまる数を書きましょう。

《虫くいわり算の解き方》
❶ 9－㋐が6なので、㋐は3とわかります。
❷ 7×㋑の答えの一の位が3になるのは、㋑が9のときだけです。
❸ つぎに、㋒に入る数を考えます。㋓列を見ると、ほ助数字の6とたして10になる数は4です。㋑の9×㋒の一の位が4になるのは、6のときだけです。
❹ 今度は、㋔に入る数を考えます。7×㋔の答えの一の位が8になる数は4です。
❺ あとは、わかるところから数字をあてはめながら、順に計算しましょう。

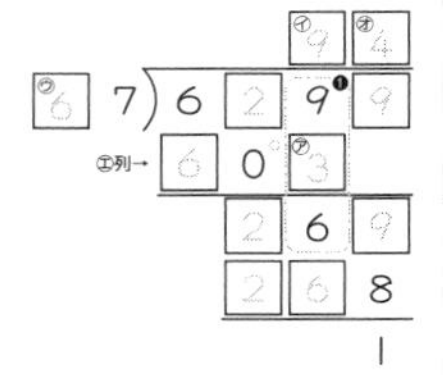

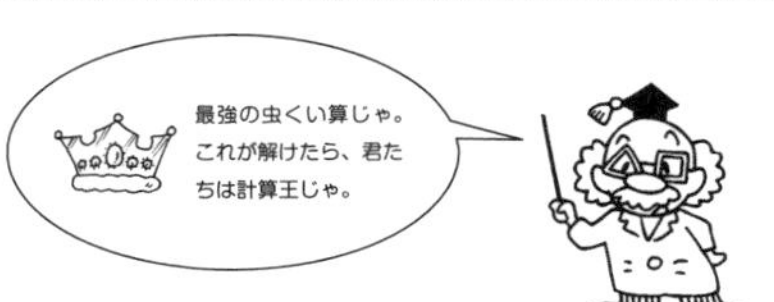

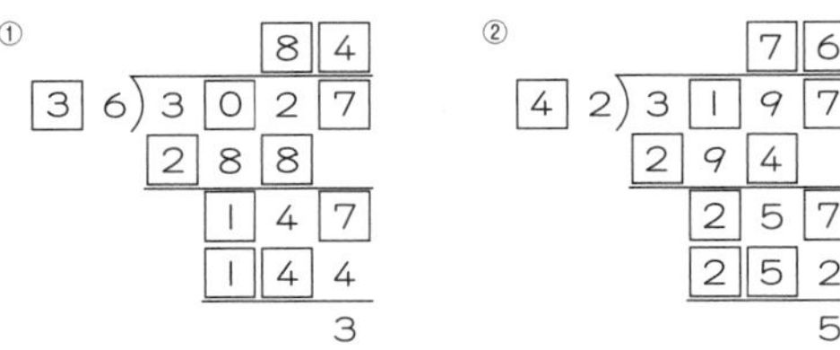

P.22

③
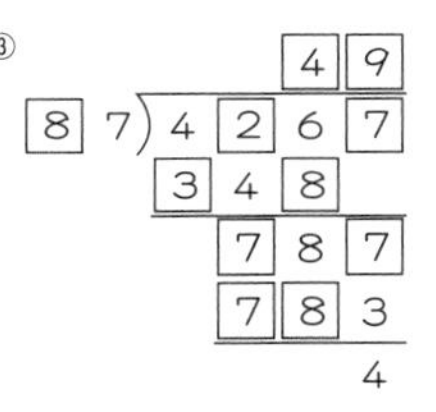

④

34
93)3168
279
378
372
6

⑤
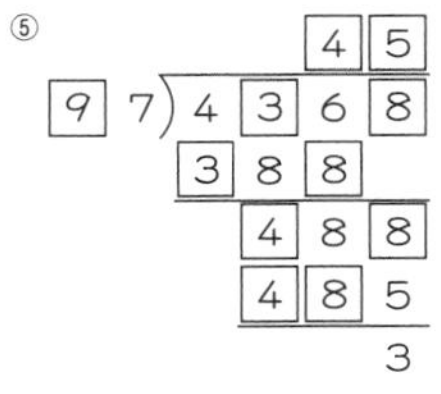

⑥
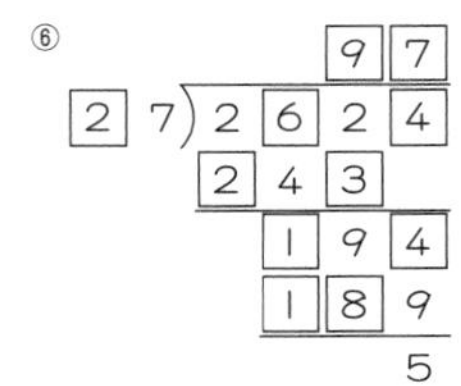

⑦
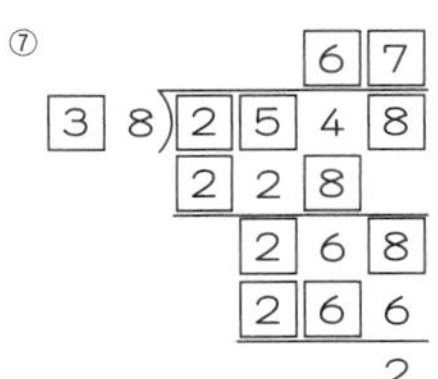

⑧
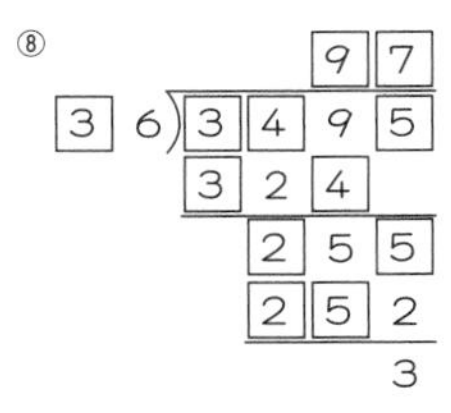

P.23

25個の点を１本の折れ線でつなぎましょう。

（例）
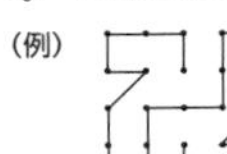
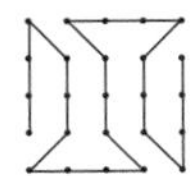

線は交わってはいけません。

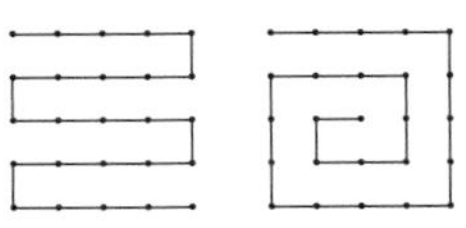
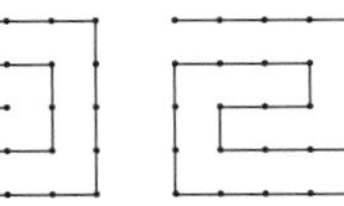

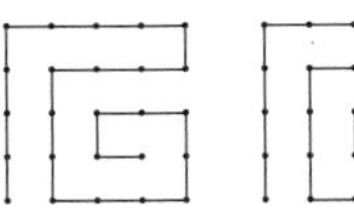
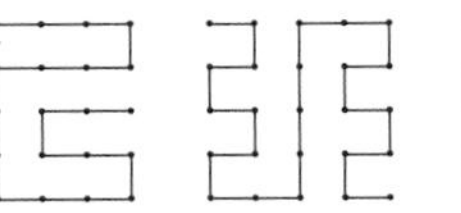
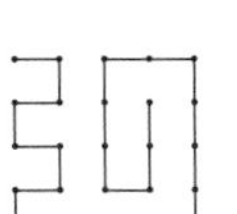
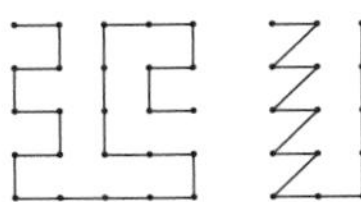
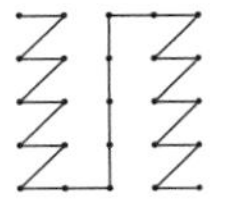
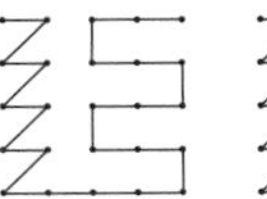

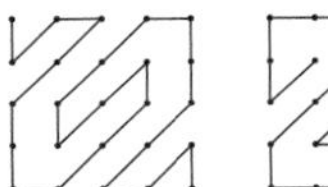
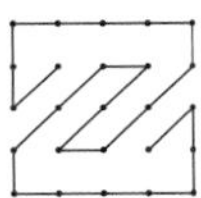
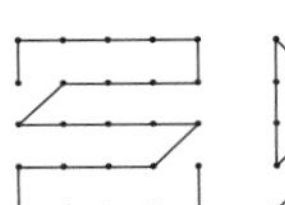
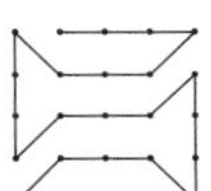

P.24

答えは、例です。

まだまだかけるワン

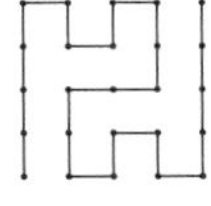
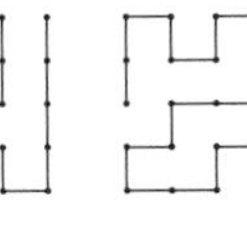
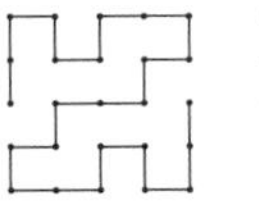
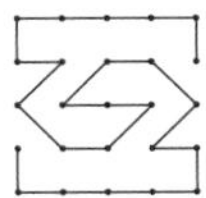
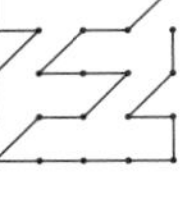
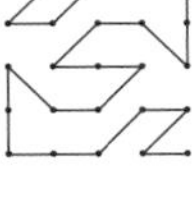
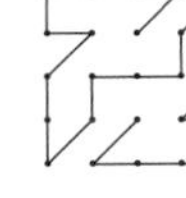
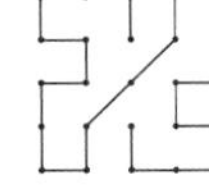
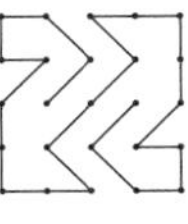
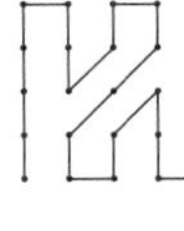
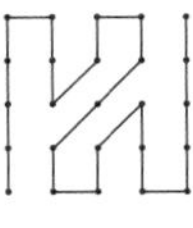
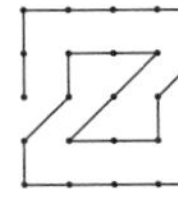
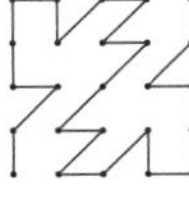
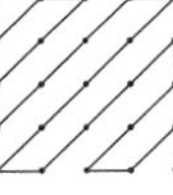
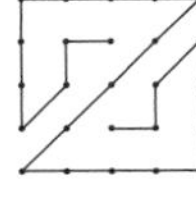

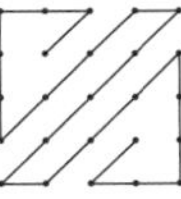
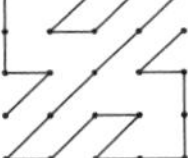
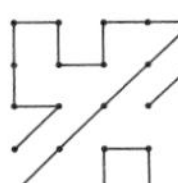
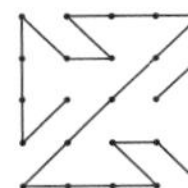

P.25

円周にならぶ角　算数・作図　5年～　40分　名前

アイの直線の上の半円に、点を10個うちましょう。
アイを底辺として、それぞれの点と結んで三角形をかきましょう。

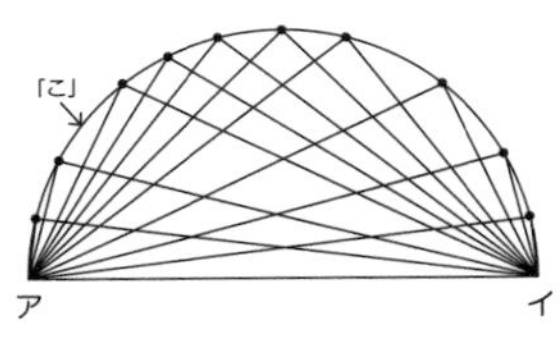

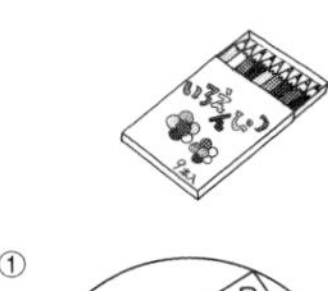

● A、Bの角は何度ですか。分度器を使って測りましょう。

① A 180°　B 90°

② A 120°　B 60°

②

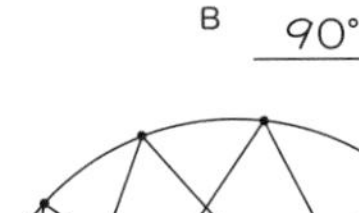

P.26

答えは、例です。

三角形が10個かけたら、色をぬりましょう。

③ A 92°　B 46°

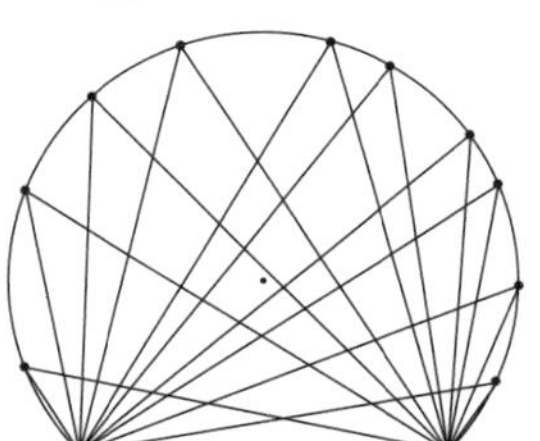

③

● A、Bの角は何度ですか。分度器を使って測りましょう。

④ A 64°　B 32°

④
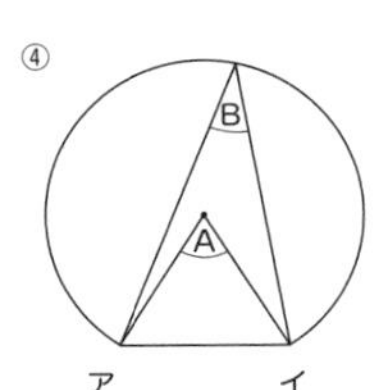

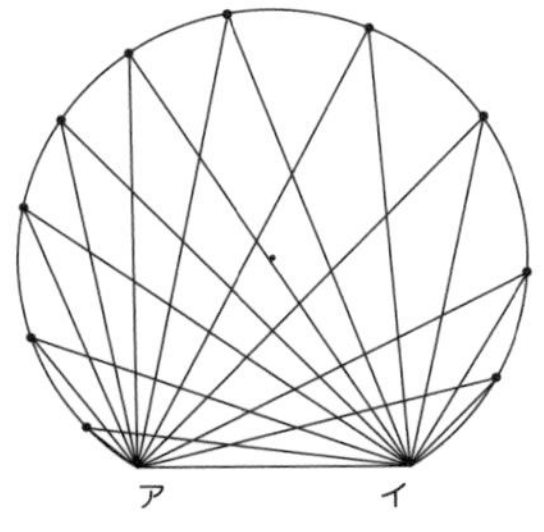

P.27

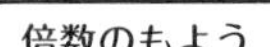

倍数のもよう

算数・その他

5年～ 40分

名前

❀ 倍数に色をぬりましょう。

2の倍数

1	**2**	3	**4**	5	**6**	7	**8**	9	**10**
11	**12**	13	**14**	15	**16**	17	**18**	19	**20**
21	**22**	23	**24**	25	**26**	27	**28**	29	**30**
31	**32**	33	**34**	35	**36**	37	**38**	39	**40**
41	**42**	43	**44**	45	**46**	47	**48**	49	**50**
51	**52**	53	**54**	55	**56**	57	**58**	59	**60**
61	**62**	63	**64**	65	**66**	67	**68**	69	**70**
71	**72**	73	**74**	75	**76**	77	**78**	79	**80**
81	**82**	83	**84**	85	**86**	87	**88**	89	**90**
91	**92**	93	**94**	95	**96**	97	**98**	99	**100**

3の倍数

1	2	**3**	4	5	**6**	7	8	**9**	10
11	**12**	13	14	**15**	16	17	**18**	19	20
21	22	23	**24**	25	26	**27**	28	29	**30**
31	32	**33**	34	35	**36**	37	38	**39**	40
41	**42**	43	44	**45**	46	47	**48**	49	50
51	52	53	**54**	55	56	**57**	58	59	**60**
61	62	**63**	64	65	**66**	67	68	**69**	70
71	**72**	73	74	**75**	76	77	**78**	79	80
81	82	83	**84**	85	86	**87**	88	89	**90**
91	92	**93**	94	95	**96**	97	98	**99**	100

6の倍数

1	2	3	4	5	**6**	7	8	9	10
11	**12**	13	14	15	16	17	**18**	19	20
21	22	23	**24**	25	26	27	28	29	**30**
31	32	33	34	35	**36**	37	38	39	40
41	**42**	43	44	45	46	47	**48**	49	50
51	52	53	**54**	55	56	57	58	59	**60**
61	62	63	64	65	**66**	67	68	69	70
71	**72**	73	74	75	76	77	**78**	79	80
81	82	83	**84**	85	86	87	88	89	**90**
91	92	93	94	95	**96**	97	98	99	100

7の倍数

1	2	3	4	5	6	**7**	8	9	10
11	12	13	**14**	15	16	17	18	19	20
21	22	23	24	25	26	27	**28**	29	30
31	32	33	34	**35**	36	37	38	39	40
41	**42**	43	44	45	46	47	48	**49**	50
51	52	53	54	55	**56**	57	58	59	60
61	62	**63**	64	65	66	67	68	69	**70**
71	72	73	74	75	76	**77**	78	79	80
81	82	83	**84**	85	86	87	88	89	90
91	92	93	94	95	96	97	**98**	99	100

P.28

どんなもようが
できるかな

4の倍数

1	2	3	**4**	5	6	7	**8**	9	10
11	**12**	13	14	15	**16**	17	18	19	**20**
21	22	23	**24**	25	26	27	**28**	29	30
31	**32**	33	34	35	**36**	37	38	39	**40**
41	42	43	**44**	45	46	47	**48**	49	50
51	**52**	53	54	55	**56**	57	58	59	**60**
61	62	63	**64**	65	66	67	**68**	69	70
71	**72**	73	74	75	**76**	77	78	79	**80**
81	82	83	**84**	85	86	87	**88**	89	90
91	**92**	93	94	95	**96**	97	98	99	**100**

5の倍数

1	2	3	4	**5**	6	7	8	9	**10**
11	12	13	14	**15**	16	17	18	19	**20**
21	22	23	24	**25**	26	27	28	29	**30**
31	32	33	34	**35**	36	37	38	39	**40**
41	42	43	44	**45**	46	47	48	49	**50**
51	52	53	54	**55**	56	57	58	59	**60**
61	62	63	64	**65**	66	67	68	69	**70**
71	72	73	74	**75**	76	77	78	79	**80**
81	82	83	84	**85**	86	87	88	89	**90**
91	92	93	94	**95**	96	97	98	99	**100**

8の倍数

1	2	3	4	5	6	7	**8**	9	10
11	12	13	14	15	**16**	17	18	19	20
21	22	23	**24**	25	26	27	28	29	30
31	**32**	33	34	35	36	37	38	39	**40**
41	42	43	44	45	46	47	**48**	49	50
51	52	53	54	55	**56**	57	58	59	60
61	62	63	**64**	65	66	67	68	69	70
71	**72**	73	74	75	76	77	78	79	**80**
81	82	83	84	85	86	87	**88**	89	90
91	92	93	94	95	**96**	97	98	99	100

9の倍数

1	2	3	4	5	6	7	8	**9**	10
11	12	13	14	15	16	17	**18**	19	20
21	22	23	24	25	26	**27**	28	29	30
31	32	33	34	35	**36**	37	38	39	40
41	42	43	44	**45**	46	47	48	49	50
51	52	53	**54**	55	56	57	58	59	60
61	62	**63**	64	65	66	67	68	69	70
71	**72**	73	74	75	76	77	78	79	80
81	82	83	84	85	86	87	88	89	**90**
91	92	93	94	95	96	97	98	**99**	100

P.29

倍数を見つけよう

算数・その他

5年～ 40分

名前

❀ 倍数に色をぬりましょう。

1は、2の倍数に色をぬります。　2は、3の倍数に色をぬります。

P.30

3は、4の倍数に色をぬります。　4は、5の倍数に色をぬります。

●パスカルの三角形は下のようにつくります。

1
1 1
1 2 1
1 3 3 1
1 4 6 4 1
1 5 10 10 5 1

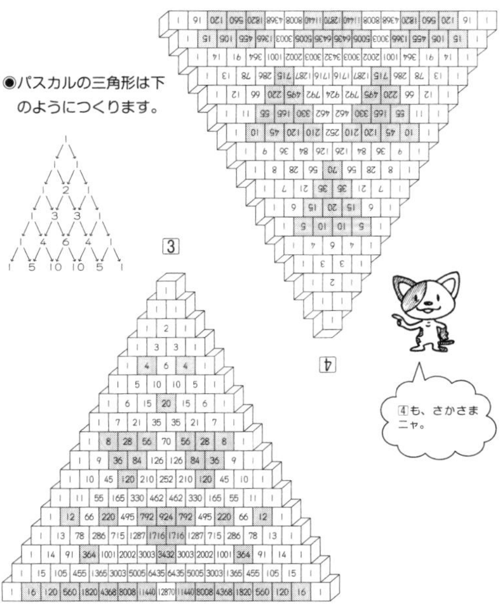

P.31

辺の上の数の和 ① 算数・計算

名前

※ 9個の○には、1、2、3、4、5、6、7、8、9の数が1個ずつ入ります。
各辺の上にある4個の数の和は、20です。
空いている○に数を書き入れます。

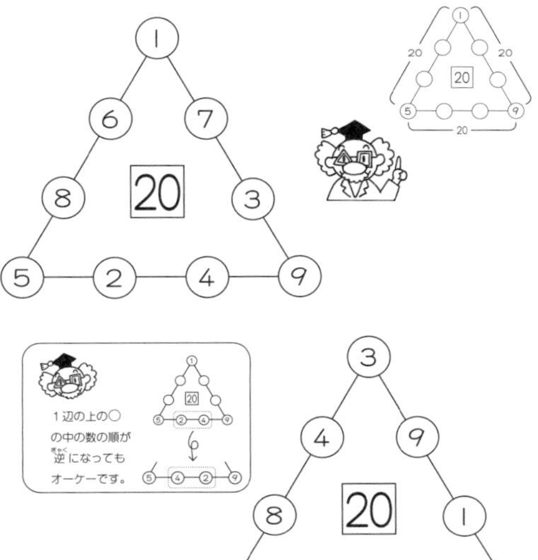

P.32

※ 9個の○には、1、2、3、4、5、6、7、8、9の数が1個ずつ入ります。
各辺の上の4個の数の和は、□の中の数になります。
空いている○に数を書き入れます。

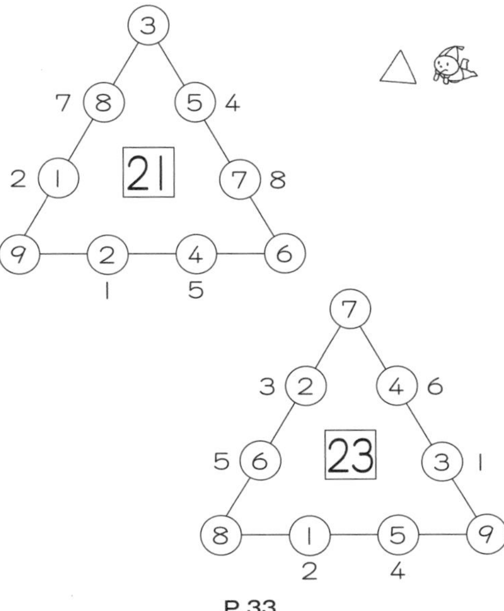

P.33

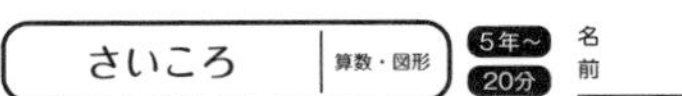

さいころ 算数・図形

5年～ 20分

名前

※ さいころは、平行な面の目の数の和が7です。
和が7になるように、空いている□に数を書きます。

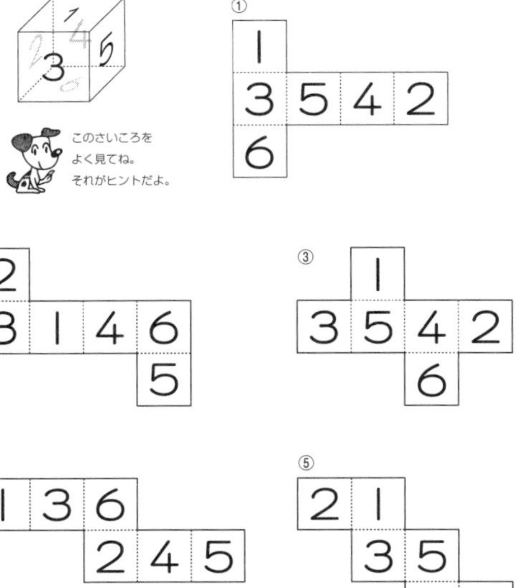

P.34

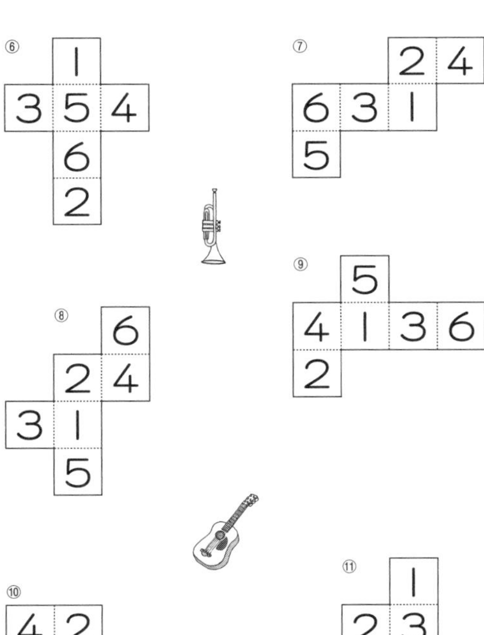

P.35

① ・と・をつないで、正方形をいくつかに分けます。
② 分けた部分が、どれも同じ広さ（面積）になるように分けます。

1 4つに分けましょう。7個できたらパズル賞！

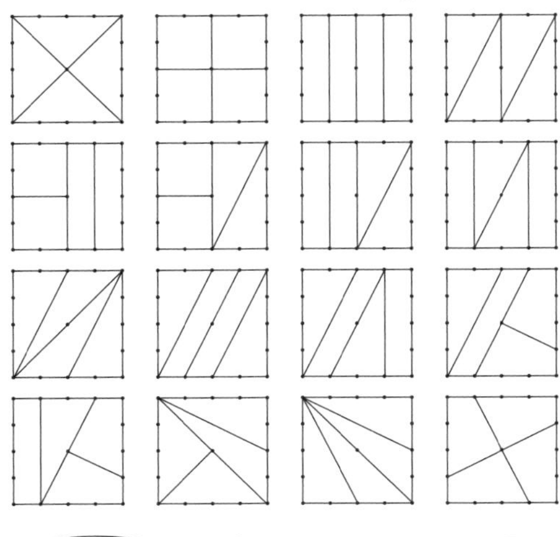

この3つは、形はちがうが、広さは同じじゃぞ。こんな形を組み合わせてみるのじゃ。

真ん中の点をうまく使うんじゃ！

P.36

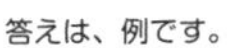

2 3つに分けましょう。10個できたらパズル賞！

P.37

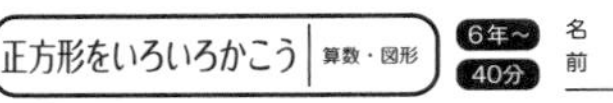

✿ ・と・を結んで、正方形をかきましょう。

◎ 大きい正方形も小さい正方形も、全部見つけてかきましょう。いちばん小さい正方形は、右の図のように16個あります。この他に正方形は34個あります。見つけたら、どこにあるかわかるようにかいていきましょう。

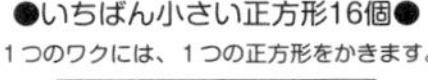

1つのワクには、1つの正方形をかきます。

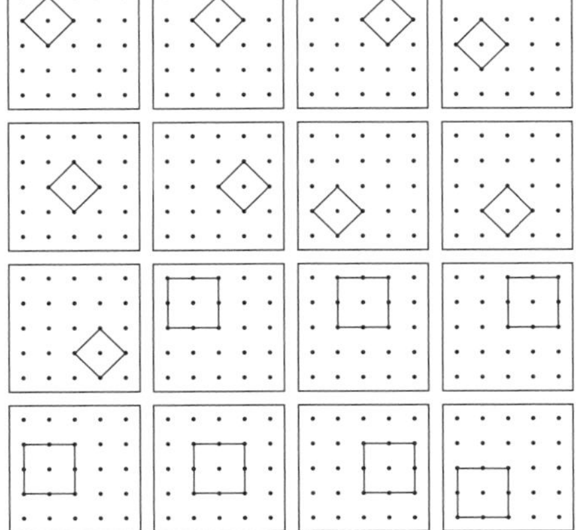

P.38

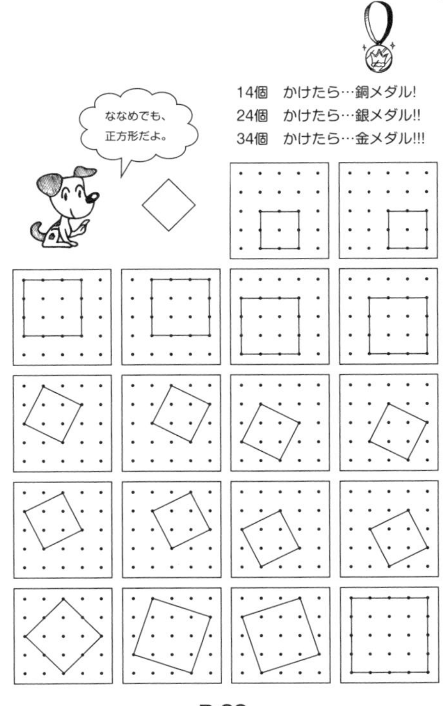

P.39

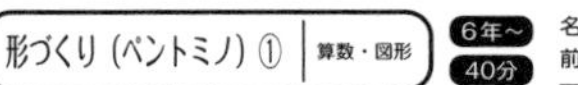

名前

1 同じ大きさの正方形５個の辺と辺をくっつけた形を「ペントミノ」といいます。全部で12種類あります。
ペントミノを12種類すべてかきましょう。

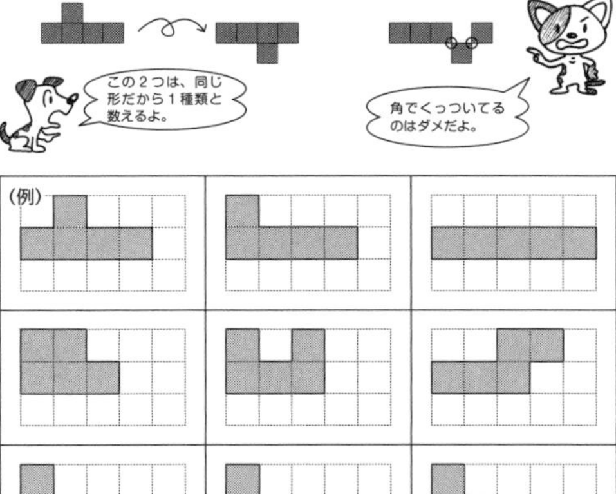

P.40

2 左にかいた12のペントミノから３つを組み合わせて下の長方形にしましょう。

(例) ３つともちがう形　２つは同じ形

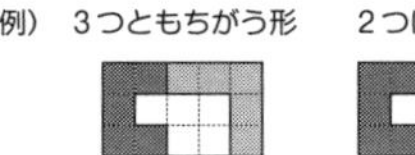

・上の２つ以外に14種類あります。

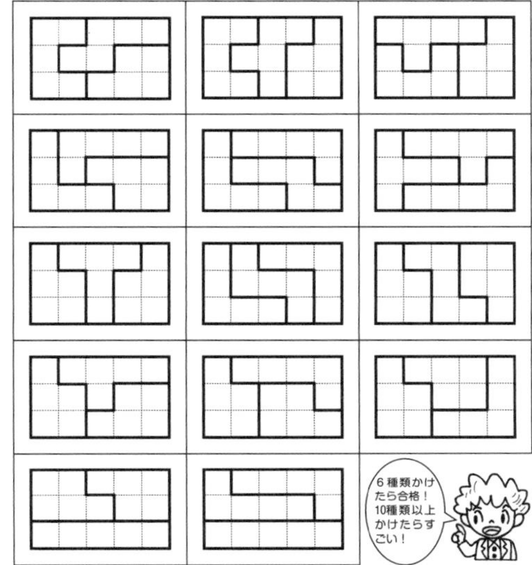

P.41

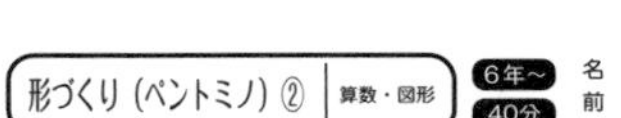

名前

❀ 同じ正方形５個の辺と辺をくっつけた形をペントミノといいます。その形は12種類あります。この12種類を６×10の長方形に並べたものが右の図です。
（並べ方は、全部で2339通りあります。）

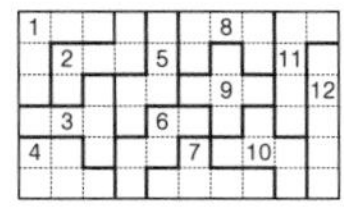

❀ 12のペントミノの中の［　　　　　］は使わずに、４個えらんで、４×５の長方形をつくりましょう。４個ともちがう形を選ぶと、30通りほどできます。

(例)

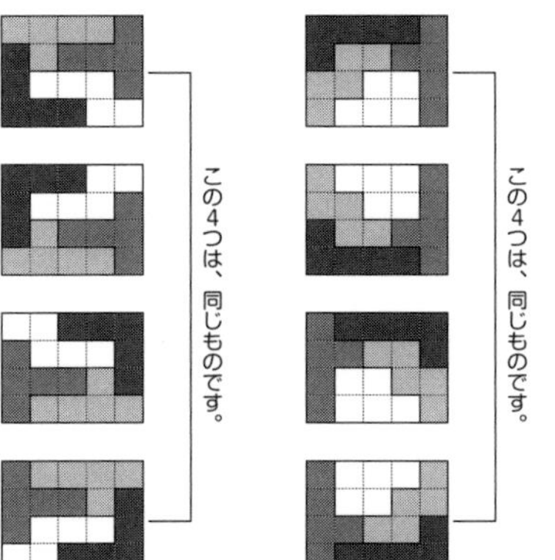

P.42

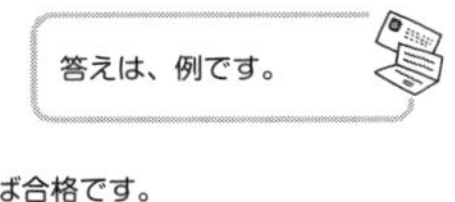

❀ 10通りかけるかな。６通りかければ合格です。

P.43

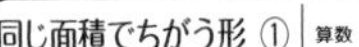

同じ面積でちがう形 ① 算数・図形 6年～ 40分 名前

1 下の図の直線ＡＢは、三角形の底辺になります。
㋐㋑㋒㋓㋔は、三角形の頂点になります。
それぞれを頂点とする三角形をかきましょう。

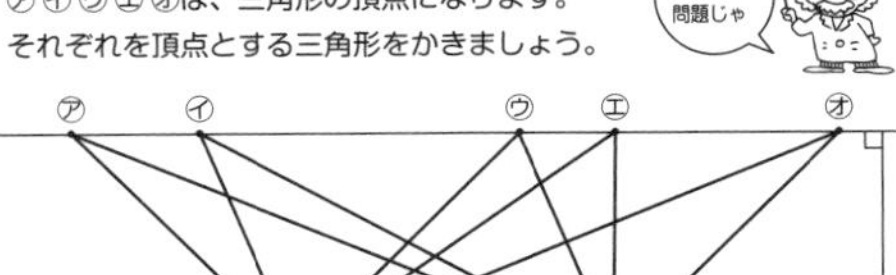

底辺の長さと高さが同じなので、形はちがっても、どの三角形も面積は等しくなります。これを**等積変形**といいます。

① 三角形アイウと等しい面積の直角三角形を２つかきましょう。

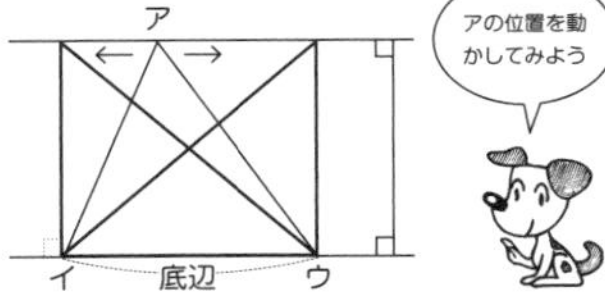

② 三角形アイウと等しい面積の二等辺三角形を３つかきましょう。

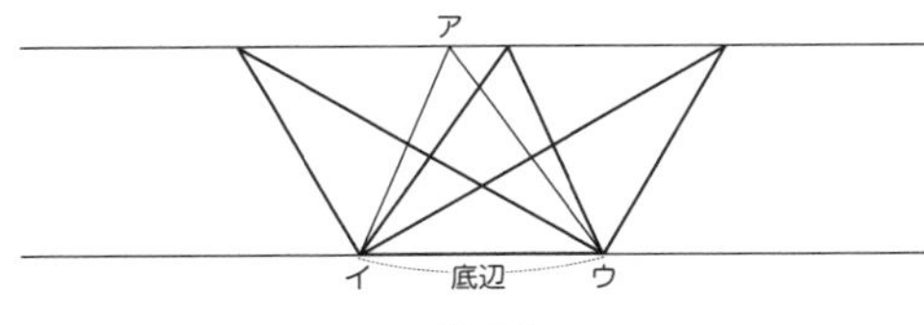

P.44

2 左の応用問題です。
あいの面積は変えずに、アイウの折れ線を１本の直線にしましょう。
答えは、１つだけではありません。

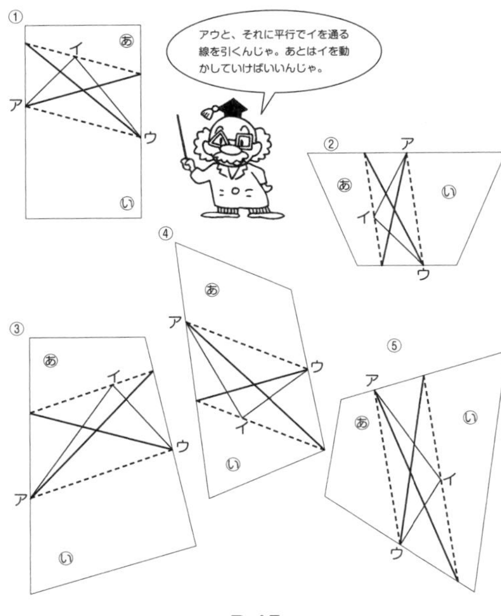

P.45

同じ面積でちがう形 ② 算数・図形 6年～ 40分 名前

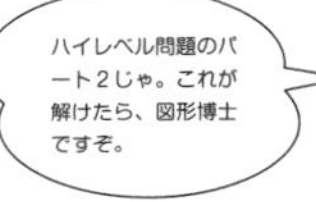

1 下の図の直線ＡＢを底辺とし、㋐㋑㋒㋓㋔をそれぞれ頂点とする三角形をかきましょう。

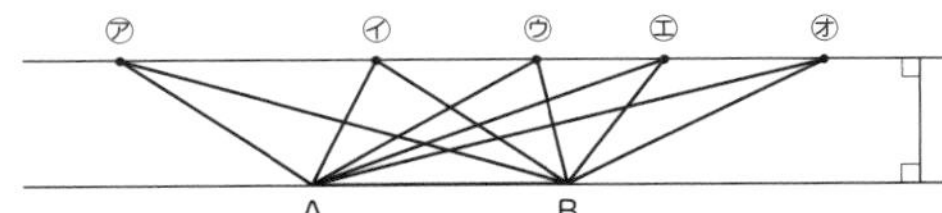

2 下の形（四角形）を等しい面積の三角形に変えましょう。
等積の三角形は、いくつでもかくことができますよ！

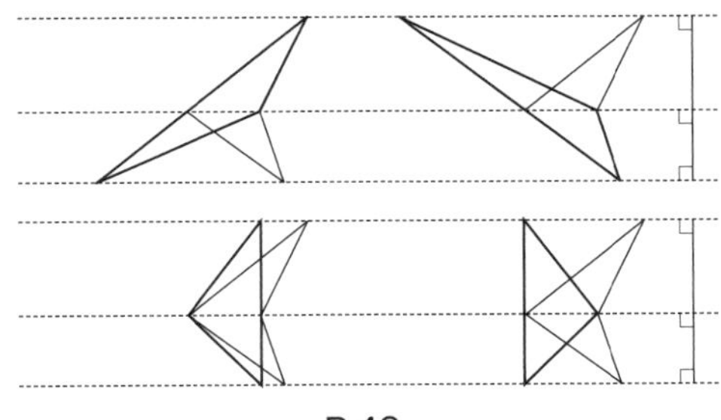

P.46

3 下の形を等積の三角形に変えましょう。

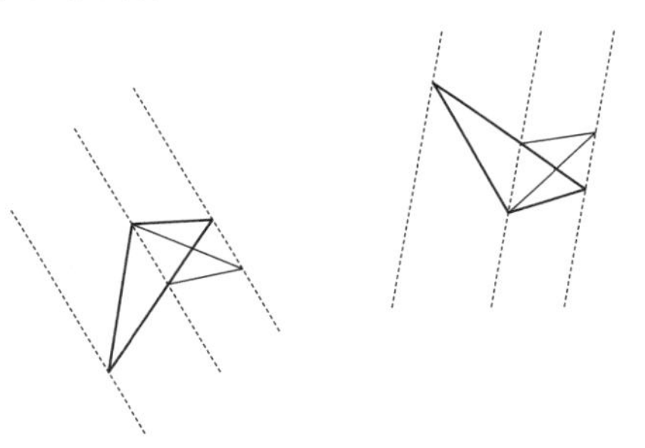

4 下の四角形を等積の三角形に変形しましょう。
等積の三角形の底辺は、アイの直線上にかきましょう。

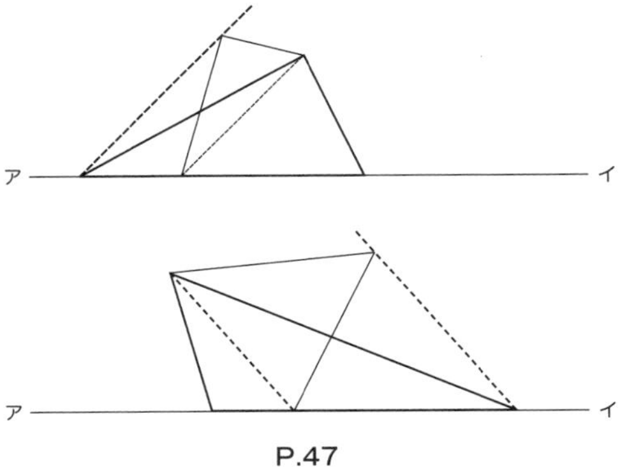

P.47

1㎝ずつ動かして…① | 算数・作図

名前

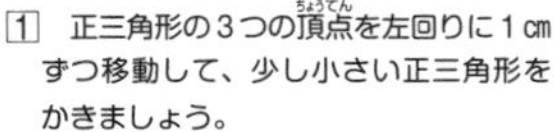

1 正三角形の3つの頂点(ちょうてん)を左回りに1㎝ずつ移動して、少し小さい正三角形をかきましょう。
　かけた正三角形の頂点を、また1㎝ずつ移動して、また少し小さい正三角形をかきましょう。
　これをくり返していきます。

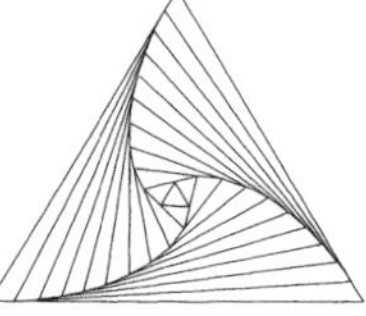

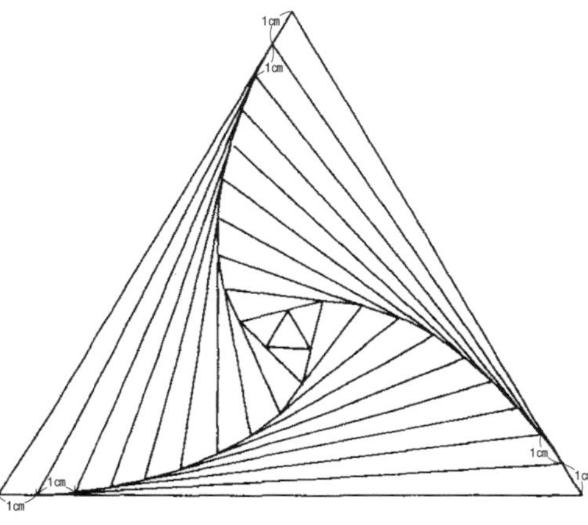

P.48

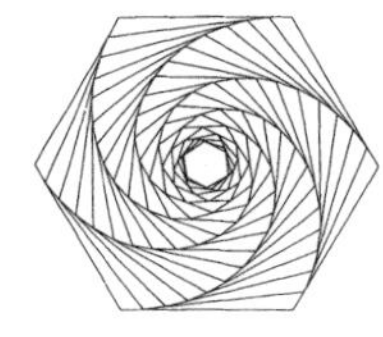

2 正六角形の6つの頂点を左回りに1㎝ずつ移動して、少し小さい正六角形をかきましょう。
　同じことをくり返していきます。

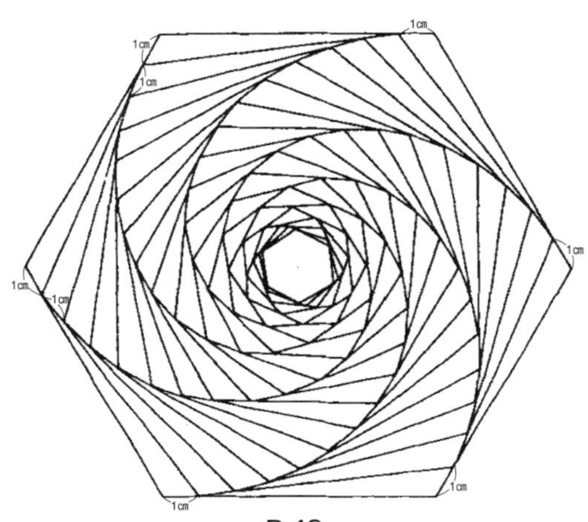

P.49

1㎝ずつ動かして…② | 算数・作図

名前

1 正方形の4つの頂点(ちょうてん)を左回りに1㎝ずつ移動して、少し小さい正方形をかきましょう。かけた正方形の頂点を、また1㎝ずつ移動して、また少し小さい正方形をかきましょう。
　これをくり返していきます。

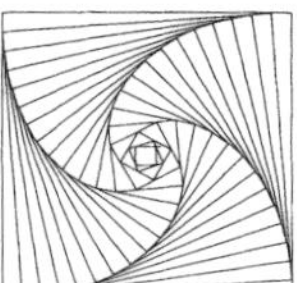

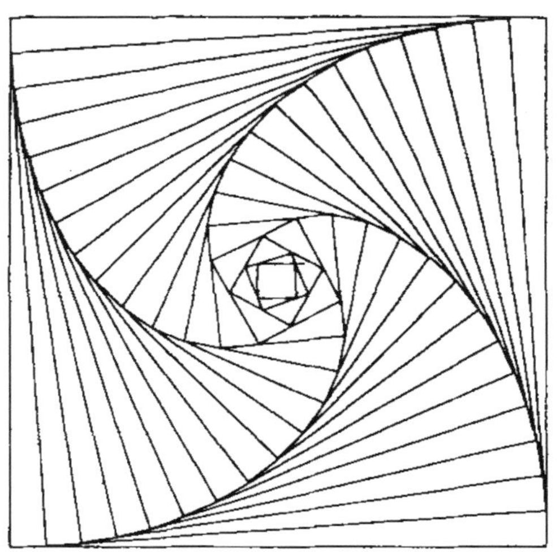

P.50

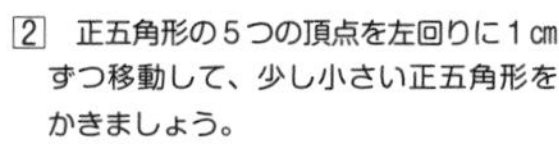

2 正五角形の5つの頂点を左回りに1㎝ずつ移動して、少し小さい正五角形をかきましょう。
　同じことをくり返していきます。

かき終わったら
色をぬりましょう。

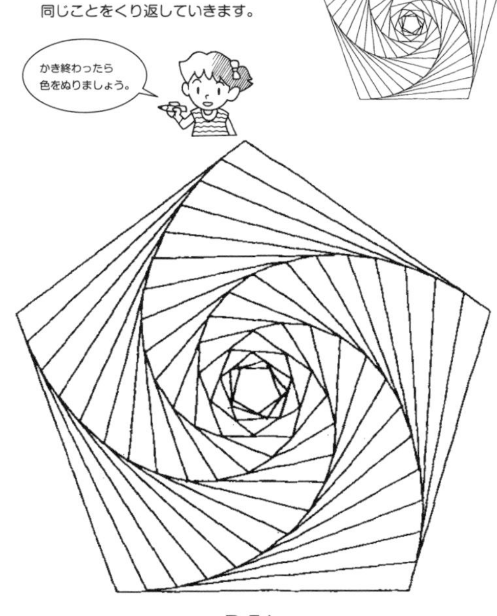

P.51

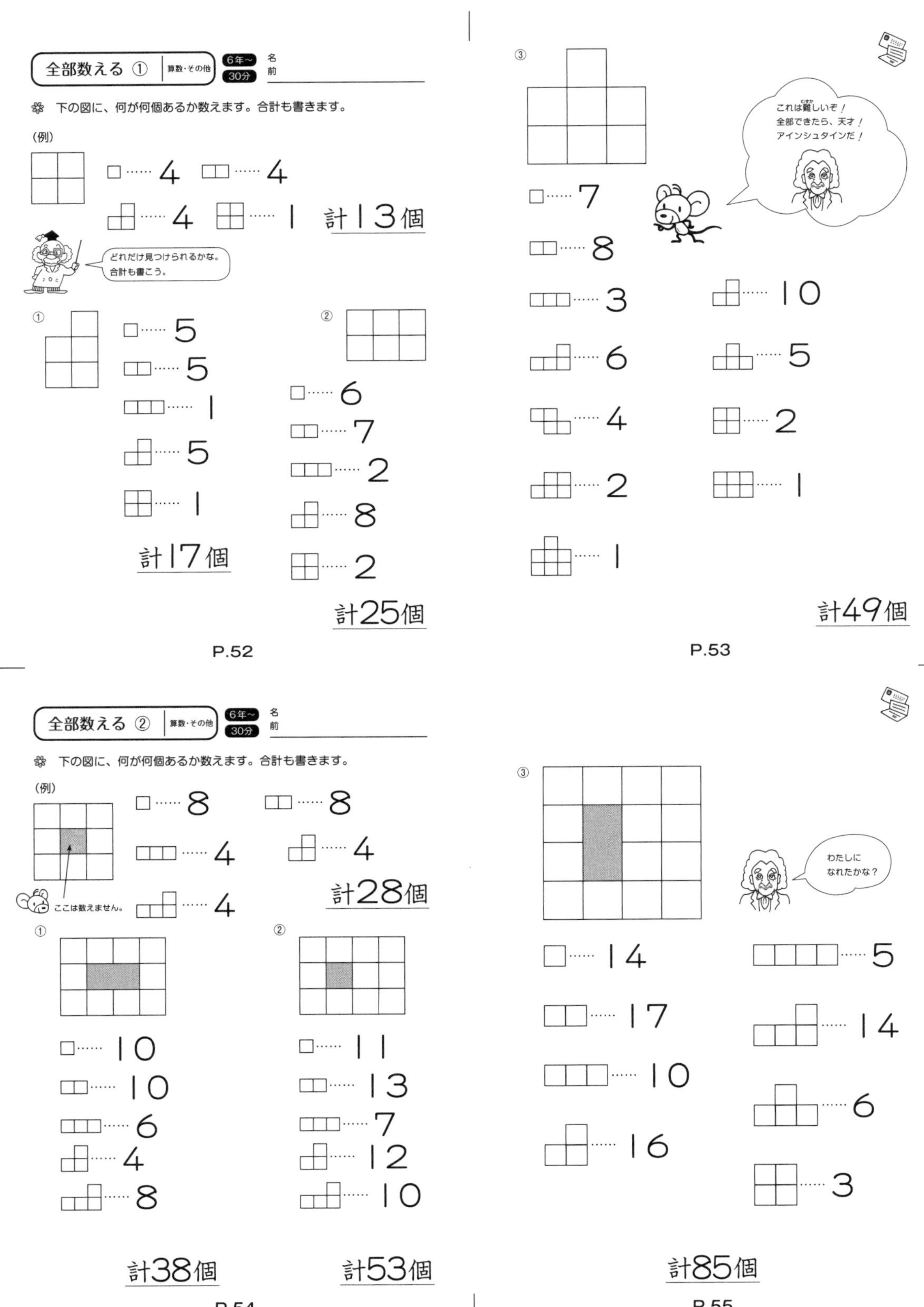

全部数える ①
算数・その他
6年〜
30分
名前
下の図に、何が何個あるか数えます。合計も書きます。
(例)
……4
……4
……4
……1
計13個
どれだけ見つけられるかな。合計も書こう。
①
……5
……5
……1
……5
……1
計17個
②
……6
……7
……2
……8
……2
計25個
P.52
③
これは難しいぞ！全部できたら、天才！アインシュタインだ！
……7
……8
……3
……6
……4
……2
……1
……10
……5
……2
……1
計49個
P.53
全部数える ②
算数・その他
6年〜
30分
名前
下の図に、何が何個あるか数えます。合計も書きます。
(例)
……8
……8
……4
……4
……4
ここは数えません。
計28個
①
……10
……10
……6
……4
……8
計38個
②
……11
……13
……7
……12
……10
計53個
P.54
③
わたしになれたかな？
……14
……17
……10
……16
……5
……14
……6
……3
計85個
P.55

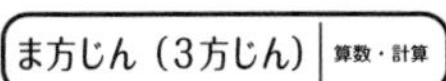

6年～ 40分 名前

❀ 縦の3数の和も、横の3数の和も、ななめの3数の和も同じです。空いているところにあてはまる数を書き入れましょう。

1

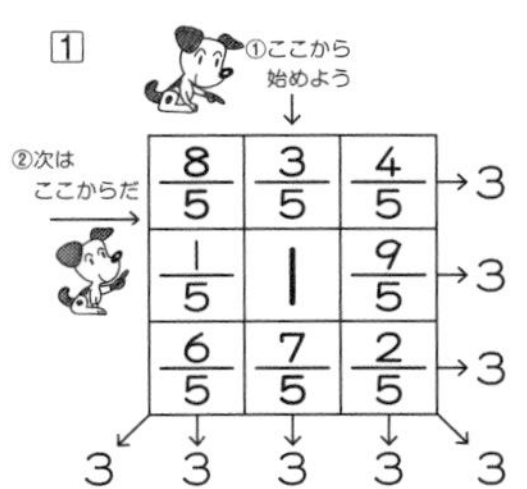

① $3-1-\frac{7}{5}=\frac{3}{5}$

② $3-\frac{8}{5}-\frac{3}{5}=\frac{4}{5}$

2

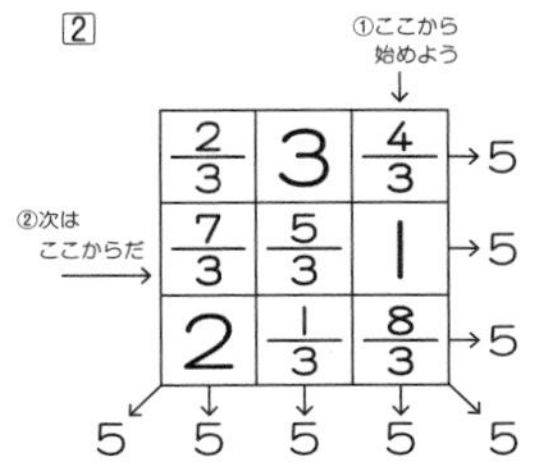

① $5-\frac{8}{3}-\frac{4}{3}=1$

② $5-1-\frac{7}{3}=\frac{5}{3}$

P.56

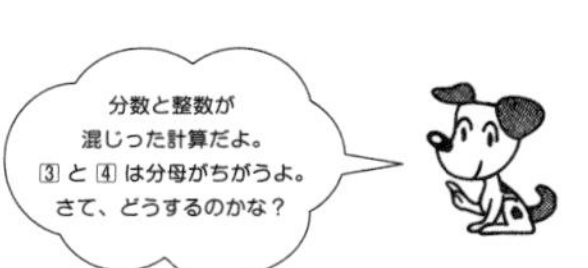

3

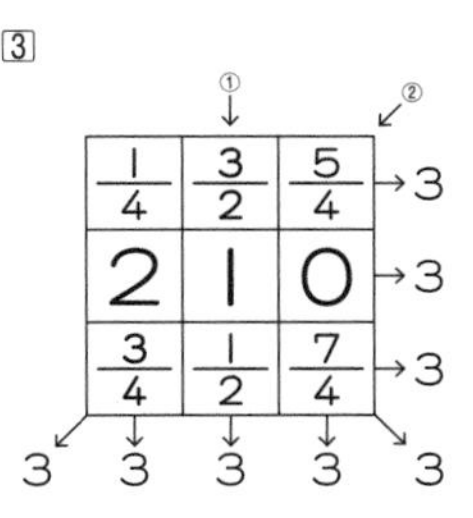

4

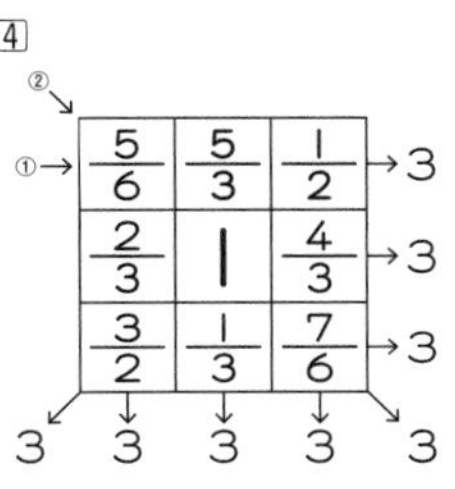

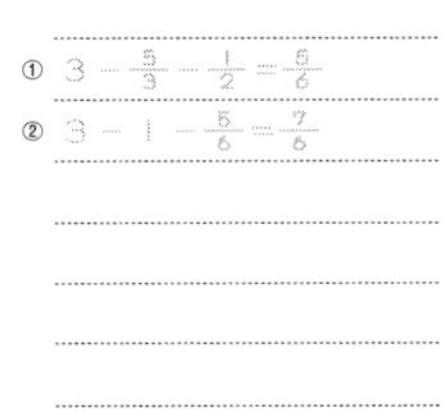

P.57

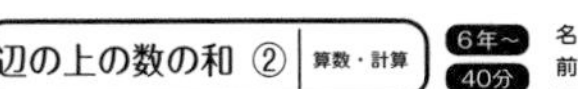

6年～ 40分 名前

❀ 9個の○には、1、2、3、4、5、6、7、8、9の数が1個ずつ入ります。
各辺の上の4個の数の和は、□の中の数になります。
空いている○に数を書き入れます。

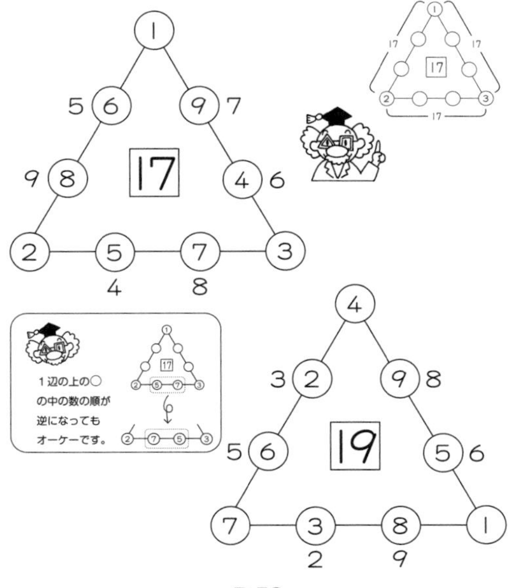

P.58

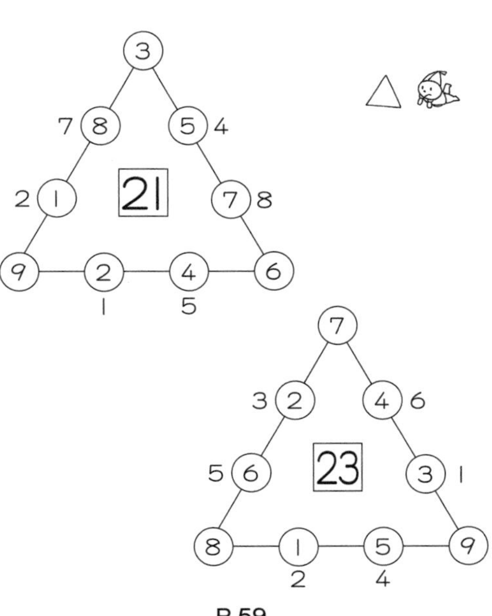

P.59

4個の数の和は34　算数・計算　6年～ 30分　名前

①

1　15
12　6
8　10
13　3
16　2
5　11
9　7
4　14

②

9
6
15
4
7　12　1　14　5　10　3　16
11
8
13
2

P.60, 61

□をブロックでしきつめる　算数・図形　6年～ 30分　名前

(例)

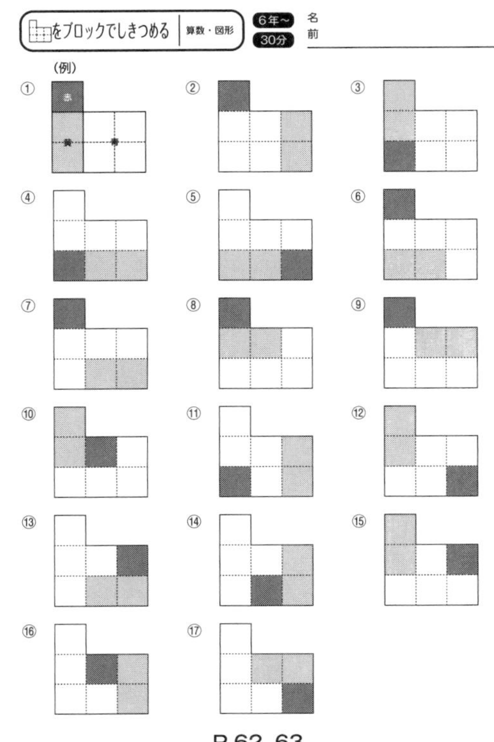

P.62, 63

ラッキー7（セブン）　算数・計算　6年～ 40分　名前

(例)

① $(7-7+7-7)\times7=0$

② $7-(7\times7-7)\div7=1$

③ $(7+7+7-7)\div7=2$

④ ☆ $(7+7)\div7+7\div7=3$

⑤ $(7+7+7+7)\div7=4$

⑥ $(7\times7-7-7)\div7=5$

⑦ $7-7\times7\div7\div7=6$

⑧ $7\times7\times7\div7\div7=7$

⑨ $7\times7\div7+7\div7=8$

⑩ $7\div7+7+7\div7=9$

⑪ $(7+7+7)\div7+7=10$

おまけ：$7+(7+7\times7)\div7=15$

P.64, 65

+, −, ×, ÷, ( ) を使って　算数・計算　6年～ 40分　名前

(例)

① ☆ $(1+2)\times3-4-5=0$

② $(1\times2)\div(3+4-5)=1$

③ $(1+2+3+4)\div5=2$

④ $(1+2+3\times4)\div5=3$

⑤ $(1\times2+3)\times4\div5=4$

⑥ $1+2+3+4-5=5$

⑦ $1\times2+3-4+5=6$

⑧ $1\times2\times3-4+5=7$

⑨ $1+2\times3-4+5=8$

⑩ $1+2-3+4+5=9$

⑪ $(1\times2\times3-4)\times5=10$

おまけ：$1+(2\times3\times4)-5=20$

P.66, 67

「上」や「下」のつく言葉を調べる

国語・言葉　5年〜　40分　名前

1 ①下位　②下級　③下部　④下半身
⑤下流　⑥下水道　⑦下品

2 ①大変機げんがよいようす。
②できばえがすぐれていること。
③空の上の方。ある場所の上の空。
④地方から東京へ行くこと。
⑤体のこしから上の方。
⑥じょうずになること。うでがあがること。
⑦のぼせて顔が赤くなること。
⑧海や船から陸に上がること。
⑨学校から家に帰ること。
⑩山から下りること。
⑪天から見た人間の住む世界。高いところから見た地上のようす。
⑫電車やバスなどからおりること。
⑬船からおりること。
⑭物のねだんやねうちが下がること。
⑮人殺しをした人。犯人(はんにん)。

P.68, 69

逆立(さかだ)ちじゅく語 ①

国語・言葉　5年〜　40分　名前

1 外野(がいや)：野球で内野の後ろのほう。
野外(やがい)：建物の外。
2 陸上(りくじょう)：陸地の上。陸上競技(ぎ)の略(りゃく)。
上陸(じょうりく)：海や船から陸に上がること。
3 科学(かがく)：あるものごとについて、すじ道を立てて研究し、真理や決まりを明らかにする学問。
学科(がっか)：学校で勉強する科目。
4 年少(ねんしょう)：年が下のこと。また、その人。
少年(しょうねん)：男の子。年のわかい男子。
5 花火(はなび)：いろいろな火薬を混(ま)ぜて作ったものに火をつけ、はじけ出る光の色や形の美しさを楽しむもの。
火花(ひばな)：かたい金属や石などがはげしくぶつかったときや、電気がふれあったときに、細かく飛び散る火。
6 曜日(ようび)：曜をつけていう一週間のそれぞれの日。
日曜(にちよう)：週の第一日。日曜日。
7 転回(てんかい)：ぐるっと回って向きを変える。やり方・考え方を大きく変えること。
回転(かいてん)：くるくる回ること。頭がよくはたらくこと。
8 故事(こじ)：昔から伝わっていることがらやいわれ。
事故(じこ)：思いがけない悪いできごと。

P.70, 71

逆立(さかだ)ちじゅく語 ②

国語・言葉　5年〜　40分　名前

1 白黒(しろくろ)：白と黒。白と黒の色だけのもの。
黒白(こくびゃく)：黒と白。良いか悪いか。
2 順手(じゅんて)：鉄ぼうで、手のこうを上にしてにぎること。
手順(てじゅん)：仕事をする順序(じゅんじょ)。
3 人名(じんめい)：人の名前。
名人(めいじん)：うでまえのすぐれた人。
4 女子(じょし)：女の子。女の人。
子女(しじょ)：女の子。むすめ。むすことむすめ。子ども。
5 水上(すいじょう)：水の上。水の表面。
上水(じょうすい)：飲み水などに使う、きれいな水。
6 中空(ちゅうくう)：空の中ほど。中がからであること。
空中(くうちゅう)：地上からはなれた上のほう。そら。
7 学力(がくりょく)：学習して身につけた力。
力学(りきがく)：物の動きと、そこにはたらく力との関係を研究する学問。
8 種別(しゅべつ)：種類によって、分けること。
別種(べっしゅ)：他の種類。

P.72, 73

逆立ちじゅく語のまき ①　国語・言葉

5年～ 40分　名前

① 名実：名前と中身。評判と実際。
　実名：本当の名。本名。
② 議会：議員が集まって政治について話し合い、取り決めるところ。
　会議：人が集まって、議題について話し合うこと。
③ 虫害：害虫により、田畑山林などが受けるひ害。
　害虫：人、かちく、田畑山林をあらす虫。
④ 器楽：楽器を持って演そうする音楽。
　楽器：音楽を演そうするための器具。
⑤ 重体：けがや病気が命にかかわるほど重いこと。
　体重：体の重さ。
⑥ 関税：外国から輸入する品物に国がかける税金。
　税関：港、空港、国境で、外国から出入りする品物を調べたり、税金をかけたりする役所。
⑦ 木材：家・家具などを作るのに使う木。
　材木：家・家具などを作るのに使う木。
⑧ 長身：背が高いこと。また、その人。
　身長：背の高さ。せたけ。

P.74, 75

逆立ちじゅく語のまき ②　国語・言葉

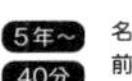

名前

① 末期：終わりのころ。
　期末：一年をいくつかに分けたある期間の終わり。
② 決議：会議で決めること。そこで決まったことがら。
　議決：会議で話し合って決めること。
③ 類書：同じような中身の本。
　書類：書き物。書きつけ。
④ 産出：物がとれること。物を作りだすこと。
　出産：赤ちゃんが生まれること。赤ちゃんを産むこと。
⑤ 苦労：体や心を使って、あれこれ苦しい思いをすること。心配すること。
　労苦：ほね折り。苦労。
⑥ 手元：手のとどくあたり。すぐそば。手の動かし具合。
　元手：商売などをする元になるお金。よりどころになるもの。
⑦ 氷結：水がこおること。こおりつくこと。
　結氷：氷がはること。
⑧ 心得：あることについて知っていること。注意しなければならないことがら。
　得心：よくわかること。

P.76, 77

漢字のしりとり ①　国語・漢字

名前

1 ① 校庭→庭園→園芸→芸人→人相→相談→談話→話題
　② 点線→線路→路地→地面→面会→会長→長屋→屋外
　③ 七夕→夕方→方針→針金→金貨→貨物→物語→語句
2 (略)

漢字のしりとり ②　国語・漢字

名前

1 ① (例) 国語→午前→全集→周辺→返事→自信→新聞→文学
　② (例) 楽器→記名→明暗→安静→成功→交際→災害→外国
　③ 面談→団体→隊員→院長→調節→説明→名人→神社
2 (略)

P.78, 79, 80, 81

「コウ」と読む漢字 ① 国語・漢字 5年～ 40分 名前

① 光景：目に見えるものごとのありさま。けしき。
光栄：(人に認められたりして) ほこらしく思うこと。
② 工芸：ぬり物や焼き物、織物など、生活に役立つ品物を美しく作り出すこと。
工場：機械などを使って品物を作り出すところ。
③ 口実：いいわけ。
口頭：口で言うこと。口で考えを述べること。
④ 広大：広々として大きいこと。
広告：多くの人に知らせること。そのために書かれたものなど。
⑤ 航路：船や飛行機の通る決められた道すじ。
航行：船で、海、湖、川をわたること。
⑥ 交友：友だちとのつきあい。また、その友だち。
交点：線と線、線と面が交わる点。
⑦ 公選：人々の投票によって選挙をすること。
公表：世の中の人々に向かって広く知らせること。
⑧ 好天：よい天気。
好感：好ましい感じ。

P.82, 83

「コウ」と読む漢字 ② 国語・漢字 5年～ 40分 名前

① 決行：決めたことを思い切って行う。
旅行：旅をすること。家をはなれて、しばらく遠くへ出かけること。
② 観光：景色のよいところや名所などを見物してまわること。
電光：いなびかり、いなずま。電気の光。
③ 登校：生徒や先生が学校へ行くこと。
全校：ひとつの学校の全体。
④ 空港：飛行機が飛び立ったり、下りたりするところ。飛行場。
良港：船の安全が守れて、出入りが便利な港。
⑤ 天候：ある期間の天気の様子。
兆候：ものごとが起こりそうな前ぶれ。きざし。
⑥ 意向：どうしたらよいかという考え。
転向：仕事や考え方を変えること。
⑦ 参考：照らし合わせて考える。
再考：もう一度考え直すこと。
⑧ 外交：外国とのつきあい、話し合い。外へ出て、注文を取ったりせん伝をすること。
親交：親しいつきあい。

P.84, 85

「コウ」と読む漢字 ③ 国語・漢字 5年～ 40分 名前

① 校章：その学校の印として決められたマーク。
② 健康：体や心に悪いところがなく、元気な様子。体や心の具合。
③ 航海：船で海をわたること。
④ 成功：ものごとが思い通りにうまくいくこと。
⑤ 向上：能力や体力が、良いほうへ向かうこと。
⑥ 友好：仲のよいつきあい。
⑦ 行楽：山や海へ行ったり、観光地を旅行して楽しむこと。
⑧ 起工：工事を始めること。
⑨ 幸福：満足して楽しいこと。幸せ。幸い。
⑩ 火口：火山のふん火口。
⑪ 公式：おおやけに決められたり、みとめられているやり方。どの場合にもあてはまる計算の仕方を文字で表した式。
⑫ 発光：光を出すこと。
⑬ 交流：たがいに行き来し、まじりあうこと。決まった時間ごとに流れの方向が逆になる電流。
⑭ 開港：外国と行き来したり、貿易をしたりするために港や空港を開くこと。
⑮ 考案：工夫して考え出すこと。
⑯ 標高：海面をもとにして測る陸地や山の高さ。

P.86, 87

人口・人口密度 ① 国語・その他 5年～ 40分 名前

1
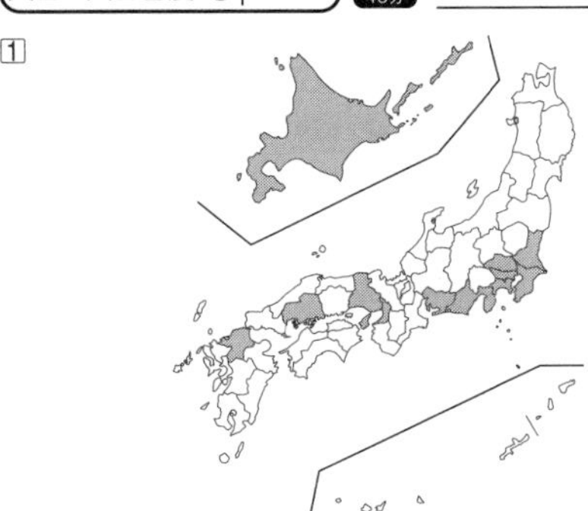

2

P.88, 89

人口・人口密度（みつど） ②　国語・その他　5年〜 40分　名前

1

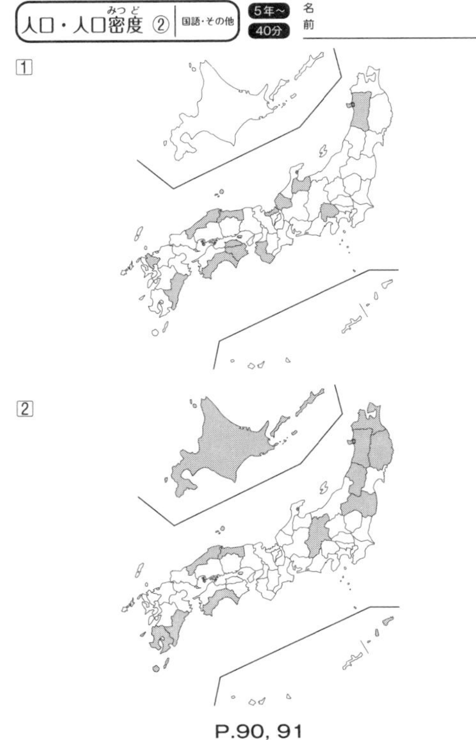

2

P.90, 91

漢字のクロス　国語・漢字　5年〜 40分　名前

1 解　① 理解（りかい）　② 和解（わかい）　③ 解決（かいけつ）　④ 解説（かいせつ）

2 弁　① 答弁（とうべん）　② 熱弁（ねつべん）　③ 弁護（べんご）　④ 弁当（べんとう）

3 永　① 永久（えいきゅう）　② 永遠（えいえん）　③ 永住（えいじゅう）　④ 永続（えいぞく）

4 情　① 友情（ゆうじょう）　② 愛情（あいじょう）　③ 表情（ひょうじょう）　④ 感情（かんじょう）

5 識　① 常識（じょうしき）　② 知識（ちしき）　③ 博識（はくしき）　④ 意識（いしき）

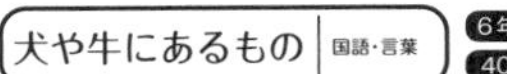

犬や牛にあるもの　国語・言葉　6年〜 40分　名前

1 (例)

かな	い	め	は	ち	せ	け
漢字	胃	目	歯	血	背	毛

2 (例) あし、こし、はい、むね
あご、つの、のど、はな
かた、ほお、のう、した
つめ、くち、はら、しり
かお、くび、かわ、ほね　など

P.92, 93, 94, 95

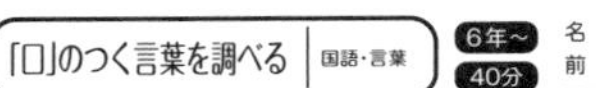

「口」のつく言葉を調べる　国語・言葉　6年〜 40分　名前

① 口上（こうじょう）：口で言うあいさつ。しばいのすじなどを説明すること。
② 口火（くちび）：火薬やガス器具に点火するのに用いる火。ものごとが起こるきっかけとなるもの。
③ 口論（こうろん）：言い争うこと。口げんか。
④ 口車（くちぐるま）：人をごまかすような、たくみな言い回し。
⑤ 口先（くちさき）：口の先。言葉、話ぶり。うわべだけの言葉。
⑥ 口頭（こうとう）：言葉で考えを述べること。口で言うこと。
⑦ 口外（こうがい）：人に知られては困ることなどを人にしゃべること。
⑧ 口金（くちがね）：財布、ハンドバッグ、びんなどの口にはめてある金具。
⑨ 口実（こうじつ）：言い訳。
⑩ 大口（おおぐち）：大きな口。大げさに言う。物の数が多いこと。
⑪ 手口（てぐち）：悪いことをするときなどのやり方。
⑫ 利口（りこう）：ものわかりが良いこと。ぬけ目がないこと。
⑬ 河口（かこう）：川が海または湖に流れこむところ。
⑭ 間口（まぐち）：家や土地などの正面のはば。研究や仕事などのはんい。
⑮ 早口（はやくち）：ものの言い方が早いこと。
⑯ 秋口（あきぐち）：秋になったばかりのころ。
⑰ 人口（じんこう）：その国や地域に住んでいる人の数。
⑱ 戸口（とぐち）：建物の出入り口。

P.96, 97

「前」や「後」のつく言葉を調べる　国語・言葉　6年〜 40分　名前

1 ① 後記　② 後期　③ 後輪　④ 後便　⑤ 後列
⑥ 後半　⑦ 後方　⑧ 後転　⑨ 後退　⑩ 後者

2 ① 前に書いてある文章。手紙を書きだすときの、季節のあいさつなど。
② 戦場で敵に一番近いところ。暖かい空気のかたまりと、冷たい空気のかたまりの境目。
③ これまでしてきた勤めや仕事。
④ 何かが起ころうとするしらせ。前ぶれ。
⑤ その日の前の日の夜。昨日の夜（昨夜）。
⑥ 前にあった例。前にあげた例。あとからよりどころとする例。
⑦ 仏教で、この世に生まれる前の姿。以前の身の上。会社や団体が今のようになる前の組織。
⑧ 前に法律を破る罪をおかし、ばつを受けたこと。
⑨ 後ろに続くこと。
⑩ のちの世。のちの時代。
⑪ 後ろから出発すること。
⑫ いくつかある期間の一番終わり。二学期制の学校の後半の学期。
⑬ 後ろから進んでくること、またその人。後ろへ進むこと。
⑭ 前の人に代わって、その仕事を受けつぐこと。

P.98, 99

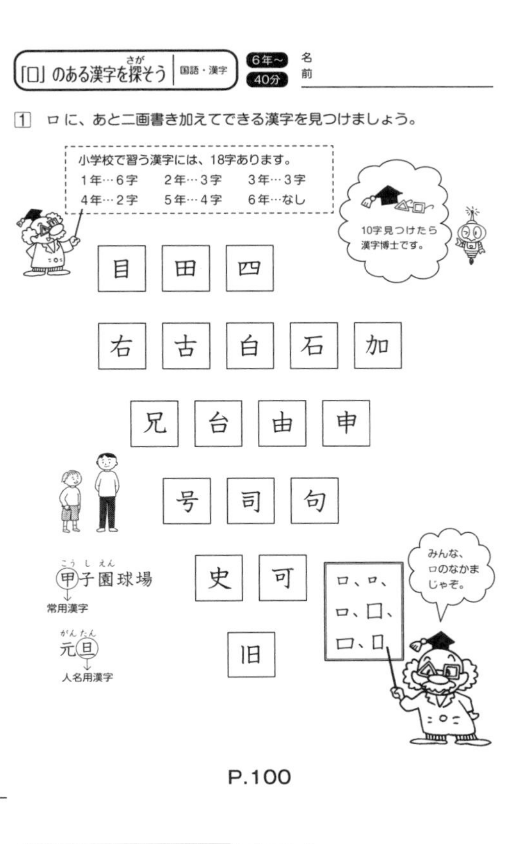

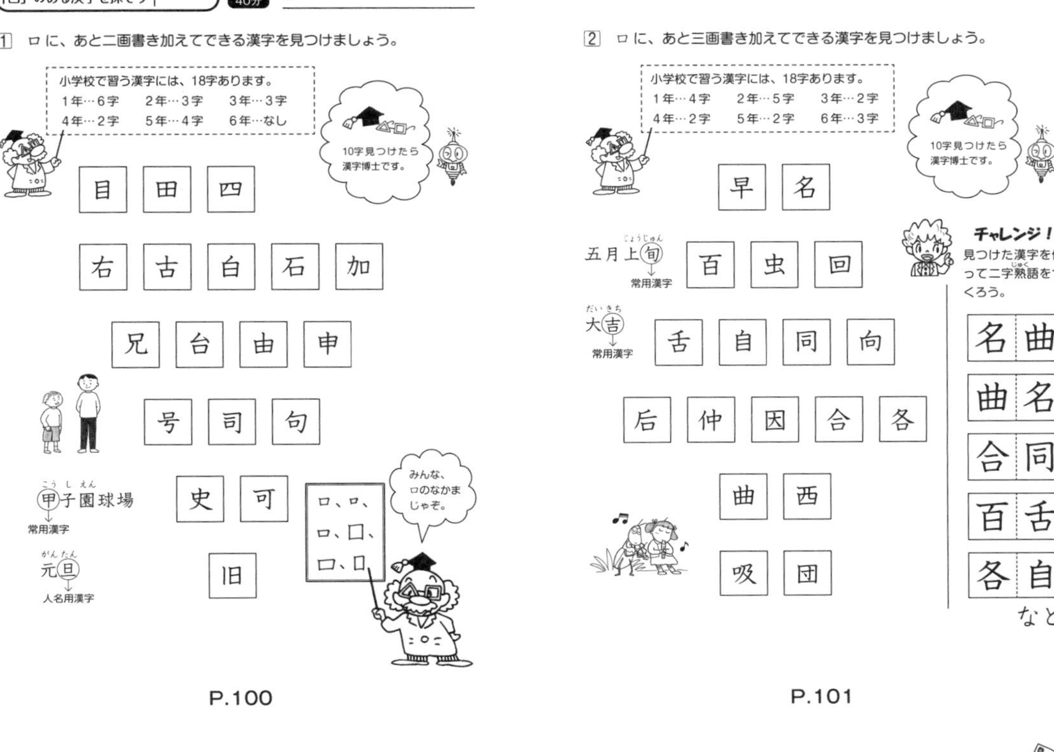

「口」のある漢字を探そう　国語・漢字　6年〜　40分　名前

1　口に、あと二画書き加えてできる漢字を見つけましょう。

小学校で習う漢字には、18字あります。
1年…6字　2年…3字　3年…3字
4年…2字　5年…4字　6年…なし

目　田　四

右　古　白　石　加

兄　台　由　申

号　司　句

史　可

旧

甲子園球場
常用漢字

元旦
人名用漢字

《用意するもの》

2　ロに、あと三画書き加えてできる漢字を見つけましょう。

小学校で習う漢字には、18字あります。
1年…4字　2年…5字　3年…2字
4年…2字　5年…2字　6年…3字

早　名

五月上旬　常用漢字
百　虫　回

大吉　常用漢字
舌　自　同　向

后　仲　因　合　各

曲　西

吸　団

チャレンジ！
見つけた漢字を使って二字熟語をつくろう。

名曲
曲名
合同
百舌
各自
など

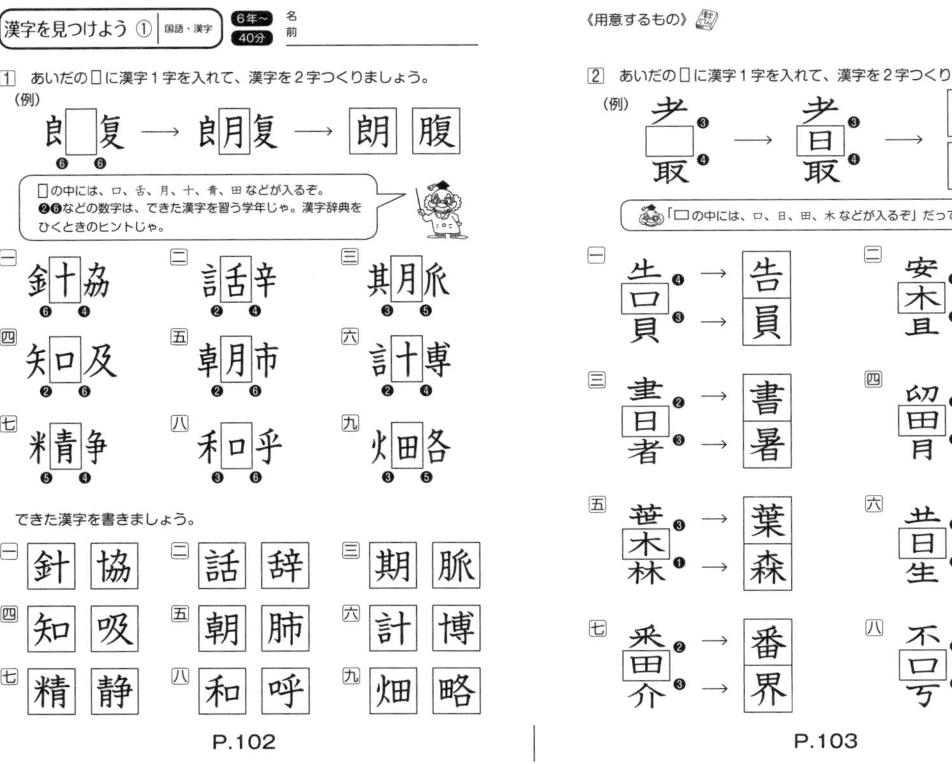

漢字を見つけよう ①　国語・漢字　6年〜　40分　名前

1　あいだの□に漢字1字を入れて、漢字を2字つくりましょう。

（例）
良□复 ⑥⑥ ──→ 良月复 ──→ 朗　腹

一　金 十 劦　⑥④
二　言 舌 辛　②④
三　其 月 永　③⑤
四　矢 口 及　②⑥
五　卓 月 市　②⑥
六　言 十 尃　②④
七　米 青 争　⑤④
八　禾 口 乎　③⑥
九　火 田 各　③⑤

できた漢字を書きましょう。

一　針　協
二　話　辞
三　期　脈
四　知　吸
五　朝　肺
六　計　博
七　精　静
八　和　呼
九　畑　略

《用意するもの》

2　あいだの□に漢字1字を入れて、漢字を2字つくりましょう。

（例）
耂 / □ / 取　③④ ──→ 耂 / 日 / 取 ──→ 者　最

一　告 / 口 / 貝　④③ → 告　員
二　安 / 木 / 旦　④⑤ → 案　査
三　⺺ / 日 / 者　②③ → 書　暑
四　留 / 田 / 月　⑤⑥ → 留　胃
五　艹 / 木 / 林　③① → 葉　森
六　昔 / 日 / 生　③② → 昔　星
七　釆 / 田 / 介　②③ → 番　界
八　不 / 口 / 丂　⑥③ → 否　号

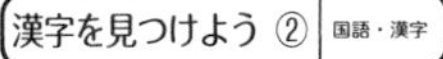

6年～ 40分　名前

1　左右の□のどちらかに、同じ漢字を書き加えて、漢字にしましょう。

一～八のすべてに同じ漢字が入るんじゃ。どれか１つ分かればあとは簡単じゃな。書き加える同じ漢字は、１年生で習う漢字じゃぞ。オマケのヒントじゃ。

一 ❸ 

二 ❸ 

三 ❻ 

四 ❷ 

五 ❺ 

六 ❷ 

七 ❸ 

八 ❻ 

❸❻などの数字は、その漢字を習う学年です。

✿ 上の漢字を書き、その読みも書きましょう。

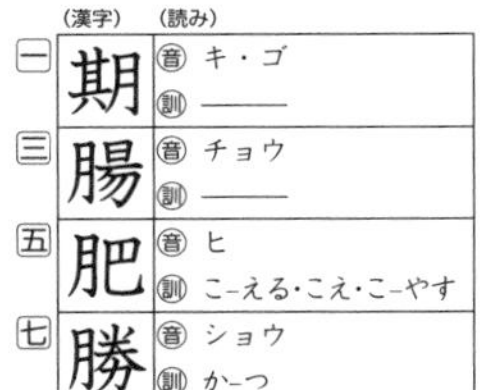

	(漢字)	(読み)
一	期	音 キ・ゴ 訓 ――
三	腸	音 チョウ 訓 ――
五	肥	音 ヒ 訓 こ-える・こえ・こ-やす
七	勝	音 ショウ 訓 か-つ

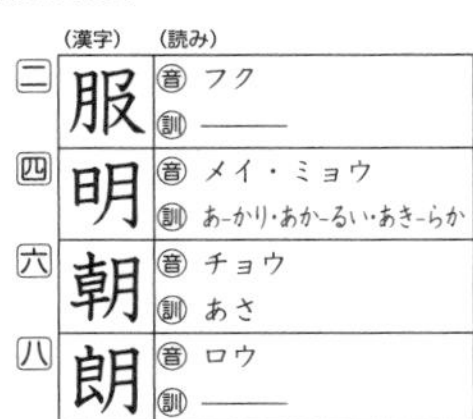

	(漢字)	(読み)
二	服	音 フク 訓 ――
四	明	音 メイ・ミョウ 訓 あ-かり・あか-るい・あき-らか
六	朝	音 チョウ 訓 あさ
八	朗	音 ロウ 訓 ――

P.104

《用意するもの》

2　「阝」を、下の□の右か左に入れて漢字にしましょう。

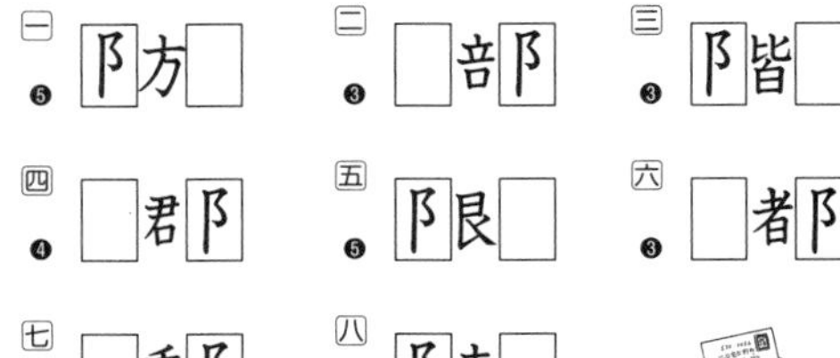

✿ 上の漢字を書き、その読みも書きましょう。

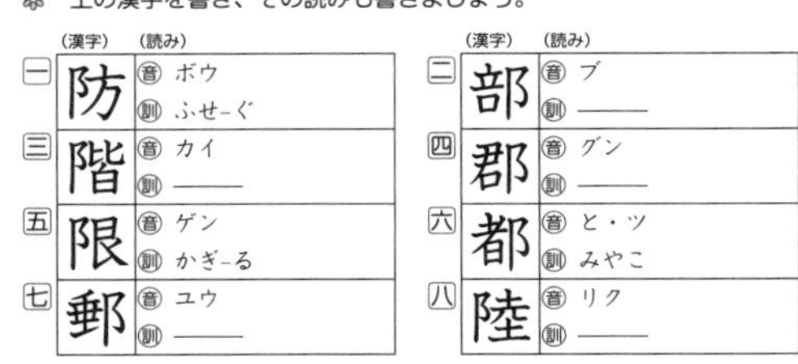

	(漢字)	(読み)		(漢字)	(読み)
一	防	音 ボウ 訓 ふせ-ぐ	二	部	音 ブ 訓 ――
三	階	音 カイ 訓 ――	四	郡	音 グン 訓 ――
五	限	音 ゲン 訓 かぎ-る	六	都	音 ト・ツ 訓 みやこ
七	郵	音 ユウ 訓 ――	八	陸	音 リク 訓 ――

P.105

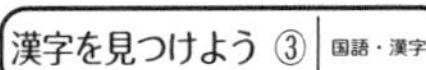

6年～ 40分　名前

1　左右の□のどちらかに同じ漢字を書き加えると、漢字が５字できます。

書き加える同じ漢字は、「セイ」と読む漢字じゃ。できた漢字は、１つをのぞいて「セイ」と読むぞ。

一 ❺ 

二 ❹ 

三 ❹ 

四 ❺ 

五 ❷ 

❷❹❺の数字は、その漢字を習う学年です。

✿ 五つの漢字を書いて、その「読み」を書きましょう。

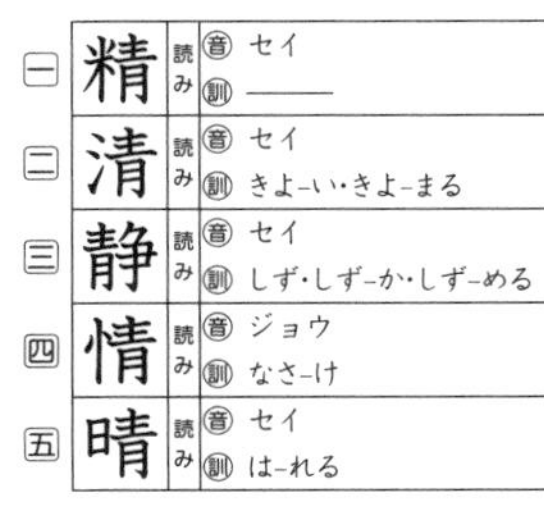

	漢字	読み
一	精	音 セイ 訓 ――
二	清	音 セイ 訓 きよ-い・きよ-まる
三	静	音 セイ 訓 しず・しず-か・しず-める
四	情	音 ジョウ 訓 なさ-け
五	晴	音 セイ 訓 は-れる

P.106

《用意するもの》

2　1の一～五の漢字を使った熟語を、２つずつ書きましょう。また、その熟語の意味を書きましょう。

	熟語	意味
一	精神	人の心。たくましい 心のもちかた
	精力	心や体のはたらきのもとになる力
二	清書	下書きしたものをきれいにかきなおすこと かきなおしたもの
	清流	きよらかな水の流れ
三	静止	じっとして動かないこと
	平静	おだやかで静かなこと おちついていること
四	情景	ようすやありさま 物語・詩などの場面のようす
	人情	人がもともともっているやさしい心 思いやり
五	晴天	よく晴れた空 よい天気
	快晴	よく晴れたよい天気

P.107

漢字の十字路 ① 国語・漢字 6年～ 40分 名前

1 ①愛 ②加 ③案 ④塩 ⑤関 ⑥季
2 ①器 ②極 ③景 ④芸 ⑤好 ⑥機
3 ①位 ②貨 ③観 ④案 ⑤害 ⑥給
4 ①以 ②加 ③各 ④機 ⑤英 ⑥救

漢字の十字路 ② 国語・漢字 6年～ 40分 名前

1 ①失 ②種 ③初 ④信 ⑤賞 ⑥成
2 ①節 ②戦 ③達 ④選 ⑤底 ⑥毒
3 ①産 ②信 ③成 ④説 ⑤戦 ⑥然
4 ①漁 ②共 ③好 ④協 ⑤産 ⑥試

P.108, 109, 110, 111

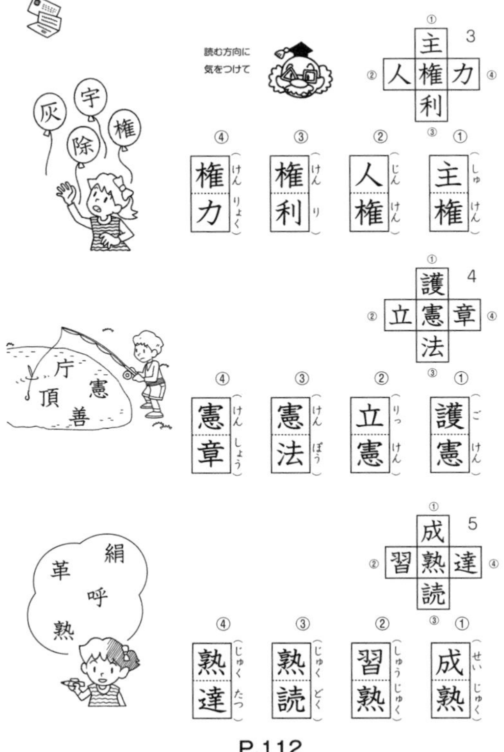

P.112

漢字のクロス ① 国語・漢字 6年～ 40分 名前

※空いている□に漢字を入れ矢印の方へ読むと、二字熟語が四つできます。□に入れる漢字は、それぞれの絵から見つけます。熟語ができたら、読みを（　）に書きましょう。

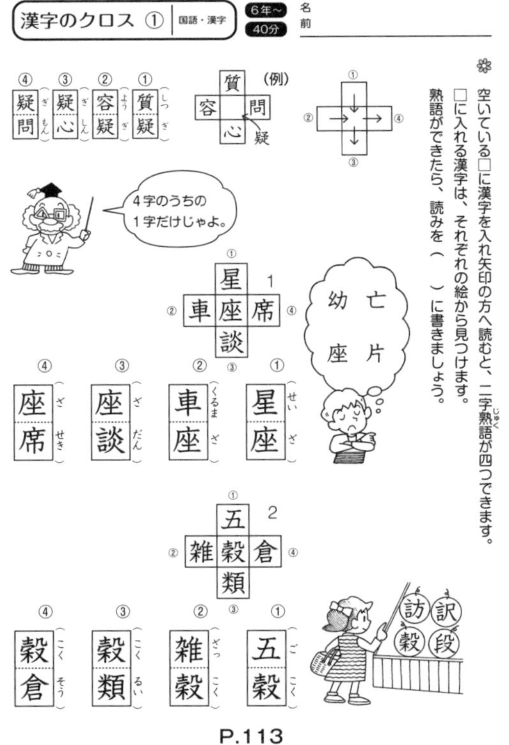

P.113

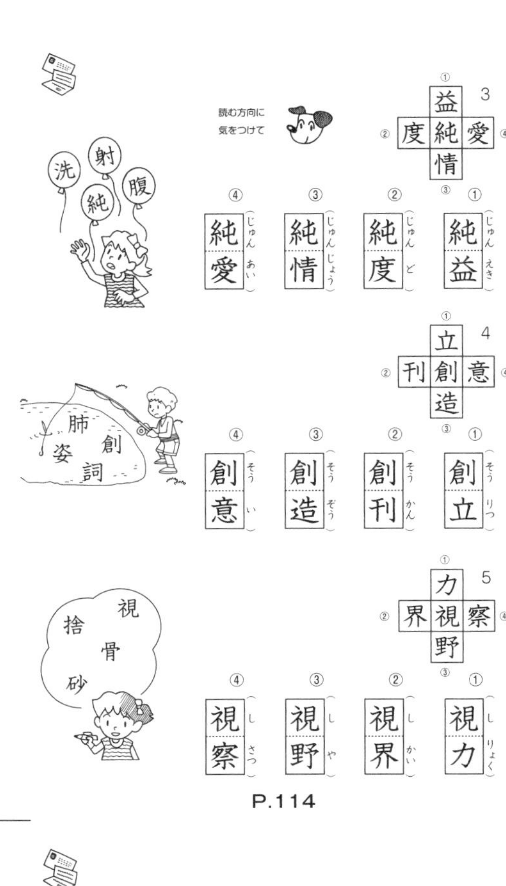

P.114

漢字のクロス ②

国語・漢字　6年～　40分　名前

空いている□に漢字を入れ矢印の方へ読むと、二字熟語が四つできます。
□に入れる漢字は、それぞれの絵から見つけます。
熟語ができたら、読みを（　）に書きましょう。

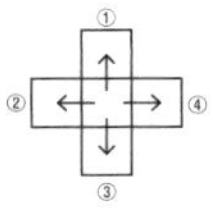

（例）
潮
害 干 天
満

① 干潮（かんちょう）
② 干害（かんがい）
③ 干満（かんまん）
④ 干天（かんてん）

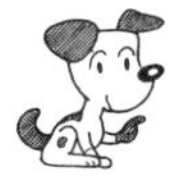

絵の中から１つ見つけるんだよ。

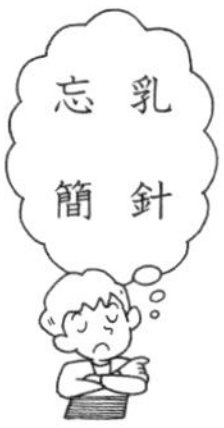

1
潔
単 簡 略
素

忘 乳 箇 針

① 簡潔（かんけつ）
② 簡単（かんたん）
③ 簡素（かんそ）
④ 簡略（かんりゃく）

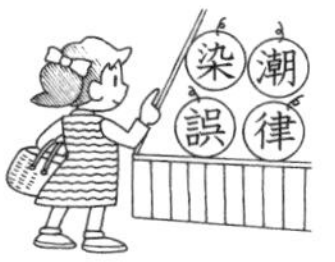

2
解
読 誤 差
字

染 潮 誤 律

① 誤解（ごかい）
② 誤読（ごどく）
③ 誤字（ごじ）
④ 誤差（ごさ）

P.115

もう一回スタート！

- 体重（たいじゅう）→ 重大 → 大寒（だいかん）→ 寒気 → 気温（きおん）
- 温和 → 和平（わへい）→ 平安 → 安全（あんぜん）→ 全開
- 開始（かいし）→ 始発 → 発光（はっこう）→ 光景 → 景観（けいかん）
- 観賞 → 賞品（しょうひん）→ 品目 → 目標（もくひょう）→ 標高
- 高等（こうとう）→ 等分 → 分別（ぶんべつ）→ 別館 → 館長（かんちょう）

あと少し！

ゴール！

P.116

漢字のしりとり ①

国語・漢字　6年～　40分　名前

読みがなを（　）に書きます。
なぞり書きをします。
空いている□に、しりとりになる漢字を書きます。

スタート！

- 円満（えんまん）→ 満開 → 開国（かいこく）→ 国交 → 交通（こうつう）
- 通路 → 路面（ろめん）→ 面積 → 積雪（せきせつ）→ 雪原
- 原野（げんや）→ 野球 → 球児（きゅうじ）→ 児童 → 童話（どうわ）
- 話題 → 題目（だいもく）→ 目的 → 的中（てきちゅう）→ 中央

ひとやすみ…

国 交

熟語の読み方や意味を国語辞典や漢字辞典で調べてみよう。

P.117

進路（しんろ）→路地→地階（ちかい）→階上→上級（じょうきゅう）

級友→友愛（ゆうあい）→愛育→育成（いくせい）→成果

果実（かじつ）→実力→力量（りきりょう）→量産→産地（さんち）

地方→方向（ほうこう）→向学→学問（がくもん）→問答

答案（とうあん）→案内→内部（ないぶ）→部品→品種（ひんしゅ）

P.118

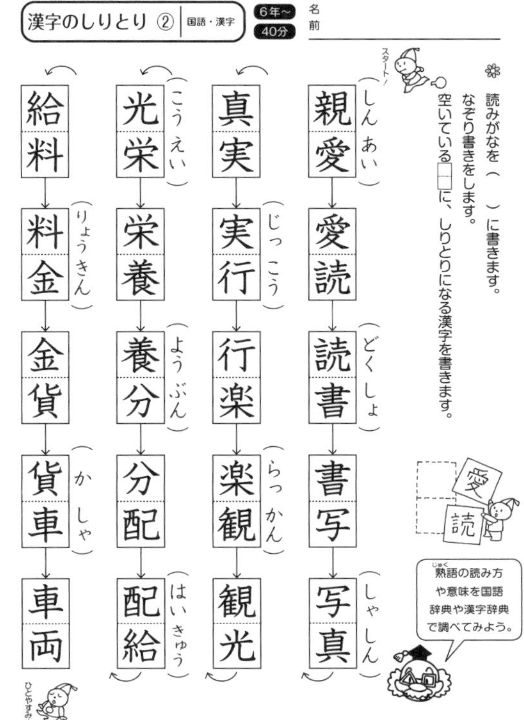

漢字のしりとり ②　国語・漢字　6年～　40分　名前

読みがなを（　）に書きます。
なぞり書きをします。
空いている□に、しりとりになる漢字を書きます。

親愛（しんあい）→愛読→読書（どくしょ）→書写→写真（しゃしん）

真実→実行（じっこう）→行楽→楽観（らっかん）→観光

光栄（こうえい）→栄養→養分（ようぶん）→分配→配給（はいきゅう）

給料→料金（りょうきん）→金貨→貨車（かしゃ）→車両

P.119

三木　俊一（みき・しゅんいち）

「学力の基礎をきたえどの子も伸ばす研究会（学力研）」元代表委員。

兵庫県西宮市立鳴尾小学校などで、教員を務めた。

子どもたちが算数につまずく一因が、「くり下がりで余りが出るわり算（C型わり算）」にあることを発見。その計算が全部で100題あることから「100わり計算」の反復練習を提唱した。これらの指導法は、各地の学校で行われている計算指導に多大な影響を与えている。

担任出張時

自習プリント　国語・算数　高学年

2024年２月20日　初版　第１刷発行

著　者　三　木　俊　一

発行者　面　屋　　洋

企　画　フォーラム・Ａ

発行所　清風堂書店

〒530-0057　大阪市北区曽根崎2-11-16

ＴＥＬ　06-6316-1460

ＦＡＸ　06-6365-5607

http://www.seifudo.co.jp/

制作編集担当　河嶋 紀之

カバーデザイン　有限会社ウエナカデザイン事務所

組版・印刷　㈱関西共同印刷所／製本　㈱高廣製本

※乱丁・落丁本はお取り替えいたします。

ISBN 978-4-86709-296-5 C0037